ro
ro
ro

Zu diesem Buch

Er ist nichts für Apostel des Tiefsinns und bedingungslose
Selbstoffenbarer, dagegen eine reizvolle Kunst für Neugierige, die ins Gespräch und zu mehr kommen wollen.
Wer ihn beherrscht, wirkt souverän in sozialen Beziehungen. In der Kunst des Smalltalk ist bisher kein Meister
vom Himmel gefallen, sie zu beherrschen jedoch lohnt
sich. Wie dies geht, erfährt man bei Frank Naumann in
einer kurzweiligen Mischung aus Tipps, Anregungen und
Ratschlägen. Alle erprobt von Experten.

Frank Naumann, geboren 1956 in Leipzig, 1977 bis 1982
Studium der Philosophie, Psychologie und Biologie an
der Humboldt-Universität zu Berlin. 1984 Dissertation,
1989 Habilitation zu philosophischen Themen der Naturwissenschaften. Von 1989 bis 1998 arbeitete er als Kom-
munikationspsychologe an der Humboldt-Universität zu
Berlin. Seitdem ist er freier Autor.

Von Frank Naumann liegt bei Rowohlt vor: *Miteinander streiten. Die Kunst der fairen Auseinandersetzung*
(rosach 19795), er ist darüber hinaus Verfasser einer Reihe
von Gesundheitsratgebern.

Frank Naumann

Die Kunst des Smalltalk

Leicht ins Gespräch kommen,
locker Kontakte knüpfen

Rowohlt Taschenbuch Verlag

Lektorat Wolfgang Müller
Umschlaggestaltung Ulrike Kuhr

3. Auflage November 2001

Originalausgabe
Veröffentlicht im Rowohlt Taschenbuch
Verlag GmbH, Reinbek bei Hamburg,
Februar 2001
Copyright © 2001 by Rowohlt Taschenbuch
Verlag GmbH, Reinbek bei Hamburg
Satz Minion und Univers PostScript (PageOne)
Gesamtherstellung Clausen & Bosse, Leck
Printed in Germany
ISBN 3 499 60847 2

Die Schreibweise entspricht den Regeln
der neuen Rechtschreibung.

Inhalt

Vorwort

Stellen Sie sich vor, Sie kommen auf eine Party und kennen niemanden außer den beiden Gastgebern, die zu sehr beschäftigt sind, Büfett und Getränke aufzufüllen, um sich Ihnen widmen zu können. Um Sie herum tummeln sich lauter fröhliche Fremde, die angeregt miteinander plaudern, lachen, Anekdoten aus der Jugendzeit erzählen und sich augenscheinlich prächtig amüsieren. Nur Sie stehen irgendwo am Rand, nippen immer wieder an Ihrem Weinglas und fragen sich bekümmert: Ist hier niemand, der wie ich niemanden kennt und zu mir kommt, um mit mir über Gott und die Welt zu reden? Jetzt bräuchte ich einen Zauberstab, und – Simsalabim – alle müssten ihre Aufmerksamkeit mir zuwenden.

Ich kenne diese Szene aus eigener Erfahrung. Bis vor einigen Jahren habe ich sie oft genug selbst erlebt. Wer kommt schon als begnadeter Lebenskünstler auf die Welt, der, mit überschäumendem Charme ausgestattet, jedes Publikum im Sturm erobert? Mit Leuten, die ich bereits gut kannte, konnte ich ausgiebig plaudern, aber bei Strategien der Annäherung an Unbekannte haperte es mächtig.

Bis mir Ende der achtziger Jahre die rettende Idee kam. Hatte ich nicht Philosophie, Psychologie und Biologie studiert? Konnte ich meine Fachkenntnisse nicht einsetzen, um statt abstrakter Fragen der Wissenschaft meine ganz alltäglichen Schwierigkeiten besser zu bewältigen? Damals fing ich an, mich mit den Fragen zwischenmenschlicher Kommunikation zu beschäftigen. Ich studierte Untersuchungen über Gesprächsabläufe, begab mich auf das faszinierende Feld der Körpersprache, befasste mich mit Selbstsicherheitstraining, Rhetorik und Kontaktschulung und konnte bald nicht nur mein eigenes Auftreten verbessern, sondern meine Erkenntnisse in Seminaren, Vorlesungen und Sachbüchern weitergeben.

Fragen Sie eine Freundin, die überall leicht Kontakt findet, welche Tipps sie Ihnen geben kann, und sie wird Sie wahrscheinlich verwundert anschauen: «Also, ich seh da kein Problem. Pass auf, beim nächsten Mal gehen wir zusammen, und ich stell dich vor.» Selbst wenn sie ihr Versprechen hält – worüber reden Sie, wenn Sie vor einer fremden Person stehen, die Sie erwartungsvoll anschaut und von der Sie nichts weiter wissen als bestenfalls den Vornamen?

Deshalb habe ich dieses Buch geschrieben. Ich möchte zeigen, wie Ihnen der Schritt vom Außenseiter zum Teil-Nehmer (im wahrsten Sinne des Wortes) gelingt. Es soll Ihr Zauberstab sein, den Sie in Zukunft schwingen werden, wenn Sie sich das nächste Mal unter Fremden ins Abseits gestellt fühlen. Aber auch, wenn Sie keine Kontaktprobleme kennen, sondern nach interessanteren Themen für Unterhaltungen in der Öffentlichkeit suchen, die Ihnen ein schnelles und genaues Kennenlernen Ihrer Gesprächspartner ermöglichen, werden Sie hier fündig. Mein Ziel war es, das Wissen und die Erfahrungen, die ich in Jahren des Studierens und Ausprobierens zusammengetragen habe, auf knapp 250 Seiten zu komprimieren und Ihnen als wirksame Anleitung für Ihren gesellschaftlichen Erfolg zu übergeben.

Sie erfahren,

- worin das Erfolgsgeheimnis der Virtuosen des leichten Plauderns besteht;
- wie Sie Schüchternheit überwinden beziehungsweise trotz Schüchternheit öffentliche Situationen meistern;

- mit welchen Worten Sie bei unbekannten Personen garantiert auf Interesse und ein positives Echo stoßen;
- auf welche Gesprächsthemen jeder einsteigt;
- wie Sie eine Unterhaltung am Laufen halten und dabei alles Wichtige über den Charakter, die Zuverlässigkeit und Aufrichtigkeit Ihres Gegenübers erfahren;
- wie Sie auch außerhalb von organisierten Festen mit Fremden in Kontakt und zu einem angenehmen Smalltalk kommen, ja vielleicht auf diesem Weg sogar Ihrer großen Liebe begegnen;
- wie Sie nebenbei Ihre Kommunikationsfähigkeit entwickeln und mit der Zeit (beruflich und privat) einen großen, stabilen Bekanntenkreis gewinnen.

Soziale Talente sind kein Privileg einer kleinen Minderheit mit einer besonders glücklichen Kindheit oder einem Prominentenbonus, der sie automatisch in den Mittelpunkt der Aufmerksamkeit stellt. In den letzten zwanzig Jahren haben Kommunikationspsychologen und Verhaltensforscher das Geheimnis von Beliebtheit, Sympathie und Charisma entschlüsselt. Es handelt sich keinesfalls um magische Energie, die man hat oder nicht hat, sondern um eine Summe von ganz alltäglichen Verhaltensweisen, die jeder lernen und mit ein wenig Übung sich aneignen kann. Alles, was Sie tun müssen, ist weiterlesen und danach das Gelesene ausprobieren. Ich wünsche Ihnen viel Erfolg!

Die kleine Plauderei –
Alles Müll oder was?

«Sagen Sie bitte ... der Zug scheint Verspätung zu haben?»

«Keine Sorge, bis Hannover holt er das wieder auf.»

«Ah, dann bin ich beruhigt ... Sie fahren öfter diese Strecke?»

«Jedes Wochenende. Und Sonntagabend zurück. Und Sie?»

«Es muss fünf Jahre her sein seit dem letzten Mal. Damals dauerte die Fahrt von Berlin noch zwei Stunden länger.»

«Dafür waren die Fahrpreise wesentlich niedriger.»

«Zweihundertfünfzig Mark bis Bielefeld und zurück! Ich wollte es erst nicht glauben. Und demnächst sollen die Preise noch einmal erhöht werden!»

«Na ja, ich habe eine Jahreskarte und meine Firma gibt einen Zuschuss ...»

Schauplatz des Dialogs war der ICE von Berlin nach Köln an einem Freitagnachmittag Anfang Februar. Was ich dort aus der Unterhaltung von zwei Reisenden aufschnappte, ist ein typischer Fall von Smalltalk. Das Beispiel zeigt, dass diese Form des Gesprächs, die in Wörterbüchern meist als «Unterhaltung ohne Tiefgang» definiert wird, keineswegs auf Partys, Vernissagen und Premieren beschränkt ist, sondern überall vorkommt, wo Menschen sich in der Öffentlichkeit begegnen.

Reden, ohne etwas zu sagen? Bei vielen hat Smalltalk keinen guten Ruf. Wir assoziieren mit diesem Begriff Oberflächlichkeit, nichts sagendes Blabla, unaufhörliche Bewegungen von Mund

und Zunge bei ausgeschaltetem Verstand. Der oben zitierte Dialogausschnitt scheint das Vorurteil zu bestätigen. Wer möchte da nicht ausrufen: «So sind die Deutschen!»? Wie reagieren die Leute, sobald die Rede auf die wesentlich kürzeren Reisezeiten kommt? Sie meckern über steigende Preise! Wenn die beiden im weiteren Gespräch wenigstens über die Verkehrspolitik der Bundesregierung, die ökologischen Folgen des zunehmenden Straßenverkehrs oder das Finanzdefizit der Bahn AG diskutiert hätten! Aber nein, der eine beklagte sich, dass seine wöchentlichen Reisekosten einen Großteil seines Gehalts verschlingen, während der andere, der zu einer Wochenendtagung fuhr, zugab, dass ihm der Veranstalter die 250 Mark ersetzen wird! Ein Zeichen für die sinkende Gesprächskultur in diesem Lande? Kapitulation der Vernunft?

In Wahrheit haben sich die beiden Reisenden sehr klug verhalten. Mit instinktiver Sicherheit sprachen sie über Themen, bei denen keine Gefahr bestand, dass sie mit dem unbekannten Gegenüber in einen handfesten Streit geraten könnten. Der Dauerreisende hätte ja höherer Angestellter der Bahn AG und sein Gegenüber unterwegs zum Treffen eines Automobilklubs sein können. Der nur deshalb mit der Bahn reiste, weil sein Wagen gerade in der Werkstatt stand. In dieser Situation ist ein Gesprächsverhalten angezeigt, bei dem man auch mit einer Person, von der man nicht einmal den Namen kennt, auf Anhieb eine gemeinsame Basis findet.

Jeder, der schon einmal allein unter lauter Fremden auf einer großen Party war, kennt das Problem. Ich habe die Standardsituation schon am Anfang des Buches beschrieben. Was tun, wenn man niemanden kennt außer den Gastgebern – und die sind ständig mit Begrüßungen und Nachschub für das Büfetts beschäftigt? So mancher hält sich stundenlang an seinem Glas fest und hofft, dass irgendwer sich erbarmt und ihn in ein Gespräch verwickelt. Wer dann denkt «Offenbar bin ich der

Einzige, der hier keinen kennt», befindet sich wahrscheinlich im Irrtum. In aller Regel sind eine Reihe weiterer Gäste da, die bis zu ihrer Ankunft auch niemand anderen kannten. Was sie dem Mauerblümchen voraushaben, ist die Fähigkeit zum Smalltalk.

Wachsende Anonymität. Bis vor einigen Jahrzehnten fand der Hauptanteil menschlicher Gespräche in der Familie und am Arbeitsplatz statt. Die Scheidungsraten waren gering. Kinder, Ehepartner und beider Verwandte begleiteten uns als verlässliche Bezugspersonen durch das Leben. Die Arbeitsplätze der überwiegenden Mehrheit waren stabil, lebenslange Bindungen an ein und dieselbe Firma der Regelfall. Daraus resultierten feste Freundschaften zu Kollegen, mit denen man nicht nur das berufliche Auf und Ab, sondern auch viele Freizeitaktivitäten gemeinsam durchlebte. Unterhaltungen mit Fremden bildeten folglich nur einen geringen Anteil der sozialen Kontakte, und wenn sie misslangen, stellte das auch kein Unglück dar. Familie und gute Freunde sorgten dafür, dass kein Gefühl der sozialen Isolierung aufkam.

Die Lage hat sich seit den siebziger Jahren grundlegend gewandelt. Ein Drittel aller Ehen wird geschieden (in Großstädten sogar annähernd die Hälfte), Tendenz steigend. Das Single-Dasein – vor dreißig Jahren noch die Lebensweise einer bemitleideten Randgruppe – entwickelte sich zum Massenphänomen. Rund dreizehn Millionen Alleinlebende gibt es in Deutschland, das sind 37 Prozent aller Haushalte. Stabile Arbeitsverhältnisse sind die Ausnahme geworden. Mobilität und häufige Arbeitsplatzwechsel zwingen uns dazu, alle paar Jahre gewohnte Bekanntenkreise aufzugeben und an neuen Orten neue Freunde zu finden. Der Umzug in eine andere Stadt lockert außerdem die Verbindung zu den Verwandten. Nur selten noch wohnen Eltern, erwachsene Kinder, Großeltern, Onkel, Tanten, Cousins und Cousinen in derselben Gegend. Wer da nicht eines Tages entdecken will, dass er keine Freunde mehr hat und eigentlich völlig allein lebt, muss von sich aus Schritte unternehmen, um mit den Leuten seiner Umgebung in Kontakt zu kommen.

Wenn es so viele Kontaktbedürftige gibt, müsste das Schließen von Bekanntschaften eigentlich einfacher geworden sein. Leider ist das Gegenteil der Fall. Die Fähigkeit, mit Fremden ins Gespräch zu gelangen, ist eine Frage der Übung und der Gewohnheit. Tatsächlich verbringen wir immer mehr Zeit mit uns allein. Zahlreiche Untersuchungen bestätigen: Ob im Urlaub, auf Feten oder in der Nachbarschaft – unabhängig von ihrem subjektiven Kontaktbedürfnis bleiben immer mehr Menschen für sich.

Hürden der Partnersuche. In einem Bereich ist das besonders auffällig – bei der Suche nach Liebe und Geborgenheit. Single-Discos und Partnervermittlungen haben Hochkonjunktur. Fünf Millionen Partnerschaftsannoncen werden jedes Jahr veröffentlicht – dazu kommen die zahlreichen neuen Kontaktbörsen im Internet. Doch all diese Angebote können die Suche nur unterstützen. Wenn es dann Ernst wird, liegt es an uns allein, ob wir in den ersten Minuten einen so starken Eindruck hinterlassen, dass unser Gegenüber uns näher kennen lernen will.

In romantischen Filmen regiert die plötzliche Liebe, die einschlägt wie ein Blitz. Ein Blick genügt und das Herz ist verloren. In der Wirklichkeit geht es viel prosaischer zu. Die meisten Paare lernen sich über den Arbeitsplatz oder in der Ausbildung kennen. Nachbarschaft, Bekannte und Hobbygruppen sind ein weiterer häufiger Ausgangspunkt für so manche große Liebe. In allen Fällen steht vor dem Liebesgeständnis das gegenseitige Kennenlernen. Man spricht über Tagesabläufe, Gewohnheiten, also den alltäglichen Kleinkram – und prüft dabei im Stillen, ob man eine gemeinsame Wellenlänge findet. Wenn ja, wird allmählich eine Vertrauensbasis entstehen, die intimere Gespräche zulässt. Wenn nein, können die beiden sich nach wenigen Minuten trennen, ohne irgendetwas Heikles von sich preisgegeben zu haben.

Wenn zwei Menschen sich begegnen. Die Wissenschaft hat erst in den letzten Jahren genauer untersucht, was passiert, wenn zwei Fremde aufeinander treffen. Bereits in den ersten Sekunden laufen eine Menge innerer Bewertungsprozesse ab. In einer halben Minute glauben wir genau zu wissen, ob die Person gegenüber sympathisch und vertrauenswürdig ist. Nicht länger als vier Minuten dauert es, zu entscheiden, ob wir eine längere Bekanntschaft anstreben wollen oder nicht. Diese erste spontane Entscheidung wird nur selten noch einmal völlig umgestoßen, auch wenn wir später eine Menge Informationen über diese Person erhalten, die unsere ursprüngliche Einschätzung infrage stellt. Wir versuchen dann eher, den ersten Eindruck mit den späteren Informationen in Übereinstimmung zu bringen:

Haben wir jemanden von seinem ersten Auftreten an als ehrlich und warmherzig beurteilt, ist es sicher ein Schock, zu erfahren, dass er schon einige Vorstrafen wegen Autodiebstählen und tätlichen Angriffen hinter sich hat. Aber vielleicht war er in Not geraten und ist provoziert worden?

Erweckt jemand dagegen mein Misstrauen, wirkt auf mich wie ein Einschleimer, Heuchler oder Karrierist, werde ich die nachfolgende Information, dass er sich mit Spenden und ehrenamtlicher Tätigkeit in einer Hilfsorganisation engagiert, mit Zurückhaltung aufnehmen. Ich frage mich unwillkürlich, was der Kerl damit bezweckt. Strebt er ein politisches Amt an? Will er das Finanzamt betrügen? Macht er mit seinem Ehrenamt lediglich Werbung für sein Geschäft?

Dieser entscheidende erste Eindruck hängt im Wesentlichen von zwei Dingen ab: von der Wirkung des Äußeren und dem Smalltalk. Nur bei wenigen speziellen Gelegenheiten, die im vorletzten Kapitel dieses Buches noch besprochen werden, kommen zwei Menschen, die sich das erste Mal begegnen, sofort «zur Sache». Das kann zum Beispiel der Fall sein, wenn ich bei einer bestimmten Person gezielt wegen einer genau definierten Angelegenheit um einen Termin nachsuche und wir beide vielleicht noch unter Zeitdruck stehen.

In allen übrigen Fällen werden die Beteiligten zunächst versuchen, miteinander warm zu werden. Sie reden über das Wetter, die Anreise, die Aussicht aus dem Fenster, die Möbel, die Gesundheit der Kinder ... Auch Leute, die einander schon kennen, beginnen oft mit dieser Art von Unterhaltung, besonders, wenn sie sich eine Weile nicht gesehen haben. Gelingt diese Einleitung, bestehen gute Chancen, dass auch das nachfolgende ernste Gespräch zur Sache zu einem befriedigenden Ergebnis führt. Umgekehrt scheitern zahlreiche private und berufliche Kontakte schon im Vorfeld, weil die Fähigkeit zum lockeren Geplänkel nicht ausreicht.

Gesprächskunst vergangener Zeiten. Frühere Jahrhunderte hatten die Kunst der Konversation hoch geschätzt. Sie gehörte zur Benimm-Erziehung vornehmer Gesellschaftsschichten. In manchen Ländern (England, Frankreich) wird traditionell die Kunst, sich über die kleine Plauderei an eine Situation oder eine Person heranzutasten, in Ehren gehalten. Dort konnten die Leute einander allein anhand ihres Gesprächsverhaltens zuverlässig einer bestimmten sozialen Schicht zuordnen. Solche «Distinktionen» (ein Begriff des französischen Soziologen Pierre Bourdieu) wirken zum Teil bis heute, wie folgendes Beispiel zeigt.

Während eines Fußballspiels in England in den achtziger

Jahren kam es zur Randale. Die Polizei kreiste eine Gruppe von Hooligans ein und trieb sie zu ihren Mannschaftswagen. Da meldete sich aus der Gruppe ein Herr in mittleren Jahren und sagte, er gehöre nicht zu diesen Jugendlichen, er sei irrtümlich mit eingekreist worden. Die Beamten konnten den Mann in der Masse der tobenden Randalierer kaum sehen, doch sie zerteilten die Menge und ließen ihn sofort frei. Sie hatten an seiner Sprechweise erkannt, dass es sich um einen Angehörigen des gehobenen Mittelstands handeln musste.

Der berühmte «Knigge» – das Originalwerk des Freiherrn Adolph von Knigge (1752–1796) mit dem Titel «Über den Umgang mit Menschen» – enthält keine der heute üblichen Höflichkeitsregeln moderner «Knigges». Im Original steht weder, wer bei Begegnungen wem zuerst die Hand gib, noch, von welcher Seite der wohlerzogene Herr den Hut zieht. Sondern der Freiherr lehrte, was im 18. Jahrhundert zu einer gepflegten Unterhaltung, die einem Sympathie und Freunde verschafft, nötig war. Von der Gewandtheit im Auftreten hingen wesentlich die Heiratschancen der jungen Leute, insbesondere der höheren Töchter, ab. Nicht nur die Höhe der Mitgift, sondern auch die Fähigkeit, einem größeren Haushalt als geistreiche Unterhalterin vorzustehen, galt als eine wichtige Qualifikation zukünftiger Ehefrauen. Einige Damen erlangten Berühmtheit allein durch ihre Fähigkeit, einen literarischen Salon zu organisieren und die originellsten Geister ihrer Zeit in Kontakt zu bringen. Zu ihnen gehörten Julie de Lespinasse (1732–1776), bei der sich die französischen Aufklärer und Enzyklopädisten wie d'Alembert, Hélvetius, Holbach oder Diderot trafen, und Johanna Schopenhauer (1766–1838), Mutter des bekannten Philosophen, die in Weimar einen literarischen Salon führte, der auch von Goethe besucht wurde.

Vor allem die Romantik und das Industriezeitalter haben die Kunst der Konversation entwertet. Das Ideal des 19. Jahrhunderts war das einsame Genie, das verkannt und allein in seiner Dachkammer seine unsterblichen Meisterwerke schuf. Dem standen in der Wirklichkeit Massenproduktion bei Hungerlöhnen, 14-Stunden-Tag und ungebremster Kapitalismus gegenüber. Erst im 20. Jahrhundert setzte sich wieder die Einsicht durch, dass Kreativität durch die Anregungen Gleichgesinnter gefördert wird. Gertrude Stein (1874–1946), in deren Räumen sich im Paris der zwanziger Jahre Joyce, Hemingway, Picasso und viele andere spätere Berühmtheiten begegneten, erwarb sich durch ihre Förderung der jungen Genies mehr Anerkennung als durch ihre eigenen Bücher.

Gesprächsziel Sympathie. Lange unterschätzt, lebt diese Tradition in der modernen Form des Smalltalk fort. Die Soziologin Devorah Kalekin-Fishman von der Universität Haifa (Israel) hat Alltagsgespräche erforscht und kam zu dem Schluss, dass ohne sie kein modernes Gesellschaftssystem lebensfähig wäre. Weder die Arbeitswelt noch das Finanzsystem noch die Kunst noch die politische Macht erreichen alle Menschen eines Landes. Ja, nicht einmal das Fernsehen – rund zwei Millionen Deutsche leben TV-abstinent. Der einzige Lebensbereich, der (zumindest gelegentlich) alle erfasst, sind Alltagsgespräche: der kurze Wortwechsel mit Nachbarn, Verkäufern oder dem Briefträger, kleine Plaudereien in Wartezimmern und vor Kassen im Supermarkt – sogar Obdachlose nehmen mit dem Spruch «Haste mal 'ne Mark?» an der gesamtgesellschaftlichen Kommunikation teil. Für Devorah Kalekin-Fishman ist es daher der Smalltalk, der unsere Kultur formt durch «fortlaufende Konstruktion des Alltäglichen durch gewöhnliche Leute».

Dennoch ist die Kunst des Smalltalk nicht allen im gleichen Maß gegeben. Sie hat ihre Könner, die mit ihrem angenehmen Geplauder auf jeder Party gern gesehen sind, – und die eher

Abstinenten, die ein Schattendasein am Rande führen. Die Talente scheiden sich in den ersten heiklen Minuten, die zwischen einer neuen Begegnung und dem vertrauten Gespräch guter Bekannter stehen, von den Unauffälligen. Der Smalltalk dient dem gegenseitigen Werben um Sympathie, dem vorsichtigen Sich-Abtasten im Gespräch, um herauszufinden, ob es eine Grundlage für eine vertiefte, vertrauensvolle Beziehung gibt. In einer Geschäftsbeziehung etabliert er die menschliche Seite. Gelingt dieser Anfang, ist eine vorläufige Vertrauensbasis erreicht, von der aus man dann zum Eigentlichen – einem Geschäft, einer Freundschaft, einem gemeinsamen Hobby oder gar der großen Liebe – fortschreiten kann.

Solange die Partner noch nicht wissen, ob sie dem anderen vertrauen können, werden sie nicht über vertrauliche Dinge reden. Die scheinbare Oberflächlichkeit des Smalltalk ist die Voraussetzung seines Gelingens. Alles, was Missverständnisse oder Kränkungen hervorrufen kann, wird vermieden. Das betrifft nicht nur intime Details, sondern auch tief schürfende und strittige Themen.

Geistreiche Themen, die hinter die Oberfläche der Dinge vordringen, erfordern eine gewisse Übereinstimmung im Weltbild. Stellen Sie sich vor, der eine interessiert sich für Computer und Hirnforschung und hält das menschliche Bewusstsein für nichts weiter als eine besonders komplizierte Software. Der andere begeistert sich für fernöstliche Weisheiten. Nehmen wir weiter an, der Gastgeber einer Geburtstagsfete bringt die beiden zusammen und stellt den einen dem andern vor mit den Worten: «X interessiert sich übrigens auch für seelische Phänomene.» Dann werden beide mit Sicherheit aneinander vorbeireden, denn für den einen ist die Seele eine von Nervenzellen erzeugte Illusion, für den anderen etwas Immaterielles, das nach dem Tod zu einem anderen Lebewesen weiterwandert. Bis die Missverständnisse geklärt sind, haben sich die beiden wahrscheinlich schon heillos zerstritten. Vielleicht sind beide aber begeisterte Schachspieler und hätten beim Fachsimpeln über Königsgambit und sizilianische Verteidigung ihre Seelenverwandtschaft entdeckt. Zwei verwandte Seelen, die nach einiger Zeit sehr kreativ darüber hätten diskutieren können, was das ist: eine «verwandte Seele». Im Smalltalk loten die Partner selbst aus, wo die Felder der Verständigung liegen.

Ähnliche Schwierigkeiten gibt es mit strittigen Themen. Schon der Freiherr von Knigge war der Meinung, dass es viel mehr Freundlichkeit und wechselseitiges Verständnis in der Welt gäbe, wenn die Menschen zuerst über ihre Gemeinsamkeiten und dann erst über ihre Differenzen sprechen würden. Wer seine Bekanntschaft mit einem Konflikt einleitet, hat es schwer, Sympathie und Verständnis zu erwerben. Der konstruktive Streit gelingt – wie wir noch sehen werden – nur auf einer Basis von Gemeinsamkeiten.

Die Beziehungsebene ist entscheidend. In der Fähigkeit zum Smalltalk unterscheiden sich kommunikations- und kontaktfreudige Zeitgenossen von Mauerblümchen und Vereinsamten. Es geht aber nicht nur um Schlagfertigkeit und die Gewandtheit, in jeder Lage eine lockere Unterhaltung zu führen. Die Minuten des Smalltalk können Sie sehr unterschiedlich nutzen. Sie können absichtslos vor sich hin plaudern, Sie haben aber auch die Möglichkeit, gezielt und unauffällig die menschlichen Qualitäten Ihres Gegenübers zu erkunden. Dafür müssen Sie weder den Lebenslauf abfragen noch sie oder ihn einem Verhör unterziehen.

Entgegen dem äußeren Anschein ist Smalltalk kein Selbstzweck, sondern eine Form des Werbens um Vertrauen. Die gewechselten Sätze wirken häufig banal, aber auf sie kommt es nicht an. Sie sind nicht mehr als eine schützende Hülle vor möglichen seelischen Verletzungen. Das Entscheidende spielt sich hinter dem gesprochenen Text, auf der Beziehungsebene, ab. Die beiden Partner prüfen unbewusst:

- Geht der andere auf mich ein?
- Zeigt er Interesse für mich?
- Weckt er meine Neugier, mehr von ihm zu erfahren?
- Versucht er, mit mir eine gemeinsame Ebene zu finden?

Dadurch, dass der Inhalt keine großen geistigen Anstrengungen erfordert, fällt es leichter, sich auf diese unterschwelligen Fragen zu konzentrieren. Am Ende heißt es dann: sympathisch, nett, vertrauenswürdig, uninteressant (bzw. uninteressiert), langweilig, nichts sagend oder auch: «Ich weiß nicht so recht, was ich von ihm/ihr halten soll.»

Wer diese Art der Unterhaltung für niveaulos hält, unterschätzt die unausgesprochenen Aspekte. So mancher, der wegen der Seichtheit des Dialogs die Nase rümpfte, war auf der Beziehungsebene längst unbemerkt durch die Prüfung gefallen. Wichtiger als das **Was** (Inhalt der Sätze) ist das **Wie** (Körpersprache, Tonfall, Formulierungen, Gesprächsablauf).

Wenn Smalltalk misslingt. Jeder von uns kennt Leute, die auf bestimmten Gebieten hervorragende Experten sind und andere gern an ihrem Wissen teilhaben lassen möchten. Siggi kennt sämtliche Endspielergebnisse von Fußballweltmeisterschaften und Europacups, einschließlich der Mannschaftsaufstellungen, seit 1954. Irina kann den Kalorien- und Vitamingehalt sämtlicher Nahrungsmittel aus dem Kopf herbeten. Jürgen weiß Tipps und Tricks für alle nur denkbaren Computerprobleme. Monika gehört einem Frauenaktienklub an und kann kompetenten Rat geben, wie man am schnellsten sein Geld vermehrt. Sobald die vier aber auf einer Party versuchen, ihr Fachwissen an den Mann (oder die Frau) zu bringen, ziehen sich die Zuhörer nach und nach unter den fadenscheinigsten Vorwänden zurück, bis die Hobbyexperten schließlich allein dastehen.

Vom Standpunkt der Zuhörer ist die Sache klar. Wer will sich schon an so einem Abend einen Fachvortrag anhören, und sei das Thema noch so interessant? Sie wollen sich amüsieren, nette Leute treffen, den neuesten Klatsch austauschen ... Aber sich belehren lassen? Dazu über so etwas Kompliziertes wie Anlagestrategien in Aktienfonds? Wo man im Kopf mitrechnen muss? Nach dem fünften Glas Wein? Selbst wenn die eigenen geringen Ersparnisse seit Jahren auf einem Sparbuch zu eineinhalb Prozent Zinsen vor sich hin dümpeln und dringend eine Auffrischung gebrauchen könnten – wir wollen selbst entscheiden, wann wir uns beraten lassen und von wem. Auf keinen Fall an diesem gemütlichen Abend!

Wie kommt es aber, dass immer wieder Gäste sich zu einem ungefragten Vortrag hinreißen lassen? Vielleicht ist es Ihnen selbst schon einmal passiert, dass Sie sich auf einer Feier über Ihr Lieblingsthema verbreiteten und erst nach einiger Zeit merkten, wie aus den Mienen Ihrer Gesprächspartner erst das Lächeln verschwand, dann die Blicke unruhig zur Seite wanderten und schließlich die Gesichtszüge vereisten.

Der Auslöser für ein fehlgelaufenes Gespräch, das Sie auf einen Schlag die Sympathie aller Anwesenden kosten kann, ist oft nur eine Kleinigkeit. Sie treffen ein, die Gastgeberin führt Sie zu einer Gruppe von unbekannten Leuten und stellt Sie mit den Worten vor: «Meine Freundin Monika ist übrigens seit einem halben Jahr in einem Aktienklub tätig.»

Jetzt braucht Sie nur noch jemand höflich in das Gespräch zu ziehen mit dem Satz: «Da machen Sie sicher mehr aus Ihrem Geld als ich mit meinem Sparbuch.» Wenn Sie jetzt zu einer Erklärung ansetzen, dass Ihr Gegenüber statt mageren eineinhalb Prozent locker mindestens zehn Prozent Gewinn pro Jahr erzielen könnte, wenn er nur ganz einfache Regeln umsetzt, nämlich ... – dann befinden Sie sich auf dem besten Wege, mehreren Leuten gründlich den Abend zu verderben.

Die Versuchung, mit einem Stegreifvortrag draufloszudozieren ist groß, denn:

- Sie haben sich vielleicht auf dem Weg dorthin schon Gedanken gemacht, worüber Sie mit Leuten, die Sie nicht kennen, reden könnten. Die Erleichterung, mit einem vertrauten Thema in die Unterhaltung starten zu können, schaltet die Selbstkontrolle aus.

- Sie sind froh über eine niveauvolle Unterhaltung, die über das allgemeine Party-Blabla hinausgeht. Die aktuelle Wirtschaftsentwicklung, von der unser aller Wohlstand abhängt, ist doch wohl interessanter als das Wetter oder wer gerade dabei ist, wem den Partner auszuspannen.

- Sie freuen sich über jede Anteilnahme an Ihrem Interessengebiet. Man trifft ohnehin selten genug auf Gleichgesinnte. Sie lassen gern andere von dem Wissen, das Sie sich mühsam erarbeitet haben, mit profitieren.

Keine Frage, zum Gelingen einer Kommunikation gehören immer mindestens zwei. Nicht nur der «Experte» ist über das Ziel hinausgeschossen. Auch die um ihn Herumstehenden trifft ein Teil Schuld an der Entgleisung. Selbstdarstellungskünstler können sich nur dort entfalten, wo ihnen passive Zuhörer eine Bühne schaffen. Die Fähigkeit, anstrengende Gesprächspartner auf höfliche Weise – so, dass jeder sein Gesicht wahren kann – in ihre Schranken zu weisen, ist leider nicht so häufig anzutreffen, wie es nötig wäre. Bei uns wird Höflichkeit oft als Nachgeben verstanden, was weniger höfliche Zeitgenossen ausnutzen – seltener als das Recht, auf angemessene (nicht verletzende) Weise seine Ansprüche anzumelden.

Nicht nur im Privatleben, auch im Beruf wächst der Bedarf an Kontakten. Ursache ist der Übergang vom Industrie- zum Dienstleistungszeitalter. Nur noch eine Minderheit arbeitet acht Stunden hintereinander hauptsächlich mit Maschinen. Die Zahl der Angestellten, die Mitarbeiter anleiten oder Kunden betreuen, wächst ständig, während der produzierende Bereich seit Jahren Stellen abbaut. Ob die Kontaktaufnahme und Kommunikation von Angesicht zu Angesicht, per Telefon oder gar via Internet über Computer erfolgen, ist zweitrangig. Ausschlaggebend ist, dass die Fähigkeit, mit anderen stabile berufliche Beziehungen aufzubauen, über Gehälter und Karrierechancen entscheidet. Bedenken wir außerdem, dass die Entscheidung über das Gelingen einer Bekanntschaft in den ersten Minuten fällt – also während des Smalltalk –, begreifen wir leicht, dass schweigsame Zeitgenossen und Leute, die sich gern selbst reden hören, auf dem Arbeitsmarkt der Zukunft mit einem schwerwiegenden Handicap geschlagen sind.

Virtuosen der leichten Plauderei. Einigen scheint die Fähigkeit, mit jedermann leicht in Kontakt zu kommen und sofort den richtigen Ton miteinander zu finden, in die Wiege gelegt zu sein. In der Tat zeigt die neuere Forschung, dass angeborene Temperamentsunterschiede eine Rolle spielen. Aber auch die familiäre Umgebung, vor allem in den ersten Lebensjahren, hat einen nicht zu unterschätzenden Einfluss. Wer mit vielen Gleichaltrigen aufwächst, hat es später oft leichter als Einzelkinder. Am wichtigsten scheint jedoch eine positive innere Einstellung zu den Mitmenschen zu sein, die sehr stark vom Vorbild der Eltern abhängt. Solche Glückspilze zeichnen sich durch folgende Eigenschaften aus:

- Sie wissen genau, was sie können, was nicht und was ihnen zusteht. Deshalb äußern sie ihre Wünsche deutlich und unumwunden, statt zu schweigen oder sich indirekt mit unklaren Andeutungen zu äußern.
- Sie sind ständig an guten Beziehungen zu ihren Mitmenschen interessiert. Sie gehen deshalb auch dann auf andere Menschen zu, wenn sie nicht gerade etwas von ihnen wollen. Sie kapseln sich nicht ab.

- Sie sind hartnäckig. Von Zurückweisungen lassen sie sich nicht entmutigen, weil sie einen Korb nicht persönlich nehmen. Die Gründe für die Ablehnung können ja auch beim anderen liegen. Deshalb geben sie nie auf. Sie probieren immer wieder neue Strategien aus, um ihre Ziele zu erreichen.
- Sie erholen sich schnell von Misserfolgen und gescheiterten Kontaktversuchen. Dies zeigt sich in ihrer Stimme und in ihrer Körperhaltung. Pleiten, Pech und Pannen nehmen sie mit Humor. Sie nehmen vor allem sich selbst nicht zu ernst und können über sich lachen. Sie gestehen sich selbst Fehler zu und versuchen nicht, perfekt zu wirken. Aufkommende Selbstzweifel vergehen, weil sie sich an den Erfolgen freuen, die sich bei weiteren Versuchen unweigerlich einstellen müssen. Wenn sie sich geärgert haben, dann tragen sie nicht den ganzen Tag ihren Frust zur Schau.
- Wenn andere ihnen geholfen haben, zeigen sie Freude und Dank. Lob und Anerkennung gehen ihnen leicht von den Lippen. Sie verstehen es, andere zu motivieren und zu begeistern.
- Sie sind neugierig auf andere und versuchen, sich in sie einzufühlen. Deshalb sind sie ausgezeichnete Zuhörer. Sie geben den Leuten Gelegenheit, über das zu reden, worauf sie stolz sind. Sie sind wohlwollend und geduldig, aber nicht aufdringlich.

Nur eine Minderheit beherrscht dieses Kommunikationsideal von Natur aus. Wir übrigen Normalsterblichen – zu denen auch ich mich zähle – können uns durch kommunikatives Wissen, Aufmerksamkeit und Erfahrung allmählich diesem Ideal annähern. Das kommunikative Wissen finden Sie in diesem Buch. Den guten Willen und die Aufmerksamkeit steuern Sie bei. Die Erfahrung stellt sich von selbst ein, wenn Sie das, was Sie auf den folgenden Seiten lesen, so oft wie möglich in der Praxis erproben.

Let's talk about talk – Die Grundlagen

Keine Angst vor der Öffentlichkeit!

«Jeder Mensch gilt in dieser Welt nur so viel, als wozu er sich selbst macht.»

Dieser Satz stammt nicht etwa von einem amerikanischen Präsidentenberater oder einem Hollywoodstar, der durch gekonnte Selbstinszenierung immer wieder Schlagzeilen in der Presse bekommt, sondern von dem schon zitierten Freiherrn von Knigge, geschrieben im Jahre 1788.

Mehr Schein als Sein? In seiner Anwendung beweisen Karrieristen und Hochstapler, dass das dauernde Reden über die eigene Tüchtigkeit einem oft erspart, seine Leistungsfähigkeit praktisch unter Beweis zu stellen. Auch Ende des 20. Jahrhunderts war es möglich, dass ein psychisch Kranker es schaffte, zum wiederholten Mal als Arzt in einer Klinik zu praktizieren – ohne Zeugnisse oder irgendeine Art von medizinischer Ausbildung. Sein selbstbewusstes Auftreten im weißen Kittel reichte, die Leute in seiner Umgebung von sich zu überzeugen.

Die Werbeindustrie hat aus dem Satz längst gelernt, dass auch die unwahrscheinlichste Behauptung über das zu verkaufende Produkt schließlich akzeptiert wird, wenn man sie nur oft genug wiederholt.

Ein bekannter Bauunternehmer folgte Knigges Devise und erhielt von Fachleuten der Großbanken, die geschult sind, Betrüger zu entlarven, Milliardenkredite – und hinterließ einen

Berg von Schulden, den einer der Bankmanager, um sein Versagen zu bagatellisieren, als «Peanuts» bezeichnete.

Selbst Wissenschaftler wissen inzwischen: Man erwirbt sich einen Ruf als Experte am leichtesten dadurch, dass man seine Meinung im Brustton der Überzeugung häufig im Fernsehen und auf Vorträgen verkündet. Für fleißige Genies, die von früh bis abends nur forschen und ihre Laboratorien kaum verlassen, interessiert sich außer ein paar Fachkollegen niemand.

Und wenn auf einer Party zehn Leute beieinander stehen, wird man sich an die ein oder zwei erinnern, die durch amüsantes Plaudern auf sich aufmerksam machten, während die stummen Zuschauer in der Erinnerung keine Spur hinterlassen.

Zum Glück lassen wir uns nicht schrankenlos manipulieren. Wer uns eine Rolle vorspielt, die nicht seiner wahren Persönlichkeit entspricht, wird früher oder später durchschaut. Nur in den Medien kann ein falsches Image über längere Zeit geschickt inszeniert werden. Im persönlichen Umgang lässt sich ein Schein ohne Sein nicht lange aufrechterhalten. Dazu müssten wir unsere Mimik und Gestik einer perfekten Selbstkontrolle unterwerfen. Das ist nicht nur sehr anstrengend, sondern auch beim besten Willen praktisch nicht lückenlos durchführbar. Einige Bereiche der Körpersprache steuert das Unterbewusstsein. Das heißt, die Mimik reagiert auf unsere augenblickliche Stimmung. Der Versuch, willentlich Zorn oder Freude auf das Gesicht zu zaubern, spiegelt äußerlich genau das wider, was er ist – ein kläglich gescheiterter Versuch, eine Laune vorzutäuschen, die nicht da ist. Versuchen Sie einmal zu lächeln, wenn Ihnen nicht nach Lächeln zumute ist, und schauen Sie sich das Ergebnis im Spiegel an.

Ein schüchternes Mädchen mit einem eher stillen, nach innen gekehrten Charakter wäre also schlecht beraten, wenn sie versuchen wollte, auf der Geburtstagsparty ihrer besten Freundin einen großen Auftritt als Femme fatale zu inszenieren. Mit den Schwindlern, Prahlern und Abenteurern dieser Welt in Wettbewerb zu treten wäre der falsche Weg.

Wohl aber sollten wir lernen, uns von unserer vorteilhaftesten Seite zu zeigen. Wir hören viel davon, dass es auf die inneren Werte der Menschen ankommt – weniger darüber, wie Sie diese inneren Werte äußerlich sichtbar machen können. Mag sein, dass Sie feinsinnig, klug, nachdenklich, einfühlsam, freundlich, tolerant, zuverlässig, treu und pflichtbewusst sind – solange Sie stumm und unauffällig mit einem Glas Wein aus einer Ecke das Treiben beobachten, wird niemand auf die Idee kommen, dass Sie diese Qualitäten besitzen, und Sie deswegen kennen lernen wollen.

Theoretisch mag das alles klar sein. Kaum jemand geht zu einer Betriebs- oder Geburtstagsfeier ohne den Vorsatz, sich prächtig zu unterhalten. In der Praxis scheitern zwischen zehn und fünfzig Prozent der Gäste – je nachdem, wie förmlich die Veranstaltung ist – bereits vor dem ersten Satz, der eine Bekanntschaft einleiten könnte. Wie erleichtert ist man, wenn man wenigstens ein bekanntes Gesicht entdeckt! Das möglichst einer Person gehört, die auch niemanden zum Reden gefunden hat. Die Leidensgefährten suchen sich eine stille Ecke und tauschen spitze Bemerkungen über die unerreichbaren Gäste aus oder schwelgen in Erinnerungen an bessere Zeiten.

Kontakthemmnis Schüchternheit. Nach einer Untersuchung des amerikanischen Psychologen Philip G. Zimbardo, die mehrere Länder einbezog, halten sich etwa vierzig Prozent der Menschen für schüchtern. Zehn Prozent fehlt es ständig und in jeder Situation an Mut im Umgang mit anderen. Die übrigen dreißig Prozent fühlen sich in bestimmten Situationen gehemmt. Dazu gehören insbesondere ungewohnte Umgebungen und fremde Menschen. Weitere vierzig Prozent haben oder hatten zumindest gelegentlich Probleme beim Zusammensein mit anderen. Nur knapp zwanzig Prozent aller Befragten sagten, Schüchternheit stelle für sie nie ein Problem dar.

Daraus können wir zweierlei lernen:

- Schüchternheit ist ein Massenphänomen. Wer zugibt, schüchtern zu sein und sich deswegen nicht traut, von sich aus ein Gespräch zu suchen, kann mit Verständnis rechnen. Die meisten wissen aus eigener Erfahrung, wie sich Befangenheit anfühlt.
- Wer im Laufe eines Abends versucht, mit wenigstens drei Leuten Bekanntschaft zu schließen, trifft nach statistischer Wahrscheinlichkeit auf mindestens eine Person, der ebenfalls etwas mulmig zumute ist und die sich deshalb freut, dass man ihr die «Kontaktarbeit» abgenommen hat.

Aber wenn mich das fremde Gegenüber abschätzig von oben bis unten mustert und mich mit einer geringschätzigen Bemerkung abblitzen lässt? Der Trost, dass die Unhöflichkeit dann auf der Seite des anderen lag, hilft nicht viel. Peinlich bleibt es trotzdem. Wenn es doch einen sicheren Gesprächsanfang gäbe, der eine negative Reaktion ausschließt!

Keine Sorge, es gibt ihn.

«Hallo, ich bin ...»

Für die Autoren der Knigges von heute ist es klar: Guten Tag sagen ist höflich, stumm vorbeischauen eine Flegelei. «Grüßen ist eine freundliche Geste, die nichts kostet und jeden freut», schreibt Benimmexpertin Gisela Tautz-Wiessner. «Freundliche Menschen werden als sympathischer empfunden als distanzierte – grüßen Sie schon deswegen lieber zehnmal zu viel als einmal zu wenig.» Sie begründet ihre Empfehlung: «Nichtgrüßen kommt dem willkürlichen Negieren der Existenz des anderen gleich. Er wird quasi für tot erklärt. ‹Ich grüße ihn nicht mehr› bedeutet auch: ‹Er ist Luft für mich›, ‹Ich rede nicht mehr mit ihm.› – In unserer Gesellschaft gibt es kaum eine größere Kränkung.»

Tatsächlich? Wie viel Prozent der Menschen, denen wir täglich begegnen, grüßen wir? Ist es nicht selbstverständlich, dass man Fremde ignoriert? Wenn Sie den australischen Film «Crocodile Dundee» gesehen haben, erinnern Sie sich vielleicht an die Szene, in welcher der Held nach Amerika kam und erstmals durch die Straßen von New York ging. Im australischen Busch, wo er nur alle paar Tage einer anderen Menschenseele begegnete, tauschte er mit jedem, den er traf, ein paar freundliche Worte aus. Diese Sitte versuchte er auf die anonymen Millionenmetropole zu übertragen und grüßte am laufenden Band die Passanten, die links und rechts zu Hunderten an ihm vorbeiströmten.

Grüßen bei begrenzter Personenzahl. Auf einem Dorf mögen sich noch alle Bewohner grüßen, in der Stadt ignoriert man die, die man nicht kennt – schon weil man sonst vor lauter Guten-Tag-Sagen nicht mehr Atem schöpfen könnte. Bewegen wir uns aber unter einer begrenzten Teilnehmerzahl – auf einer Party, einem Weiterbildungsseminar, einer Ausstellungseröffnung –, ist ein freundliches «Hallo» die unabdingbare Voraussetzung dafür, sich nicht von vornherein an den Rand katapultieren. Die Faustregel lautet: In einem Kreis von Gruppengröße (bis höchstens zwanzig Teilnehmer) grüßen wir alle Anwesenden. Sind es mehr, dürfen wir eine Auswahl treffen. Aber auch dann haben wir für jeden Vorbeigehenden, dessen Blicke wir kreuzen, wenigstens ein freundliches Nicken übrig.

Wer auf Etikette Wert legt, wird einwenden, dass gesittete Leute immer in der Höflichkeitshierarchie nach oben grüßen, also Männer die Frauen, Jüngere die Älteren, Mitarbeiter die

Vorgesetzten. Aber wollen Sie es als Frau wirklich darauf ankommen lassen, ob der toll aussehende Mann, der neben dem Büffet mit zwei Bekannten fachsimpelt, gerade in dem Moment den Blick schweifen lässt und Ihnen zunickt, in dem Sie ihm Ihre Aufmerksamkeit zuwenden? Die Etikette sagt nämlich auch: Wer einen Raum betritt – also gerade zur Party eintrifft, aber auch in ein Sprechzimmer oder ein Geschäft kommt –, grüßt als Erste(r). Und: Selbstbewusste grüßen zuerst. Denn was bedeuten kleinkarierte Regelwerke neben dem Bedürfnis, einer konkreten Person ein Zeichen der Sympathie zu übermitteln?

Die gegrüßte Person tut in jedem Fall gut daran, freundlich zurückzugrüßen, auch wenn sie sich beim besten Willen nicht erinnern kann, dem andern früher schon einmal begegnet zu sein. Erstens ist es ein Zeichen guter Erziehung, niemanden durch ein verwundertes Kopfschütteln in Verlegenheit zu setzen. Und zweitens könnte man in der Tat eine frühere Begegnung vergessen haben.

Wohin Sie auch ausgehen mögen: Schaffen Sie sich eine gute Ausgangsposition für den Abend, indem Sie so viele Leute wie möglich begrüßen. Im Theater, Kino, Flugzeug oder Eisenbahn werden Sie sich vielleicht damit begnügen, Ihren Sitznachbarn einen kurzen Gruß zuzunicken. Bei einem Seminar oder einer Party begrüßen Sie Gastgeber und schon anwesende Gäste und stellen sich vor. Wenn Sie sich aus der Masse herausheben und in der Erinnerung behalten werden wollen, begnügen Sie sich nicht mit einem gemurmelten «Hallo, ich bin die/der ...» und einem flüchtigen Händedruck.

Der dreiteilige Gruß. Menschen mit Ausstrahlung sehen dem anderen erst einmal in die Augen und halten diesen Blick knapp drei Sekunden. Dabei lächeln sie und nicken freundlich. Dann sagen sie beispielsweise: «Hallo, ich bin die Irina. Jürgen und

ich kennen uns von einem Rhetorikseminar in Bad Tölz.»
(«Jürgen» ist in diesem Beispiel der Name der Gastgebers.)

Das Ganze dauert kaum mehr als fünf oder sechs Sekunden, kann aber darüber entscheiden, ob Sie von den Anwesenden als bloßer Partyhintergrund oder als interessantes Einzelwesen mit Persönlichkeit zur Kenntnis genommen werden. Beobachten Sie mal das Grußverhalten auf der nächsten Party, an der Sie teilnehmen. Sie werden feststellen, dass ein paar Leute nur wenige Bekannte begrüßen. Andere machen zwar die Runde, begnügen sich aber mit einem kurzen «Hallo» oder «Guten Abend». Viele werden ihren Namen hinzufügen.

Aber nur wenige schaffen es bis zu Teil drei der Begrüßung: einer kurzen Information oder Frage, mit der man sich – neben dem Namen – als Individuum aus der Masse heraushebt. Sie liefert zugleich einen Köder für eine spätere Gesprächsfortsetzung. In unserem Beispiel könnte der Smalltalk bei der Wiederbegegnung in der Küche, am Büfett oder in der Raucherecke mit der Frage beginnen, in welcher Beziehung der andere zum Gastgeber steht. Oder wann Gastgeber und Gast bei jenem Seminar waren. Oder aus welchem Grunde.

Eine gelungene Begrüßung enthält also immer
- den Gruß («Hallo», «Guten Abend», «Grüß dich» ...),
- die Vorstellung («Ich bin der/die ...»),
- den Köder (Information/Frage in einem Satz).

Die Begrüßung sollte möglichst variabel gehalten werden. Der gute Eindruck, den Sie mit dieser dreiteiligen Begrüßung erzielen, ist schnell dahin, wenn die schon Begrüßten hören, dass Sie die andern mit genau denselben Worten anreden, also nur eine stereotype Formel abspulen.

Gesprächsköder. Ideal ist es, wenn Sie aus dem Stegreif auf individuelle Besonderheiten der Gäste reagieren können. Bei Unbekannten fällt das aber selbst geübten Partygängern schwer.

Anfänger werden das zunächst bei ihren anwesenden Bekannten probieren. Da bieten sich bewährte Sätze an wie:

- Wie lange haben wir uns nicht mehr gesehen?
- Ich hatte zu Hause schon überlegt, ob du auch hier sein wirst.
- Du willst wohl überhaupt nicht älter werden?
- Ich freue mich darauf, nach so langer Zeit wieder ausführlich mit dir zu reden.
- Wie geht es … (Name einer gemeinsamen Bekanntschaft)?

Andere Möglichkeiten sind die Anspielung auf eine Erinnerung, die nur Sie beide teilen, das Nachfragen, ob ein Gerücht stimmt, das Sie über den anderen gehört haben, oder ein Kompliment.

Bei den unbekannten Gästen bieten sich Köder an, die sich aus der Situation ergeben. Bei einer privaten Party könnten das sein:

- Information, woher Sie den Gastgeber kennen (siehe oben)
- Anspielung auf das Wetter: «Auch nass geworden?» (Bei Regen mit Blick auf die feuchten Haare des Gegenübers)
- Komplimente: «Gerade vom Mittelmeerurlaub zurück?» (Mit bewunderndem Blick auf die braune Haut)
- Fragen nach örtlichen Gegebenheiten: «Wo finde ich das, was ihr da im Glas habt?»
- «Haben wir uns nicht voriges Jahr beim Geburtstag von Petra Klimm getroffen?» Ein alter Hut, funktioniert aber immer noch, wenn Sie einigermaßen präzise Angaben über das Treffen machen, und erlaubt später eine Gesprächsfortsetzung selbst dann, wenn die Antwort «Bestimmt nicht» lautet. Sie können dann gemeinsam rätseln, ob Sie einander nicht woanders her kennen. Und selbst wenn die Frage als bloßer Gesprächsvorwand erkannt wird – so manche(r) freut sich, dass Sie einen Weg suchen, mit ihr/ihm ins Gespräch zu kommen.

Bei Veranstaltungen mit eher offiziellem Charakter werden Sie sich zumindest bei Höhergestellten die Anspielung auf den Mittelmeerurlaub verkneifen und lieber zu Gesprächsködern greifen, die mit dem Inhalt der Veranstaltung zusammenhängen, zum Beispiel:

- «Ich arbeite bei ... als ...» (Wenn Sie dienstlich oder wegen frei gewählter Weiterbildung teilnehmen)
- «Mich haben besonders Ihre Bemerkungen zu ... interessiert.» (Wenn Ihr Gegenüber sich mit einem Vortrag oder in der Diskussion zu Wort gemeldet hat)
- «Wissen Sie Näheres, wie der Empfang heute Abend ablaufen soll?»

Der letztgenannte Köder birgt die Gefahr in sich, dass Sie eine sehr ausführliche Antwort erhalten und nicht mehr dazu kommen, die übrigen Gäste zu begrüßen. Auch andere Gesprächsaufhänger lösen unter Umständen bei dem einen oder anderen Gast einen Redeschwall aus. Selbst wenn das Interesse wechselseitig sein sollte: Beenden Sie erst Ihre Begrüßungsrunde. Das ist nicht nur eine Frage der Höflichkeit. Es könnte ja sein, dass Sie noch interessanteren Leuten begegnen. Wenn sich aus Ihrem Köder sofort ein Gespräch entwickeln sollte, stoppen Sie Ihren Partner mit: «Das finde ich sehr interessant, was Sie da gerade sagen. Darauf müssen wir unbedingt zurückkommen, nachdem ich allen hier Guten Abend gesagt habe!»

Auf keinen Fall dürfen Sie die Gastgeber oder Veranstalter bei Ihrer Runde auslassen. Nicht nur um sich für die Einladung zu bedanken. An sie müssen Sie sich nämlich wenden, wenn Sie sich einem Teilnehmer vorstellen lassen möchten, an den Sie schwer herankommen – entweder weil er die ganze Zeit von anderen Leuten mit Beschlag belegt ist oder weil er in der sozialen Hierarchie mehrere Stufen über Ihnen steht. Die Organisatoren stehen zumindest für die nächsten paar Stunden ganz oben in der inoffiziellen Hackordnung. Selbst anwesende

Prominente werden für einen Augenblick vergessen, dass sie der unbestrittene Mittelpunkt des Abends sind, wenn die Gastgeber mit einem kleinen Anliegen an sie herantreten.

Da Ungeübten auf dem gesellschaftlichen Parkett in der konkreten Situation häufig kein geeigneter Köder einfällt – lernen Sie als Vorbereitung auf den Abend ein paar Varianten auswendig! Denken Sie sich in Ruhe einige Sätze aus, die zu Ihnen passen, oder nutzen Sie die Beispiele aus diesem Buch. Falls Ihnen die dreiteilige Begrüßung anfangs etwas seltsam vorkommt: Sobald Sie nach einigen Versuchen merken, dass die Leute positiv reagieren, wird Ihnen diese Form sehr schnell zur Gewohnheit werden.

Fragen stellen – Der Königsweg zur gepflegten Unterhaltung

Ja und? Sie haben Ihre Runde gemacht, Ihr «Hallo, ich bin ...» an den Mann und die Frau gebracht ... Jetzt stehen Sie mit einem Glas in der Ecke und sind eigentlich keinen Schritt weiter. Sollen Sie jetzt zu einem der Fremden hingehen und sagen: «Ich bin die, die vorhin gefragt hat, ob Sie auch nass geworden sind»?

In der Tat schuf die Begrüßung nur eine nützliche Voraussetzung für das Gelingen des weiteren Abends. Ob daraus amüsante Gespräche mit interessanten Leuten erwachsen, hängt davon ab, wie es Ihnen gelingt, mit dem vorher ausgeworfenen Köder Ihren Fisch an Land zu ziehen. Schauen Sie sich die Gäste auf einer beliebigen Veranstaltung an: Die meisten wechseln nach der Begrüßung kein Wort mehr miteinander.

An den Gesprächsköder anknüpfen. Dabei ist es gar nicht so schwer, an die Begrüßung anzuknüpfen. Das sicherste Mittel ist eine Frage, die sich auf den Köder bezieht. Eine Frage zwingt den Partner zu einer Antwort. Sie hören aufmerksam zu und zeigen durch Blickkontakt und Nicken Interesse – ohne ihn zu unterbrechen. Dann können Sie etwas entgegnen, und schon sind Sie mitten in einem Gespräch. Bei früheren Bekannten genügt es oft, sich nach Ereignissen und Neuigkeiten seit der letzten Begegnung zu erkundigen. Geeignete Fragen an fremde Gäste, die an die Köder des letzten Abschnitts anschließen, sind (in der Reihenfolge der Beispiele im vorigen Abschnitt):

Auf eher privaten Partys:

- Woher kennen Sie (bzw. kennst du) den Jürgen?
- Ob wir wenigstens trocken nach Hause kommen?
- Wie war es auf Korfu? (Ibiza, Mallorca, Malta …, je nachdem, was Sie auf die Köderfrage nach der Mittelmeerbräune bei der Begrüßung als Antwort erhielten)
- Tonic und Eiswürfel habe ich gefunden. Aber wo der Gin versteckt ist …?
- Sind Sie ganz sicher, dass wir uns nicht von einem anderen Geburtstag her kennen?

Bei offiziellen Veranstaltungen:

- Sie sagten vorhin, Sie kommen aus … Da haben Sie sicher eine lange Fahrt hinter sich?
- Sagen Sie, seit wann beschäftigen Sie sich schon mit …?
- So interessant das Programm auch ist – je länger es dauert, desto größer ist am Ende der Hunger, nicht wahr? (Das offizielle Programm ist vorbei, und Sie haben sich beide gerade die Teller am Büfett voll geladen.)

Entscheidend für den Gesprächseinstieg ist die **Form** der Frage, damit Sie auf jeden Fall mehr zur Antwort erhalten als ein unbestimmtes Brummen. Es macht nichts, wenn die Frage in manchen Fällen nicht mehr ist als eine verkappte Meinungsäußerung – wie im letzten Beispiel. Hauptsache, sie fordert eine Reaktion heraus. Es müssen nicht immer Sätze sein, die man mit einem Fragezeichen beendet. Auch eine einfache Aussage –

eine indirekte Frage – eignet sich als Auftakt zum Smalltalk, solange sie eine Antwort erzwingt. Im zweiten Beispiel (die nassen Haare) könnten Sie genauso gut sagen:

- Meine Haare wollen und wollen nicht trocknen. (Enthält die indirekte Frage: Wie ist es mit Ihren bzw. deinen Haaren?)
- Der Regen scheint aufzuhören. (Indirekte Frageform für: Glauben Sie, dass wir trocken nach Hause kommen?)

Ein Gesprächseinstieg mit einer Frage kann misslingen – und zwar dann, wenn der Sprecher ungeschickt mit einer Alternativfrage startet. Das ist eine Frage, auf die nur zwei kurze Antwortvarianten möglich sind, meistens «Ja» oder «Nein». Solche Fragen wären in unseren Beispielen:

- Kennen Sie den Jürgen schon lange?
- Regnet es noch?
- War es schön auf Korfu?
- Sind die Getränke in der Küche?
- Sie kennen Petra Klimm ganz bestimmt nicht?

Wenn Sie Glück haben, erläutert Ihnen Ihr Gesprächspartner, warum es schön war auf Korfu. Wenn er aber nur «Ja, sehr schön» antwortet, müssen Sie eine neue Frage anschließen, um endlich das Gespräch in Gang zu bringen. Das kann sehr schnell zu einer Art Verhör ausarten, wo Sie am laufenden Band Fragen stellen, die Ihr Opfer immer einsilbiger beantwortet. Es wird den erstbesten Vorwand nutzen, um sich dem Abfragen zu entziehen.

Eine solche Verengung des Gesprächs können Sie leicht vermeiden, wenn Sie einige Regeln beachten:

Stellen Sie möglichst nur offene Fragen. Offen nennt man Fragen, die im Gegensatz zu Alternativfragen viele verschiedene Antworten ermöglichen. Dazu gehören die meisten Fragen, die mit einem Fragewort anfangen. Am besten beginnen Sie mit: «Warum ...?», «Weshalb ...?», «Wodurch ...?» «Wie kommt es, dass ...?», «Was halten Sie von ...?» Darauf erhalten Sie die ausführlichsten Antworten und müssen sich um den Fortgang der Unterhaltung keine Sorgen mehr machen. Fragen, die mit «Was ...?», «Wann ...?», «Wer ...?», «Welcher ...?», und «Wo ...?» beginnen, ziehen eher kürzere Antworten nach sich.

Bei Fragen ohne Fragewort hängt es vom Inhalt ab, ob Ihr Gegenüber mehr als ein einfaches «Ja» oder «Nein» für Sie übrig hat. Wenn Sie fragen: «Sicher haben Sie eine anstrengende Fahrt hinter sich?», sorgt das emotionale Wort «anstrengend» dafür, dass Sie mehr als eine einsilbige Zustimmung zur Antwort erhalten. Ihr Gegenüber wird die Gelegenheit nutzen, um entweder einige Klagen über lange Dienstreisen loszuwerden, oder im Gegenteil die Chance loben, auf Kosten des Unternehmens andere Städte und Leute kennen zu lernen.

Im Zweifelsfall formulieren Sie Ihre Frage ohne Fragewort so um, dass Sie mit einem «Wie ...?», oder «Warum ...?» anfängt. Das ist in fast allen Fällen möglich. Beispiele:

Ohne Fragewort	Mit Fragewort
War es schwer, hierher zu finden?	Wie hast du den Weg hierher gefunden?
Ob wir trocken nach Hause kommen?	Wie lange wird der Regen wohl anhalten?
Sie kommen aus Zürich? Da haben Sie bestimmt eine anstrengende Fahrt hinter sich?	Sie kommen aus Zürich? Warum haben Sie diese anstrengende Fahrt auf sich genommen?

Lassen Sie sich nicht mehr als zwei Fragen hintereinander beantworten. So vermeiden Sie den Eindruck, den anderen auszuhorchen. Sagen Sie lieber erst einmal Ihre Meinung zu den ein bis zwei Antworten, die Sie gerade erhalten haben. Die Hürden des Gesprächseinstiegs sind endgültig überwunden, sobald Ihr Gegenüber seinerseits Fragen an Sie stellt.

Knüpfen Sie mit Ihrer Frage inhaltlich am zuletzt Gesagten an. In unseren Beispielen war das zuletzt Gesagte der Köder aus der Begrüßung. Dass inzwischen einige Zeit vergangen ist, stellt kein Problem dar. Hauptsache, für den anderen ist sofort zu erkennen, dass Sie nicht aus heiterem Himmel fragen. Fragen, die scheinbar unmotiviert gestellt werden, erregen leicht Misstrauen. Man fragt sich unwillkürlich: «Warum will der das wissen?»

Im Zweifelsfall begründen Sie, warum Sie fragen. Der Grund sollte immer persönlich sein, also mit Ihnen selbst zu tun haben. Beispiele:

- Wie war es auf Korfu? Ich frage, weil ich noch zwei Wochen Urlaub in diesem Jahr habe.
- Warum haben Sie diese anstrengende Reise von Zürich nach Bremen auf sich genommen? Ich frage, weil die Koryphäen auf Ihrem Gebiet, soweit ich weiß, doch alle in Süddeutschland arbeiten.

Weshalb Sie nach den Getränken fragen oder woher der andere den Gastgeber kennt, müssen Sie selbstverständlich nicht begründen.

Insbesondere bei dienstlichen Empfängen droht noch eine weitere Falle: die neue Bekanntschaft in ein Fachgespräch zu verwickeln. Die Frage nach dem Arbeitsfeld des anderen kann durchaus ein guter Gesprächsaufhänger sein. Vor allem, wenn beide ähnliche Interessen verfolgen, kann sie der Meinungsaustausch über neue Forschungsresultate, Verordnungen oder Arbeitsbedingungen einander näher bringen. Die Kunst besteht darin, die Diskussion bei der ersten Begegnung auf der menschlichen Ebene zu halten, sich also nicht in der Erörterung von schwierigen fachlichen Details zu verlieren.

Warum? Weshalb sollten zwei Spezialisten bei dieser Gelegenheit nicht Details einer neuen Gesetzesnovelle, einer möglichen Zinserhöhung in Amerika oder abweichender Spektrallinien auf der letzten Aufnahme des Hubble-Weltraumteleskops vom Andromedanebel erörtern? Vor allem, wenn beide den Eindruck haben, dass der jeweils andere an diesem Problem ebenso interessiert ist wie sie selbst?

- Eine Fachdiskussion zerstört die Atmosphäre der Lockerheit, Entspannung und des Amüsements, die auf einem Empfang oder einer Party herrscht. Beide suchen eine Ecke, in der sie ungestört fachsimpeln können, und schotten sich von den anderen ab. Die Chancen, weitere Bekanntschaften zu schließen, sinken.

- Eine Fachdiskussion zu zweit gelingt nur, wenn die Beziehungsebene stimmt. Der Schritt, durch eine harmlose kleine Plauderei festzustellen, ob man menschlich übereinstimmt, wurde aber übersprungen.

- Früher oder später wird es bei der Erörterung zu Meinungsverschiedenheiten kommen. Gerade Spezialisten sind selten in allen Details einer Meinung. Wenn der vorige Schritt, die Gefühls- und Denkweisen des andern kennen zu lernen, übersprungen wurde, erwächst aus kleinen Differenzen schnell ein handfester Streit oder zumindest ein Unverständnis, wieso der andere darüber nicht so denkt wie man selbst.

- Enttäuscht trennen sich die beiden Kontrahenten voneinander und beschränken in Zukunft ihre Kommunikation auf ein höfliches Grüßen.

Es kann auch gut gehen. Manchmal treffen durch Zufall zwei Leute aufeinander, die in allen Dingen ein Herz und eine Seele sind. Erfahrene Smalltalker lassen es allerdings nicht darauf ankommen. Sie führen das Gespräch zunächst so, dass sie sich vergewissern, wes Geistes Kind ihr Gegenüber ist und was sie einander zumuten können, bevor sie ihr Innerstes nach außen kehren. Das schützt beide vor unliebsamen Überraschungen.

Gemeinsames hervorheben, Trennendes ignorieren

Eine Binsenweisheit der praktischen Psychologie lautet: Nicht einmal Zwillinge sind in ihrer Persönlichkeit hundertprozentig identisch. Umgekehrt gibt es keine zwei Leute, und seien sie noch so verschieden, die nicht wenigstens in einigen Punkten übereinstimmender Auffassung sind. Selbst ein fünfzigjähriger Bankier und eine siebzehnjährige Punkerin könnten sich einigen, dass Kinder ohne Zwänge und Prügel aufwachsen sollten, dass ihr eigener Hund eine treuere Seele hat als die meisten Mitmenschen oder dass das Leben in der Großstadt spannender ist als jede Dorfidylle. Bei anderen Themen – der sozialen Verantwortung des Staates, der Herrschaft des Geldes oder dem optimalen Outfit – würden beide sehr schnell mit einem entsetzten Kopfschütteln über die Ansichten des andern das Gespräch beenden.

Zugegeben, es ist nicht sehr wahrscheinlich, dass der Bankier und die Punkerin miteinander ein Gespräch anfangen, schon wegen der äußerlich sichtbaren Gegensätzlichkeit. Obwohl es eine gute Übung in Toleranz und Verständigung zwischen fremden Welten wäre. Manchmal sehen zwei Personen ähnlich aus, unterscheiden sich seelisch aber mindestens ebenso wie der Finanzjongleur und die alternative Hausbesetzerin. Ohne ein Gespräch von einigen Minuten Länge werden sie nicht erfahren können, wie weit die Gemeinsamkeiten reichen und wo die Unterschiede anfangen.

Bleiben Sie im Smalltalk so lange wie möglich bei den Ge

meinsamkeiten und umgehen Sie alles Trennende! Das Diskutieren über Meinungsverschiedenheiten löst unweigerlich ein wechselseitiges Argumentieren aus. Jeder versucht den anderen von seinen Ansichten zu überzeugen. Schnell beißen Sie sich in einem Streit fest. Das Ziel, die Auseinandersetzung zu gewinnen, verwandelt die gemütliche Plauderei in einen verbissenen Wettkampf. Die Chance, bei einem weniger brisanten Thema eine verwandte Seele zu entdecken, ist vertan.

Brücken schlagen. An sich ist ein Streit keine Katastrophe. Auch bei Auseinandersetzungen können Menschen einander besser kennen lernen. Aber nur, wenn beide sich ihrer grundlegenden Gemeinsamkeiten bewusst sind. Sind die Felder der Übereinstimmung unbekannt, wird der Streit die Kontrahenten auseinander treiben. Diese Gefahr ist am Anfang einer Bekanntschaft am größten. Sie bilden sich aus dem, was Ihre neue Bekanntschaft sagt, eine Meinung über ihren Charakter. Sie kennen von ihr nicht mehr als das, was wenige Minuten lockeres Gespräch hergeben. Daher wird dieser kurze Eindruck leicht zum Maßstab dafür, wie Sie den gesamten Menschen einschätzen.

Ergeben sich sofort Übereinstimmungen, gehen wir zumindest vorläufig davon aus, dass der oder die neue Bekannte mit uns auf einer Wellenlänge liegt. Zeigen sich gleich zu Anfang Gegensätze, übertragen wir diesen Eindruck auf die inneren Werte unseres Gegenübers. Keine gute Voraussetzung für eine Fortsetzung der Bekanntschaft! So spannend das Aufeinandertreffen gegensätzlicher Charaktere auch sein kann – wir umgeben uns lieber mit Leuten, die im Großen und Ganzen so denken und fühlen wie wir.

Auch wenn sich einige Gesprächsthemen für den Smalltalk besser eignen als andere – wie wir noch sehen werden –, liegt es letztlich an den Beteiligten, ob sie sich an die Gemeinsamkeiten halten oder ihre Differenzen vertiefen.

Wenn Gegensätze dominieren. Nehmen wir einmal an, auf einer Party seien ein Mädchen und ein junger Mann – nennen wir sie Christina und Bernd – ins Gespräch gekommen. Sie haben festgestellt, dass sie am Rande der Großstadt leben, etwa zwanzig Minuten voneinander entfernt.

BERND: Warum bist du dorthin gezogen?

CHRISTINA: Das fragen mich alle meine Freundinnen. Es ist zwar eine typische Satellitenstadt, dafür ist man aber in wenigen Minuten draußen in der Natur. Ich habe einen jungen Schäferhund, Cäsar heißt er, zwei Jahre alt, und wenn ich mit dem an unserem Flüsschen spazieren gehe ... Zehn Minuten von zu Haus, und ich bin im Grünen.

BERND: Ja, das kenne ich. Ich bin dreimal die Woche dort. Zum Joggen. Du gehörst sicher zu den vorbildlichen Leuten, die ihren Hund da draußen an der Leine führen.

CHRISTINA: Wieso? Ich nehme extra den Weg dahin auf mich, um Cäsar mal frei laufen zu lassen.

BERND: Ach, dann bin ich dir vielleicht schon mal begegnet. Siehst du diese Narbe? Die verdanke ich so einem frei laufenden bellenden Springinsfeld, der mich als Jagdbeute angesehen hat.

CHRISTINA: Mein Cäsar hat noch niemanden gebissen!

BERND: Ja, das sagen alle Hundebesitzer als Erstes. Die Narbe hier, das war auch kein Biss. Das Vieh ist mir zwischen die Beine gesprungen ich bin gestolpert und hingeknallt ...

Sie ahnen schon: Die Fortsetzung des Gesprächs steht unter keinem guten Stern. Sie wird die Hundebesitzer und er die Rechte der Freizeitsportler verteidigen – bis einer von beiden unter einem Vorwand das Gespräch abbricht. Es gehört viel Charakterstärke dazu, einzulenken und den anderen die Auseinandersetzung gewinnen zu lassen. Viel öfter schaukeln sich die Gegensätze auf, bis sich die Argumente anfangen, zu wiederholen, und beide richtig wütend werden.

So gelangen Sie zu Übereinstimmungen. Wie hätten die beiden das gleiche Gespräch führen müssen, damit die Gemeinsamkeiten im Vordergrund bleiben und die Unterschiede umschifft werden? Das hängt davon ab, wer von beiden als Erstes die gefährliche Klippe bemerkt.

Der junge Mann hatte als Erstes seine Chance. Nachdem sie als Motiv ihres Aufenthalts am Flüsschen den Hund nannte, wusste er, dass sich sein Motiv (Joggen) davon unterschied. Statt nun den Unterschied weiter zu diskutieren (der Hund als natürlicher Feind des Läufers), bot es sich an, die Gemeinsamkeiten auszubauen.

BERND: Ja, das kenne ich. Ich bin dreimal die Woche dort. Zum Joggen. Zugegeben, im Zentrum findet man Theater und Clubs in unmittelbarer Nähe – aber wenn ich mir vorstelle, ich müsste jeden zweiten Tag in dem Autosmog herumlaufen und alle hundert Meter an einer Ampel stoppen ...

CHRISTINA: Ich möchte mit Cäsar auch nicht da drinnen wohnen. Immer das Gedränge, kein Wunder, dass da mancher Hund aggressiv wird. So ein Tier braucht schließlich Auslauf.

Bei dieser Fortsetzung ist der Unterschied zwischen beiden keineswegs verschwiegen worden. Aber Bernd hat ihn nicht zum Gesprächsthema gemacht. Es geht also keineswegs darum, der Partnerin nach dem Munde zu reden, ihr zu schmeicheln oder zu lügen – etwa zu behaupten, dass er Hunde ganz toll fände, wenn eher das Gegenteil der Fall ist. Sondern er ist einfach bei den eingangs erkannten Gemeinsamkeiten geblieben: der Nähe der Natur beim Wohnen am Stadtrand.

Gesprächsentgleisungen reparieren. Wie hätte sie das Gespräch in ungefährliches Fahrwasser zurücklenken können, wenn es ihm nicht gelungen wäre, clever den Gegensatz zu umgehen?

Natürlich könnte sie einfach das Thema wechseln. Statt die Frage zu beantworten, ob sie ihren Hund an der Leine führe, stellt sie eine andere Frage, zum Beispiel:

- Seit wann wohnst du da draußen?
- Ich habe auch schon mal daran gedacht, mit Laufen anzufangen. Wie lange machst du das schon?

Das ist freilich nur ein Notbehelf, da beiden an dieser Stelle bewusst wird, dass sie gerade einen heiklen Punkt berührt hatten, über den sie besser nicht reden sollten. Eleganter ist es, das Gespräch ohne Themenwechsel auf die Gemeinsamkeiten zurückzulenken.

BERND: Ja, das kenne ich. Ich bin dreimal die Woche dort. Zum Joggen. Du gehörst sicher zu den vorbildlichen Leuten, die ihren Hund da draußen an der Leine führen.

CHRISTINA: Warum, bist du schon mal gebissen worden?

BERND: Das nicht, aber wenn ich da langlaufe, begegnet mir rund alle zweihundert Meter ein Hund. Ungefähr jeder dritte, der frei läuft, springt einen an. Entweder du stoppst oder du riskierst einen Sturz. Ich weiß ja, die wollen nur spielen, aber bin ich verpflichtet mitzuspielen?

CHRISTINA: Ja, ich kenne leider auch einige Hundebesitzer, die meinen, alle Welt müsse sich nach ihrem Liebling richten. Ich mag das genauso wenig, wenn jedes fremde Biest an meinem Cäsar herumschnüffelt, und häufig nicht nur das ...

Das ist ein Beispiel von Smalltalk für Fortgeschrittene: In der sichtbar gewordenen Meinungsverschiedenheit eine Übereinstimmung suchen und finden. Sie hat dafür ein probates Mittel genutzt. Sie lenkte den Gegensatz auf abwesende Dritte ab, in diesem Fall auf andere Hundebesitzer.

Egal, über welches Thema Sie sich auch unterhalten: Die Gesprächs-«Technik», mit der Sie von einem Streitpunkt zu einer Gemeinsamkeit zurückfinden, ist immer die gleiche:

Statt Ihrem Partner zu widersprechen («Mein Cäsar hat noch niemanden gebissen!»), stellen Sie eine offene Frage, um die Gründe für die andersartige Meinung zu erfahren.

- Falls Ihnen die Antwort nicht ausreichend erscheint, stellen Sie eine zweite Frage. Sind Sie sich nicht sicher, ob Sie sein Motiv richtig verstanden haben, fragen Sie nach, indem Sie seine Antwort mit Ihren eigenen Worten als Fragen formulieren. Beispiel: «Habe ich das richtig verstanden – du bist für Leinenzwang, weil du Angst hast, über Hunde zu fallen, die dich unversehens anspringen?»

- Nun überlegen Sie: Können Sie sich in die Situation Ihres Gegenübers einfühlen? Ginge es Ihnen vielleicht an seiner Stelle ähnlich? Dann sagen Sie es und äußern Verständnis.

- Wenn seine Gründe Sie dagegen nicht überzeugen, lassen Sie die Sache auf sich beruhen. Sagen Sie: «Ich verstehe», und wechseln Sie das Thema.

Prinzipiell haben Sie vier Möglichkeiten, um Trennendes im Gespräch zu umgehen:

- Sie wechseln das Thema mit einer Frage, die das bisher Besprochene nur am Rande berührt. Denn wer Fragen stellt, bestimmt, worüber gesprochen wird.

- Sie suchen in der Verschiedenheit das Gemeinsame, wie im letzten Beispiel.

- Sie brechen unter einem Vorwand das Gespräch ab. Das ist immer noch besser als ein handfester Krach.

- Statt auf Ihrer Meinung zu beharren, geben Sie nach und stimmen der Meinung Ihres Partners zu. Es könnte ja sein, dass Cäsars Frauchen an dem Jogger ein Interesse gewonnen hat, das über bloße Freundschaft hinausgeht. Wegen eines Streites über angeleinte oder nicht angeleinte Hunde wird sie doch nicht das zarte Pflänzchen aufkeimender Sympathie zerstören! Also entgegnet sie, dass sie selbstverständlich ihren Cäsar immer an der Leine führt. Im Stillen denkt sie sich: Wer weiß, vielleicht entdeckt er sehr bald, dass Joggen mit einem mitlaufenden Hund noch mehr Spaß macht ...

Du bist wichtig, ich bin wichtig

Wann haben Sie das letzte Mal ein Kompliment bekommen? Heute? Gestern? Vor drei Tagen? Vor Wochen? Oder in Ihrer Kindheit? Wer hat Sie wofür gelobt?

Erstaunlich, wie genau wir uns an die wenigen ausdrücklichen Anerkennungen erinnern können, die wir in den letzten Monaten oder Jahren erhielten! Der Grund: Jede Form von Lob baut unsere Selbstachtung auf. Wir merken uns alles Positive, was jemand über uns sagt, weil es unser Selbstwertgefühl und damit die seelische Stabilität nährt.

Tadel und Kritik merken wir uns schon schlechter. Beides bleibt eine Weile haften, wenn es von nahen Freunden kommt. Dann setzen wir uns damit auseinander, und je nachdem, wie schnell das gelingt, verdrängen wir später den unangenehmen Angriff auf unser Selbstverständnis. Negative Äußerungen von ferner stehenden Personen vergessen die meisten Menschen ziemlich leicht.

Am schnellsten vergessen wir Gespräche, die überhaupt nicht zu unserer Person Stellung nahmen, sondern sich mit neutralen, «sachlichen» Inhalten beschäftigten. In aller Regel entfallen uns die Personen, mit denen wir diese Gespräche führten, genauso schnell.

Daraus folgt: Es muss nicht unbedingt eine dicke Schmeichelei sein, mit der wir einen positiven und lang anhaltenden Eindruck hinterlassen. Im Gegenteil: Wird ein Kompliment als bewusst eingesetztes Mittel zu dem Zweck erkannt, bei dem andern Punkte zu sammeln, kann der Schuss nach hinten losgehen. Der Verdacht der Unehrlichkeit und Heuchelei kann die Chancen auf ein Kennenlernen unwiderbringlich zunichte machen.

Aufmerksamkeit erregen. Die ersten Minuten des Smalltalk entscheiden, ob und in welcher Weise Sie im Gedächtnis Ihrer neuen Bekanntschaft haften bleiben. Den besten und dauerhaftesten Eindruck hinterlassen Sie, wenn Sie

- «persönlich» werden, also Ihre eigene Persönlichkeit und die Ihres Gesprächspartners beim Reden an Profil gewinnen,
- sagen, welche Gefühle Sie bei den Erlebnissen, von denen Sie erzählen, empfinden und
- einen persönlichen Gesprächsstil pflegen.

In dem Ausdruck «persönlich werden» schwingt in der deutschen Sprache etwas von bedrohlicher Neugier und beleidigender Argumentation mit («Wir wollen doch nicht persönlich werden!») – ein Zeichen dafür, wie schwer es oft fällt, von einem objektiv-nüchternen Sprachstil zu einer menschlichen, einfühlsamen Sprache zu finden, ohne dem anderen zu nahe zu treten.

Ein Beispiel soll zeigen, was ich meine. Unsere Freunde aus dem letzten Abschnitt, Christina und Bernd, reden diesmal über **das** Smalltalk-Thema überhaupt, das Wetter. Achten Sie bitte auf die Unterschiede.

BERND: Schauen Sie, es regnet immer noch.

CHRISTINA: Laut Wetterbericht soll es noch drei Tage so weitergehen.

Bernd: Na ja, nach drei Wochen Trockenheit darf man sich wohl nicht beschweren. Aber man hofft eben immer auf einen sonnigen Sonntag.

CHRISTINA: Heißt ja schließlich auch Sonntag. Man braucht ja nur an letztes Jahr im September zu denken. In Athen Regen und bei uns Sommer pur.

Dieser Dialog erfüllt sicher die Mindestanforderungen an ein Partygeplauder: unverfängliches Thema und eine gewisse Übereinstimmung der Ansichten. Aber die beiden Personen sind beliebig austauschbar. Das Gespräch hätte von Männern oder Frauen, Ungarn oder Engländern, Studenten oder Rentnern, leicht aufbrausenden Cholerikern oder sensiblen Melancholikern geführt werden können. Wir – und damit auch die Gesprächspartner selbst – erfahren nichts über die Menschen selbst. Ihre Vorlieben, Abneigungen und individuellen Eigenheiten bleiben uns – und ihnen selbst – verborgen. Das Ziel des Smalltalk, in wenigen Minuten zu einer vorläufigen Gesamteinschätzung des andern zu gelangen, wird nicht erreicht.

Schauen wir uns eine zweite Variante des Gesprächs an. Der Inhalt bleibt der gleiche, nur die Art und Weise, wie die beiden miteinander reden, hat sich geändert.

BERND: Sind Sie auch nass geworden?

CHRISTINA: Furchtbar! Ich hätte mir den Wetterbericht anhören sollen, *bevor* ich zum Friseur ging. Haben Sie es auch gehört? Es soll noch drei Tage so weitergehen. Da werden wir uns auf dem Heimweg wohl nochmal eine Dusche einfangen.

BERND: Jetzt ärgere ich mich, dass ich mit der S-Bahn gekommen bin. Sonst könnte ich Ihnen jetzt anbieten, Sie im Auto mitzunehmen.

CHRISTINA: Aber dann könnten Sie den ganzen Abend nichts trinken außer Saft und Mineralwasser.

BERND: Um Ihnen eine trockene Heimfahrt zu sichern, kein Problem! Ich hatte leider gehofft, die Schönwetterperiode hält noch an.

CHRISTINA: So wie letztes Jahr im September?

BERND: Davon habe ich leider nichts mitbekommen. Ich war auf Korfu, und dort hat es geregnet.

CHRISTINA: Sie Ärmster!

BERND: Und heute haben wir beide Pech gehabt. Trinken Sie – quasi als Trost – ein Glas Sekt mit mir?

Bei dieser Variante geben sich Christina und Bernd als Personen zu erkennen. Wir erfahren etwas über ihre Motive: Bernd ist mit öffentlichen Verkehrsmitteln gefahren, kann daher wie die anderen Alkohol trinken und Christina zu einem Glas Sekt einladen. Sie war vorher beim Friseur, offenbar legt sie Wert auf ihr äußeres Erscheinungsbild.

«Persönlich» werden heißt also: Beide sprechen nicht über das Wetter allgemein, sondern darüber, was es für sie als konkrete Person bedeutet. Wie es ihren Alltag beeinflusst, wie sie damit umgehen. Dadurch ergeben sich neue Themen, wie etwa Bernds Urlaub letzten September auf einer griechischen Insel.

Selbstverständlich bleiben in diesen ersten Minuten die Einblicke, die Christina und Bernd in ihre Charaktere geben, an der Oberfläche. Intime Bekenntnisse über seelische Verletzungen oder geheime Kindheitswünsche wären fehl am Platz. Dafür ist die Bekanntschaft zu neu. Das Vertrauen muss sich nach und nach entwickeln. Immerhin: Die erste Begegnung entscheidet, ob die Vertrauensbildung überhaupt in Gang kommt.

Auch die Form des Gesprächs ist im zweiten Beispiel anders. Woran erkennen wir den persönlichen Stil?

Gefühlsäußerungen: Wer nicht nur Tatsachen beschreibt, sondern auch, wie er sie empfindet, erntet unwillkürlich Sympathie. Er ermöglicht seinem Gegenüber, sich in ihn hineinzuversetzen. Der kurze Dialogausschnitt enthält eine ganze Reihe von Gefühlsäußerungen: «Furchtbar!» – «Jetzt ärgere ich mich …» – «Ich hatte leider gehofft …» – «Sie Ärmster!» – «Und heute haben wir beide Pech gehabt.»

Die meisten Menschen scheuen sich, über ihre Gefühle zu reden, vor allem gegenüber Fremden. Dabei ist nichts so sehr geeignet, Vertrauen zu erwecken, wie ein emotionaler Gesprächsstil. Es werden ja keine peinlichen Enthüllungen erwartet, sondern nur das Eingeständnis, dass einen die Begebenheiten des Alltags nicht gleichgültig lassen.

Sagen Sie es ausdrücklich, wenn Sie etwas ärgert, oder gehen Sie davon aus, dass Ihre Zuhörer von selbst darauf kommen, wie Sie empfinden, wenn Sie zum Beispiel erzählen, dass von Ihren frisch gekauften Erdbeeren die Hälfte angeschimmelt war? Nur wenn Sie Ihre Gefühle wirklich nennen, werden Ihre Partner bereitwillig mit Ihnen fühlen. Besonders unwiderstehlich wirken Äußerungen über positive Gefühle. Einige Beispiele finden Sie in der unten stehenden Tabelle.

Ich bin ... (oder: Ich fühle mich ...)

positive Gefühle	negative Gefühle	neutrale Gefühle
beeindruckt	ängstlich	aufgewühlt
begeistert	ärgerlich	ausgeglichen
dankbar	außer mir	gelassen
erwartungsvoll	beleidigt	gelöst
froh	besorgt	gespannt
fröhlich	beunruhigt	im Zweifel
guter Laune /	entsetzt	nachdenklich
Stimmung	enttäuscht	träge
heiter	erregt	ungeduldig
hoffnungsvoll	misstrauisch	unsicher
mutig	neidisch	unschlüssig
offen für ...	schockiert	verunsichert
stolz	traurig	
	verärgert	
	verzweifelt	
	wütend	
	zornig	

Persönlicher Stil: Gehen Sie sparsam mit Wörtern um wie «wir», «jemand (sollte …)», «man» oder Satzkonstruktionen ohne persönliches Fürwort. Äußern Sie sich nach Möglichkeit per «ich» und «du» (oder «Sie» bei Bekanntschaften in eher offiziellem Rahmen). Hätte Bernd statt «Jetzt ärgere ich mich …» auch sagen können: «Das ist ärgerlich, bei diesem Wetter ohne Auto zu kommen»? Sicher, aber dann spräche er nicht mehr von sich selbst, sondern im Namen einer nicht näher bestimmten Allgemeinheit. Dadurch verschwindet das persönliche Element beinahe unbemerkt aus dem Gespräch.

Unpersönliche, verallgemeinernde Äußerungen sind leider sehr beliebt. «Wir müssen etwas für die Werbung von neuen Kunden tun», sagt der Chef der Verkaufsabteilung und hofft, dass die beiden anwesenden Vertreter sich angesprochen fühlen. Die aber hoffen wegen des alle einbeziehenden Wörtchens «wir», dass der Kelch an ihnen noch einmal vorübergeht.

«Jemand müsste mal den Müll hinuntertragen», sagt die Hausfrau und hofft, dass der Bier trinkende und Fußball schauende Ehemann sich angesprochen fühlt. Der denkt gar nicht daran, «jemand» speziell auf sich zu beziehen.

«Aber man hofft eben immer auf einen sonnigen Sonntag», sagte Bernd in dem ersten, unpersönlichen Dialogbeispiel. Wer ist «man»? Alle Teilnehmer der Party? Alle Deutschen? Die Menschheit oder wenigstens ihre Mehrheit? In Wirklichkeit heißt «man» natürlich: «Ich bin es, der auf ein sonniges Wochenende hofft.» Warum sagt er es dann nicht?

Die unpersönliche Redeweise erlaubt dem Sprecher, sich hinter der Anonymität zu verbergen und seine Meinung so zu formulieren, dass keiner der Zuhörer sie ernsthaft bestreiten kann – eine Redeweise, die in Sachtexten angebracht ist, die über allgemeine, theoretische Zusammenhänge berichten, niemals aber im persönlichen Umfeld. Wenn die Hausfrau sagt, jemand müsse den Müll hinuntertragen, wird ihr kaum «jemand» widersprechen – solange dabei kein Zeigefinger auf eine bestimmte Person deutet. Die Hoffnung, der Ehemann oder eines der Kinder werde sich nun des überquellenden Mülleimers erbarmen, wird sich so kaum erfüllen. Kurz, diese Redeweise umgeht zwar mögliche Konflikte, ihre Wirkung ist aber gleich null.

Die meisten Menschen zögern, sich gegenüber neuen Bekanntschaften zu öffnen. Schließlich ist die Person, die ich gerade kennen gelernt habe, für mich ein unbeschriebenes Blatt. Aber wenn ich mich hinter Allgemeinheiten verstecke, wird mein Gegenüber es auch tun. Dann wechseln Sie ein paar belanglose, unpersönliche Bemerkungen, trennen sich nach wenigen Minuten und haben die Unterhaltung samt Ihrem Gesprächspartner schon am nächsten Morgen vergessen.

Wer dagegen «ich» und «du» sagt, wenn ich und du gemeint sind, gewinnt für den anderen als Persönlichkeit an Profil. Wenn Sie eine Meinung äußern, sagen Sie «ich glaube, dass» statt «man sollte» und erklären indirekt durch diesen kleinen Unterschied in der Formulierung: «Das ist meine Meinung und ich stehe dazu.» Dadurch wirken Sie selbstsicher. Unpersönliche Formulierungen erwecken dagegen unwillkürlich den Eindruck von Unsicherheit. Ihr Gegenüber spürt: Der versteckt sich in der anonymen Masse, weil er Widerspruch fürchtet.

Heißt das, Sie sollten aufkommende Unsicherheit vor den anderen verbergen? Im Gegenteil, stehen Sie dazu! Sagen Sie: «Ich würde gern mit dem Mann da drüben am Büfett ein paar Worte wechseln, aber ich bin unsicher, ob ich ihn so einfach ansprechen kann.» Wetten, dass die Person, der Sie Ihre Unsicherheit anvertrauen, sich Mühe geben wird, Ihnen über Ihre Verlegenheit hinwegzuhelfen und Sie mit dem Unbekannten in Kontakt zu bringen?

Der Zusammenklang von Sprache und Körpersprache

Nach einem klassischen, viel zitierten Experiment aus dem Jahre 1972 wird der Gesamteindruck von einer Persönlichkeit zu 55 Prozent von der Körpersprache, zu 38 Prozent von der Stimme und nur zu 7 Prozent vom Inhalt des Gesprochenen bestimmt. Auch die tollste Rede verpufft wirkungslos, wenn Ihre Worte nicht zu dem Eindruck passen, den Ihr Äußeres und Ihre Stimme vermitteln.

Haben Sie schon einmal bemerkt, wie viel körpersprachliches – die Wissenschaft sagt «nonverbales» – Verhalten in unsere alltägliche Rede einfließt? Sie nennen einen Freund, den Sie bewundern, «aufrichtig», obwohl er gar nicht aufrecht steht, sondern neben Ihnen sitzt. Ein anderer hat dagegen «keine Haltung», Ihr Chef beweist Ihnen kein «Entgegenkommen», eine frühere Freundin (oder Freund) hat Sie «sitzen lassen», also sich von Ihnen «abgewendet». Blicke «durchbohren» uns, Dinge kann man «in den Griff kriegen», vorausgesetzt, wir beweisen «Fingerspitzengefühl». Die enorme Bedeutung der unbewussten Körpersignale können Sie «begreifen» – ohne sie angefasst zu haben.

Wir alle senden und empfangen ununterbrochen körperliche Signale, ohne uns im Einzelnen bewusst Rechenschaft darüber zu geben. Dennoch bemerken wir genau, wenn jemand niedergedrückt wirkt – auch wenn wir nicht bewusst erkennen, dass sich dieses Gefühl aus dem Anblick gebeugter Schultern, zusammengekauerten Dasitzens und hängender Mundwinkel bildet.

Da nonverbales Verhalten zum großen Teil angeboren ist, müssen wir die richtige Interpretation der Signale nicht lernen. Wir verstehen sie intuitiv. Aber weil das meiste auf einer unbewussten Ebene abläuft, sind unsere Mimik und Gestik ehrlicher als unsere Worte. Wie leicht fällt es, zu sagen: «Ich mag dich wirklich!» Aber wie schwer ist es, dem anderen dabei so ruhig und tief in die Augen zu schauen, dass er Ihnen dieses Bekenntnis auch abnimmt, wenn Sie nicht tatsächlich so empfinden. Das ist der Grund, warum jeder in solchen Fällen lieber den Körpersignalen Glauben schenkt als den Worten.

Der Körper lügt nicht. Ein Beispiel. Ein Partyteilnehmer verwickelt Sie in ein Gespräch und beginnt, seinen seelischen Kummer der letzten Monate bei Ihnen abzuladen. Als netter, gut erzogener Mensch geben Sie sich verständnisvoll: «Schlimm, was Sie da erlebt haben.» Im selben Moment spielen Sie nervös mit den Fingern an Ihren Haaren oder kratzen sich und schauen verstohlen auf die Uhr.

Was glauben Sie: Vertraut er Ihren Worten – oder Ihren Gesten, die andeuten, dass Sie eigentlich etwas anderes zu tun haben, als eine halbe Nacht seine Klagen anzuhören? Die Wenigsten sind sich bewusst, dass sie mit einer einzigen unbedachten Geste die Wirkung einer ganzen wohl durchdachten Rede zerstören können. Körpersprache ist verräterisch. Sie enthüllt unsere wahren Absichten. In ihr drückt sich die Welt der Gefühle und Stimmungen aus. In ihr spricht der stille, der nichtrationale Teil unserer Seele. Genau genommen ist sie nicht unsere Körper-, sondern Gefühlssprache.

Zweifache Botschaften. Wir sprechen und hören in Wahrheit zwei Sprachen zugleich: die der Worte und die des Körpers. Für ihr Verhältnis zueinander gibt es drei Möglichkeiten.

1. Beide Sprachen können einander bestätigen. Das ist der Fall, wenn Sie sagen: «Ich bin wütend», und zugleich mit der Faust auf den Tisch hauen. Oder wenn Sie jemanden mit den Worten begrüßen: «Toll, dass du da bist», und zugleich hinlaufen, um ihn zu umarmen. In diesen Fällen bilden

beide Sprachen eine Einheit und verstärken einander. Jeder, der sich so verhält, wirkt ehrlich und weckt Vertrauen.

2. Der zweite Fall ist der, dass die Körpersprache die Wortsprache ersetzt. Etwa, wenn wir nicken, statt «Ja» zu sagen, oder mit einem Kopfschütteln unser «Nein» zum Ausdruck bringen. Das ist einer der wenigen Fälle, wo jedem bewusst wird, dass wir mit Gesten auch sprechen können.

3. In der dritten und interessantesten Variante widersprechen die beiden Sprachen einander – ein Hinweis auf einen Konflikt. Das obige Beispiel des Kummer abladenden Partygastes stellt so einen Fall dar. Ich sage das eine, aber denke etwas anderes. Dieses andere wird jedoch sehr wohl bemerkt. Mimik und Gestik haben es verraten. Widersprüchliche Mitteilungen erwecken grundsätzlich Misstrauen. Wer das eine sagt, aber körperlich das Gegenteil davon mitteilt, gilt sofort als unaufrichtig und unsympathisch.

Also, Vorsicht bei jedem Versuch, Ihre wahren Ansichten durch klug gewählte Worte zu verbergen. Nicht immer verrät der Körper, was Sie wirklich denken, wohl aber, dass Ihre Worte nicht ehrlich sind. Und das genügt, um Misstrauen zu säen. Ihre Gesprächspartner werden meistens zu höflich sein, um Ihnen den unguten Eindruck mitzuteilen. Und wie man so schön sagt: Es bleibt etwas hängen. Und beim nächsten Gespräch – falls es überhaupt noch stattfindet – werden sie deutlich weniger Bereitschaft zeigen, sich von Ihnen überzeugen zu lassen.

Gut, in unserem Beispiel würden Sie sich eventuell sagen: «Hauptsache, ich bin den Schwätzer losgeworden.» Um den Preis, dass der «Schwätzer» Sie für unsensibel und wenig mitfühlend hält und vielleicht nicht zögert, seine Meinung anderen mitzuteilen. So manch ärgerliche Feindschaft hat mit derartigen Kleinigkeiten angefangen. Besser ist ein ehrlicher Rückzug: «Es scheint, diese Dame hat dir wirklich übel mitgespielt. Dahinten stehen noch einige Freunde von mir, mit denen ich unbedingt noch reden muss, denn ich vermute, dass sie bald gehen werden. Vielleicht können wir das Gespräch später fortsetzen.»

Sind wir zu grenzenloser Offenheit verurteilt? Schließlich gibt es doch Menschen, denen es recht gut gelingt, ihre Absichten zu verschleiern. Wenn ich beispielsweise schlechte Laune habe, muss ich dann alle Welt mit meiner miesen Stimmung belasten? Wenn ich frisch verliebt bin, muss ich unbedingt jedermann teilhaben lassen an meinem Hochgefühl?

Wie Sie Ihre Wirkung verbessern. Das müssen Sie nicht. Sie können zwar nicht die Wirkung der Körpersprache außer Kraft setzen, aber beeinflussen, **wie** sie wirkt. Sie haben zwei Möglichkeiten.

1. Körpersprache teilt Ihr Gefühl mit. Zwar können Sie nicht die nonverbalen Signale, wohl aber Ihr dahinter stehendes Gefühl beeinflussen. Und wenn sich Ihr Gefühl ändert, ändern sich auch die körperlichen Botschaften. Ein Beispiel: Sie wollen eine wichtige Person beeindrucken und deshalb locker und entspannt wirken. Sie wissen, dass Sie diese Botschaft am besten mit einem Lächeln rüberbringen. Nun sind Sie jedoch aufgeregt und angespannt. Sie versuchen, künstlich ein Lächeln aufzusetzen, bringen es bestenfalls nur fertig, Ihre Mundwinkel ein Stück nach oben zu ziehen. Bei einem echten Lächeln lachen aber die Augen mit. Die dafür erforderlichen Muskeln in den Augenwinkeln gehorchen Ihrem Willen nicht.

Hoffnungslos? Keineswegs. Wenden Sie sich einen Moment ab und erinnern Sie sich an eine lustige Begebenheit oder einen Witz, der Sie garantiert zum Schmunzeln bringt. Schon tritt das schönste und echteste Lächeln, das Sie sich wünschen können, auf Ihr Gesicht. Auch die Augen lachen mit. Diese Mimik wenden Sie nun Ihrem Gegenüber zu. Der wird das Lächeln sofort auf sich beziehen, und der Abend ist gerettet. Wenn Sie fröhlich wirken wollen, denken Sie an etwas Fröhliches. Wenn traurig, an etwas Trauriges. Wenn wütend, bringen Sie sich in Rage. Die zugehörigen äußerlichen Signale bildet Ihr Körper von allein.

2. Sie werden sich bewusst, was Sie im Moment empfinden – und ahnen somit, welche Signale Ihr Äußeres gerade ausstrahlt. Statt diese unerwünschten Signale zu verleugnen, gestehen Sie Ihre Empfindungen ein, beziehen sie aber in Ihren Äußerungen auf eine andere Ursache. Um auf unser Beispiel zurückzukommen: Nehmen wir an, Sie haben gerade verstohlen auf die Uhr geschaut. Sie merken, dass Sie im Begriff sind, sich die Sympathie Ihres Gegenübers zu verscherzen. Deshalb sagen Sie, dass Sie nicht heimlich, sondern absichtlich auf die Uhr geblickt haben. «Es ist zehn nach elf, und ich habe meiner Freundin dort drüben versprochen, bis spätestens um elf mit ihr zu reden, weil sie bald wegmuss. Da du mir gerade erzählt hast, wie sehr du unter gebrochenen Versprechen zu leiden hattest …»

In beiden Fällen nutzen Sie eine Begrenztheit der Körpersprache aus: Die Signale verraten zwar die wahren Gefühle, verschweigen aber, worauf sie sich beziehen. Für den günstigen – beziehungsweise ungünstigen – ersten Eindruck sind folgende Körpersignale verantwortlich:

Aufrechte Körperhaltung. Sie ist ein Signal für eine aufrechte Seele. Wie viele gehen schon mit Anfang zwanzig mit hängenden Schultern, den Blick auf den Erdboden geheftet, durch das Leben! Ihr Körper sieht nicht nur niedergedrückt aus, er strahlt auch eine niedergedrückte Stimmung aus. Darum Kopf hoch, Brust raus, den Blick über die Horizontlinie erhoben. Wer so geht, atmet freier, er geht nicht nur aufrechter, sondern fühlt auch so. Ein aufrechter Gang strahlt Selbstvertrauen aus und hat deshalb – ähnlich wie eine imponierende Körpergröße – eine charismatische Wirkung. Wer seiner sicher ist, wird beim Gespräch anderen immer seinen Oberkörper zuwenden. Wer sich dagegen unsicher ist, ob er sein Gegenüber mit einem Gespräch belästigen darf, bittet mit gesenktem Kopf und seitlich abgewendetem Oberkörper quasi um Entschuldigung. Überzeugen wird eine aufrechte Haltung allerdings nur, wenn sie mit lockeren Bewegungen einhergeht. Wer durch die Gegend läuft, als hätte er einen Stock verschluckt, strahlt Unfähigkeit zur Spontaneität aus.

Blickkontakt. Wer den Blick abwendet, wirkt schüchtern oder so, als hätte er etwas zu verbergen. Wer andern ruhig in die Augen schaut, erweckt Vertrauen. Ein Blick unter Fremden wird registriert, wenn er etwa drei Sekunden dauert. Ein klein bisschen mehr als drei Sekunden ist ein Signal für eindeutiges Interesse. Dieser Blick spielt deshalb beim Flirten eine entscheidende Rolle. Dauert der Blick allerdings sehr viel länger, wirkt er starr und drohend – zumindest bei körperlich geringer Distanz (siehe weiter unten). Beim Flirten wendet man daher nach spätestens vier Sekunden den Blick ab und schaut nach einiger Zeit auf, ob der andere den interessierten Blick bemerkt hat – ein wechselseitiges Spiel, das lange fortgesetzt werden kann. Bis sich der Mann traut, die Unbekannte anzusprechen. (Der erste Satz von der Frau, das ist immer noch selten.)

Unter Gesprächspartnern ist der Blick ein wichtiger Regulator. Wer redet, wird es vermeiden, den anderen ununterbrochen anzustarren, sondern die Augen immer wieder mal zur Seite richten. Anders der Zuhörer. Wer den Sprecher unverwandt anschaut, signalisiert Interesse und Sympathie und ermuntert ihn, sich auszusprechen. Wer als Zuhörender den Blick senkt, wirkt schüchtern und abgelenkt. Wichtig dabei:

Nie mit den Augen starr einen Punkt auf dem Gesicht gegenüber fixieren – das wirkt drohend –, sondern den Blick um die Augenpartie des Partners wandern lassen.

Lächeln. Die Mehrheit unserer Gesichtsmuskeln sind allein für den mimischen Ausdruck vorgesehen. Sie haben keine andere Aufgabe. Die Mimik zeigt unser Grundgefühl an. Wenn wir uns freuen, zeigen wir einen typischen Gesichtsausdruck, ebenso wenn wir uns ärgern, uns ekeln oder traurig sind. Diese Mimiken sind angeboren. Ein im Alltag sehr häufiger Gesichtsausdruck sieht wie eine Mischung aus Ärger und Missmut aus. Wir legen ihn sehr häufig auf, ohne uns dessen bewusst zu sein. (Beobachten Sie mal die Mimik der Fahrgäste einer U-Bahn nach Feierabend.) Wir glauben, freundlich dreinzublicken, obwohl uns ein Blick in den Spiegel eines Besseren belehren würde. Dafür gibt es zwei zusammenhängende Gründe. Der eine: Wir ärgern uns in der Tat oft über irgendwelche Kleinigkeiten, die uns die Laune vermiesen, und ahnen nicht, dass sich dieser Zustand auf unserem Gesicht spiegelt. Der andere: Wir stehen unter Anspannung und Stress, und das zeichnet sich in einer missmutigen Mimik ab. Wenn es uns nicht gelingt, dieser Unlustgefühle Herr zu werden, haben wir es schwer, Lockerheit und Sympathie auszustrahlen. Die wenigen, die das ohne weiteres können, wirken auf uns wie Lebenskünstler, denen der Alltagsfrust nichts anhaben kann. Schon aus diesem Grund lohnt es, ab und zu sich seiner Trümpfe bewusst zu werden und negative Gedanken durch positive zu ersetzen. Der Körper dankt es uns mit einem fröhlicheren Gesicht. Weiter oben habe ich schon beschrieben, wie Sie mit einem echten Lächeln Ihre Gesprächspartner für sich einnehmen: Denken Sie an eine lustige Begebenheit.

Gestik. Kraftvolle und bestimmte Gesten verraten Selbstsicherheit. Sich kratzen, an sich herumzupfen und andere nervöse Gesten enthüllen dagegen Anspannung und innere Konflikte. Wer Gesten ganz vermeidet, wirkt eingeschüchtert. Die Mediziner wissen zum Beispiel, dass jemand mit einer depressiven Störung kaum noch Gesten einsetzt. Mit unseren Händen untermalen und kommentieren wir im Gespräch unsere Worte – und zwar eindeutiger und wahrhaftiger, als die gesprochene Sprache es könnte. Nach vorn gestreckte Arme und eine einen Schlag andeutende Handbewegung unterstreichen entschiedene Worte oder eine Entscheidung. Nach oben offene Hände symbolisieren Geben, Nehmen und Bitten. Sind die Hände nach unten geöffnet, zeigen sie Zudecken, Beschwichtigen oder Herabmindern an.

Körperdistanzen. An dem körperlichen Abstand, den zwei Menschen zueinander einnehmen, lässt sich die Art ihrer Beziehung ablesen. Bis 60 Zentimeter Abstand befindet man sich in der Intimzone des anderen. Eine solche Nähe signalisiert Vertrautheit, meist ein Zeichen dafür, dass zwischen beiden schon eine längere Beziehung besteht. Schauen sich die beiden außerdem noch lange (mehr als drei Sekunden) in die Augen, hat man es mit Verliebten zu tun. Unsere Kultur erfordert es in bestimmten Situationen, dass auch völlig Fremde einander so nahe kommen: in der U-Bahn oder im Fahrstuhl. Sie empfinden dabei ein Unbehagen und gleichen die erzwungene körperliche Nähe durch Vermeidungsverhalten in den übrigen Körpersignalen aus: Man scheut Blickkontakt, schaut auf den Boden oder in eine unbestimmte Ferne (man «über»-sieht einander im wörtlichen Sinne), dreht sich so weit wie möglich vom Nachbarn weg, bewegt sich möglichst wenig und baut seine Tasche als eine Art Barriere auf. Wenn Sie gerade eine Bekanntschaft schließen: Vermeiden Sie es, dem andern so nah auf die Pelle zu rücken. Am

Anfang eines Kontakts wirkt zu große Nähe aufdringlich. Der andere rückt automatisch zurück, um den Abstand zu vergrößern.

Zwischen 60 Zentimetern und 1,20 Meter befinden wir uns in der persönlichen Zone. Es ist der Abstand, den gute Freunde und Bekannte zueinander einnehmen, auch zwischen Familienmitgliedern bei alltäglichen Verrichtungen. Wenn Sie aus dieser Entfernung jemanden anschauen und ihm den Körper zuwenden, wird der andere das als Gesprächsaufforderung verstehen. Es ist die ideale Distanz für den Smalltalk.

Von 1,20 Meter bis etwa 3,60 Meter reicht die soziale Zone. Diese Distanz halten Menschen ein, die in sozialen Funktionen miteinander kommunizieren. Etwa Chef und Mitarbeiter, Käufer und Verkäuferin, Beamter und Antragsteller. Erst wenn Chef und Mitarbeiter Freunde werden, also sich auch für die Hobbys des anderen interessieren und gemeinsame Ausflüge unternehmen, werden sie auch ihre Körperdistanz verringern. Manchmal legt ein Chef auf freundschaftliche Umgangsformen Wert, um seine menschlichen Qualitäten zu beweisen. Wenn dem Mitarbeiter dies unangenehm ist, wird er unwillkürlich durch größere Körperdistanz seinen inneren Abstand signalisieren.

Über 3,60 Meter befinden wir uns in der öffentlichen Distanz. Es ist der Abstand von Theateraufführungen, Militärparaden oder Vorlesungen an der Universität. Dem entspricht eine Rollendistanz zwischen Vorführer und Publikum. Während in den näheren Distanzen ein dauernder Blickkontakt aufdringlich wirkt, ist hier ein ununterbrochenes Hinschauen oft die einzige Möglichkeit, in Kontakt zu bleiben – zumindest für das stumme Publikum –, und wird deshalb positiv als Zeichen von Interesse gewertet. Lächeln und längerer Blick sind dann das einzige Mittel, um jemandem über größere Entfernung mitzuteilen, dass Sie mit ihm reden möchten. Ein Lächeln – als eine Art nonverbaler Gruß – ist bis zu einer Distanz von 45 Metern erkennbar.

Berührungen. Sie sind das primäre Kommunikationsmittel in den ersten Lebensmonaten. Später stellen sie ein Zeichen großer Vertrautheit dar. Sie vermitteln ein Gefühl der Geborgenheit und emotionaler Sicherheit. Beim Smalltalk, der ja erst den Boden für ein näheres Kennenlernen und Vertrauen bereiten soll, sind sie grundsätzlich fehl am Platz. Es gibt Kulturen, in denen wildfremde Männer einander den Arm um die Schulter legen. Unsere gehört nicht dazu. Solange zwei Menschen einander verbal «abtasten», sind Berührungen in aller Regel tabu. Freilich gibt es unterschiedliche Grade dessen, was toleriert wird und was nicht. Wenn Sie im Laufe der Unterhaltung nach einiger Zeit jemandem kurz die Hand auf den Arm legen, um Ihre Meinung zu unterstreichen, ist das akzeptabler, als wenn Sie ihm über den Kopf streichen, ihn zwicken oder abküssen würden. Wenn eine Frau wie unabsichtlich leicht den Arm eines Mannes berührt, heißt dies oft: Ich möchte dich näher kennen lernen.

Wenn Sie nicht ganz sicher sind, wie Ihr Gegenüber eine Berührung aufnimmt, verzichten Sie lieber darauf. Es ist beinahe unmöglich, die Achtung eines Menschen wiederzuerlangen, gegenüber dem man sich einen «Fehlgriff» (im wahrsten Sinne des Wortes) erlaubt hat. Die berührte Person weicht erschrocken zurück und fühlt sich in ihrer Intimzone verletzt. Der Berührende ist sich oft nicht im Klaren, dass er mit einer harmlosen Geste jeden Vertrauensvorschuss verspielt hat – besonders wenn Alkohol im Spiel ist.

Spiegeln der Körperbewegungen. Zwei Personen, die miteinander in Kontakt kommen und ein gewisses Maß an Übereinstimmung entdecken, neigen dazu, spontan ihre Körperhaltungen und -bewegungen zu synchronisieren. Sie passen ihre Körperpositionen einander an. Sitzen sie nebeneinander und einer schlägt sein linkes Bein über das rechte, wird der andere ebenfalls sein linkes Bein über das rechte legen. Greift der eine zum Weinglas, um einen Schluck zu trinken, wird der andere ebenfalls trinken. Ähnliches gilt für Hand- und Armbewegungen. Für einen fremden Beobachter sieht das aus, als ob die beiden versuchten, jeweils der Spiegel des anderen zu sein. Es hat aber nichts mit Nachäffen zu tun. Das Imitieren geschieht unbewusst und ohne karikaturartige Übertreibung. Je mehr körpersprachliche Symmetrien auftreten, desto größer ist die gefühlsmäßige Übereinstimmung. Das Gespräch läuft locker und vertieft die wechselseitige Sympathie. Leute, die sich streiten, sind folglich daran zu erkennen, dass die Symmetrien fehlen oder gar absichtlich vermieden werden. Wenn Sie sich mit einer neuen Bekanntschaft angeregt unterhalten haben, können Sie es selbst testen: Greifen Sie wie nebenbei zum Glas. Wird der andere nun ebenfalls einen Schluck trinken?

Im Normalfall wird mal der eine, mal der andere die Gesten des andern spiegeln. Falls es stets dieselbe Person ist, die die Bewegungen des andern nachmacht, kann dies ein Hinweis darauf sein, dass sie dem andern die Führung überlassen hat oder ein weitaus größeres Interesse an der Bekanntschaft hat als der andere.

Die Stimme. Ihr Klang bestimmt wesentlich den ersten Eindruck – besonders, wenn der erste Kontakt am Telefon erfolgt. Die Stimme kann flüstern, säuseln, krächzen, brummen und brüllen. Sie kann flach, hektisch und monoton klingen oder im Gegenteil mit Resonanz, Volumen und Vibrato schwingen. Der Stimmklang ist mehr als ein Zusammenspiel von Lippen, Kehlkopf und Zunge. Er sagt uns, ob eine Mensch interessant, langweilig, gefühlvoll, kalt oder erotisch ist. Manch beeindruckender Hüne enttäuscht, sobald er den Mund öffnet. Hingegen kann eine eher unauffällige Erscheinung durch einen warmen Bariton mächtig an Ausstrahlung gewinnen.

Ebenso wirkt eine Frau mit piepsiger Stimme naiv, unbedarft oder zumindest als leicht zu beeindrucken. Spricht sie tief und kraftvoll, schließen wir auf eine ebensolche Persönlichkeit. Nicht selten täuscht dieser erste Eindruck. Nur die Sprechweise – ob wir schnell oder langsam, monoton oder lebhaft reden – lässt Rückschlüsse auf den Charakter zu. Die Stimmhöhe hängt dagegen von biologischen Faktoren (Resonanzräume im Rachen, Größe der Stimmlippen im Kehlkopf, Menge des Hormons Testosteron und Ähnlichem) ab. Allerdings sprechen nervöse, hektische Leute oft in einer höheren Tonlage als ruhige und geduldige Zeitgenossen. Der deutliche Unterschied von männlicher und weiblicher Stimme, den wir beim Menschen täglich beobachten, findet sich übrigens bei keiner anderen Tierart. Ob Singvögel, Hunde, Katzen, Schimpansen – Männchen und Weibchen sind, was den Klang der Stimme betrifft, völlig gleich.

Wer im Beruf häufig öffentlich reden oder per Telefon Kontakte herstellen muss, wird bewusst auf die Wirkung seiner Stimme achten. Ruhig durchatmen, Pausen machen, das Sprechtempo drosseln, Begeisterungsfähigkeit in die Rede legen, die Sprechweise variieren – das sind einige Prinzipien, die jeder gute Redner beherzigt. Sie werden in Rhetorikkursen geübt.

Jeder weiß:

- Wer nasal spricht, gilt schnell als weinerlich oder hochnäsig.
- Eine monotone Rede verrät mangelnde Begeisterungsfähigkeit.
- Leute mit dünnem Stimmchen wirken unsicher und unreif.

Dagegen gilt eine tiefe, resonanzreiche Männerstimme als äußerst erotisch. Bei rund fünf Prozent aller Männer werden

Frauen allein aufgrund ihrer Stimme schwach. Viele Sänger(innen) und Schauspieler(innen) erkennt man auf Anhieb an ihrer Stimme. Aber nicht nur sie. Jeder von uns hat eine einzigartige Stimme, ähnlich dem Daumenabdruck. Die wenigsten üben ihr natürliches Musikinstrument bewusst. Wissen Sie, wie Ihre Stimme klingt? Wahrscheinlich haben Sie sich irgendwann einmal eine Tonbandaufzeichnung Ihres Sprechens angehört und sind erschrocken: Ihre Stimme klang fremd und nicht besonders angenehm.

Trotzdem zieht kaum jemand daraus den Schluss, er müsse sich erst einer Stimmschulung unterziehen, bevor er in der Öffentlichkeit den Mund aufmacht. Mit Recht. Wie beim Lächeln führt der Weg des Könners vom Gefühl zum äußeren Signal. Das heißt: Selbst eine ungeübte Stimme klingt gut, wenn ihr Eigentümer aus dem Brustton der Überzeugung spricht. Wenn Sie sich mit Begeisterung zu einem Thema äußern, das Ihnen am Herzen liegt, vergessen die Zuhörer Schwächen Ihrer ungeschulten Stimme und lassen sich von Ihrer Anteilnahme am Inhalt mitreißen.

Ich bin schüchtern – na und?

Vielleicht sagen Sie sich, nachdem Sie bis hierher gelesen haben: «Alles gut und schön, aber ich kenne mich doch. Kaum wird es Ernst, kaum stehe ich den Leuten Auge in Auge gegenüber, ist alles wie weggeblasen, und ich stehe wieder stumm in der Ecke. Spricht mich jemand an, fällt mir kein einziger geistreicher Satz ein, egal, ob ich vorher all Ihre Regeln auswendig gelernt und geübt habe oder nicht.»

Laut einer amerikanischen Untersuchung hat gut jeder Zweite (51 Prozent) Angst, in der Öffentlichkeit zu sprechen, 48 Prozent meiden jeden Kontakt, den die Umstände nicht zwingend erfordern, 35 Prozent haben Versagensängste, 16 Prozent fürchten Demütigungen. Nur bei etwa 15 bis 20 Prozent sind diese Hemmungen äußerlich erkennbar, weil die Personen stottern, wenn sie angesprochen werden, weil sie jeden Blickkontakt vermeiden oder eine ängstliche Miene zeigen. Den Übrigen gelingt es, ihre Befangenheit geschickt zu überspielen – durch betont forsches Auftreten, durch Ausweichen vor unbekannten Situationen oder durch Alkohol, der die Hemmungen zeitweise außer Kraft setzt.

Sie sehen, als Schüchterne(r) sind Sie Teil einer Gemeinschaft, die größer ist, als man auf den ersten Blick vermutet. Jeder zweite Gast auf der Veranstaltung, die Sie besuchen, hat mit ähnlichen Hemmungen zu kämpfen wie Sie. Nach neueren Forschungen wird jedes dritte Baby bereits schüchtern geboren. Sie sind aufgrund ihrer Hormonausstattung sensibler als andere. Auf Umweltreize, die für die übrigen Kinder wenig aufregend sind, reagieren sie empfindsam und ängstlich. Das trifft verstärkt auf Babys zu, die im Winter im Mutterleib wuchsen und im Frühjahr geboren wurden. Schuld ist das Hormon Melatonin. Es wird nur bei Dunkelheit produziert, also vorrangig in den Wintermonaten, wenn die Tage kurz und die Nächte lang sind. Seine Wirkung besteht vor allem darin, dass es die Eigenaktivität der Individuen herabsetzt.

Auch Erziehung hat einen wichtigen Einfluss. Haben Sie als Kind oft den Satz zu hören bekommen: «Man mischt sich nicht in Gespräche Erwachsener ein, wenn man nicht gefragt wird»? Und wurden bestraft, wenn Sie dieses Gebot übertraten? Dann ist es kein Wunder, dass Sie diese Maxime verinnerlicht haben und heute noch zurückweichen, wenn Sie eine unbekannte Person in ein Gespräch verwickeln sollen.

Ein weiterer Faktor ist das Selbstbild. Schüchterne beurteilen sich selbst äußerst kritisch. Sie glauben, andere seien klüger, redegewandter, beliebter als sie selbst und sähen besser aus.

Diese Überzeugung strahlt über die Körpersprache nach außen. Das Ergebnis: Sie wirken tatsächlich weniger klug oder schlagfertig als die übrigen Leute. Auch dafür liegen die Quellen in der Kindheit. Wer mehr getadelt als gelobt wurde, entwickelt ein selbstkritisches Bild von sich.

Dennoch ist Schüchternheit kein unabänderliches Schicksal. Wer unter Hemmungen und Blockaden leidet, besitzt zwei Möglichkeiten, sie zu überwinden:

- sich selbstbewusst zu seiner Schüchternheit bekennen,
- Hemmungen mit einem kleinen Selbstsicherheitstraining vermindern oder gar überwinden.

Dabei gilt es, sich realistische Ziele zu setzen. Aus einem schüchternen Jüngling wird sicher kein sprühender Casanova mehr. Aber jeder kann sich mit etwas Mühe so weit verändern, dass er ohne großes Herzklopfen und Erröten mit Unbekannten Kontakt aufnehmen und spannende Unterhaltungen anfangen kann.

Sich zur Schüchternheit bekennen. Da Schüchterne oft ein äußerst kritisches Bild von sich selbst haben, sehen sie nicht, dass ihre Schüchternheit für ihre Gesprächspartner auch etwas Anziehendes besitzt. Die Probleme enden häufig, sobald der Kontakt erst einmal hergestellt ist. Denn Schüchterne haben den Vorzug, dass sie weniger dominant auftreten als sehr selbstsichere Personen. Dominante reißen oft die Unterhaltung an sich, fahren ihren Gesprächspartnern über den Mund, brechen die Diskussion einfach ab, wenn sie nicht so läuft, wie sie es sich gedacht haben, und geben sich wenig Mühe, sich auf andere Teilnehmer einzustellen.

Schüchterne Personen sind aufgrund ihrer kritischen Selbsteinschätzung eher bereit, ihr Gegenüber ernst zu nehmen. Sie überlassen ihm gern die Gesprächsführung. Dadurch wirken sie auf den zweiten Blick freundlich und intelligent. Während die selbstsicheren Gäste auf den ersten Blick blenden und sich bei näherer Bekanntschaft oft zeigt, dass sich hinter der tollen Fassade nur eine recht durchschnittliche, egozentrische Seele verbirgt, verhält es sich bei den meisten Schüchternen umgekehrt. Sie gewinnen, wenn man sie näher kennen lernt.

Wenn es Ihnen schwer fällt, einen blendenden ersten Eindruck zu machen – verzichten Sie darauf, mit den Partylöwen und Femmes fatales des Abends zu konkurrieren! Gehen Sie lieber auf Gäste zu, die ebenso wie Sie das Geschehen aus geschützten Ecken beobachten. Sagen Sie «Hallo, ich bin …», und wenn Ihnen beim besten Willen kein passender Köder über die Lippen kommt – sagen Sie einfach: «Ich möchte mich gern mit Ihnen (dir) unterhalten. Leider bin ich ziemlich schüchtern (oder: unsicher) und weiß anfangs nie so richtig, was ich sagen soll.»

Darauf erhalten Sie mit Sicherheit eine ermutigende Reaktion. Die einen werden Ihnen erzählen, dass es ihnen ganz genauso geht, und schon befinden Sie sich mitten in einer Unterhaltung über frühere Erfahrungen mit der Öffentlichkeit. Die Übrigen werden versuchen, Ihnen mit irgendeinem anderen Thema die Befangenheit zu nehmen und kein verlegenes Schweigen aufkommen zu lassen.

Selbstsicherheitstraining. Volkshochschulen und private Institute bieten Schulungen in Form eines Verhaltenstrainings an, mit denen sich Schüchternheit überwinden lässt. Heikle Situationen werden im Rollenspiel trainiert und anschließend im Ernstfall erprobt. Die Erfolgsquote ist ziemlich hoch. Wer zu den oben genannten 15 bis 20 Prozent extrem Schüchternen gehört, sollte auf jeden Fall die Unterstützung eines Verhaltenstrainers in Anspruch nehmen. Bei unauffälligerer Schüchternheit – oder wenn die Hemmungen nur in bestimmten Situationen auftreten – können Sie das Training auch allein durchführen.

Das Grundprinzip besteht im Überwinden des Vermeidungsverhaltens. Wer die Begegnung mit Fremden meidet, wer nie eine Konfrontation riskiert, erhält nie die Gelegenheit, zu erfahren, dass diese Situationen gar nicht so schlimm sind, wie er sie sich in seiner Phantasie ausmalt. Einige wenige positive Erfahrungen genügen häufig schon, um die Scheu zu überwinden. Dazu begeben wir uns zunächst in einfache Situationen, die nur eine leichte Selbstüberwindung erfordern und in denen ein peinliches Scheitern so gut wie ausgeschlossen ist. Nach und nach wird der Schwierigkeitsgrad gesteigert.

Egal, ob Sie sich eher für schüchtern oder eher für selbstbewusst halten: Lesen Sie bitte die folgenden zwölf Aufgaben durch und versuchen Sie sich vorzustellen, wie Ihnen bei der praktischen Durchführung zumute wäre:

- Könnten Sie die Aufgabe ohne Zögern ausführen?
- Empfinden Sie die Sache als heikel, könnten Sie sie aber dennoch mit einem leichten Herzklopfen und einer gewissen inneren Überwindung bewältigen?
- Wäre Ihnen die Aufgabe äußerst peinlich, sodass Sie sie gar nicht oder nur im äußersten Notfall durchstehen könnten?

Die Aufgaben sind nach Schwierigkeitsgrad geordnet. Die erste traut sich fast jeder zu, die letzte nur eine kleine Minderheit. Da viele von uns nur in bestimmten Situationen Hemmungen empfinden, kann es durchaus sein, dass Sie eine leichtere Aufgabe ablehnen, dafür aber eine schwierigere noch für möglich halten.

1. Grüßen Sie alle Leute, die Sie nach den üblichen Höflichkeitsregeln überhaupt grüßen dürfen – die Briefträgerin, alle Verkäuferinnen und Nachbarn, alle Unbekannten, denen Sie in Ihrem Betrieb oder in öffentlichen Gebäuden begegnen –, von nun an nicht nur mit einem flüchtigen Kopfnicken, sondern schauen Sie ihnen fest in die Augen und sagen deutlich «Einen schönen Tag wünsche ich Ihnen» (oder

etwas Ähnliches, was über ein undeutlich gemurmeltes «'n Tag» hinausreicht). Treffen Sie eine dieser Person ein zweites Mal, fügen Sie eine Bemerkung an, die eine Einladung zu einem Smalltalk sein könnte: «Tolles (oder scheußliches) Wetter heute, nicht wahr?», «Kalt (oder warm) hier», «Riecht das hier nach Kaffee (Tee, Rauch, Desinfektionsmittel, Parfüm …)?»

2. Gehen Sie eine halbe Stunde an einen belebten Ort, zum Beispiel in eine Geschäftsstraße oder auf einen Universitätscampus, und sagen Sie mit freundlichem Gesicht mindestens zu zehn Unbekannten «Guten Tag». Blickkontakt und Lächeln nicht vergessen! Einige werden zurückgrüßen, einige verwundert überlegen, woher Sie sich kennen, die Übrigen werden nicht reagieren. Sollte Sie jemand fragen, wieso Sie ihn oder sie grüßen, können Sie antworten: Aus Sympathie oder Sie hatten den Eindruck, Sie seien sich schon einmal begegnet. Auf keinen Fall entschuldigen Sie sich!

3. Grüßen Sie nicht nur alle Menschen, die Sie nur flüchtig kennen (Postfrau, Kioskverkäufer, Kollegen aus anderen Abteilungen), sondern wechseln Sie mit ihnen bei jeder Begegnung ein, zwei Sätze über das Wetter oder über ihre Tätigkeit. Oder stellen Sie unverfängliche Fragen, die Sie sich vorher überlegt haben. Sie wissen schon: Wann die Schicht der Zeitungsausträgerin beginnt, ob es im Kiosk zieht, ob die Verkäuferin beim Bäcker eigentlich noch Süßes essen mag. Zeigen Sie echtes Interesse. Verabschieden Sie sich mit einem freundlichen «Bis morgen».

4. Rufen Sie in einer Behörde oder anderen öffentlichen Institution an und bitten Sie freundlich um eine spezielle Auskunft. Fragen Sie zum Beispiel in einer Bibliothek nach der Einwohnerzahl Brasiliens. Oder bitten Sie, nachzuschauen, ob sie in ihrem größten Lexikon Angaben über den Schlach-

tenmaler Giovanni Casanova, den Bruder des berühmten Herzensbrechers, finden. Geben Sie eine kurze Begründung, warum Sie diese Auskunft brauchen (für eine Examensarbeit oder für einen Volkshochschulkurs), und bedanken Sie sich freundlich, wenn die Angestellten Ihnen helfen – aber auch, wenn Sie mit einem Hinweis auf die Vorschriften oder mangelnde Zeit abgewiesen werden. Keine Entschuldigung für die Störung!

5. Sprechen Sie nun Menschen an, zum Beispiel in Wartezimmern oder in der Warteschlange des Supermarktes. Fragen Sie, wo sie eine bestimmte Ware, die Sie in ihrem Einkaufskorb entdecken, gefunden haben oder wie der Wein, den sie kauften, schmeckt. Bedanken Sie sich für die Auskunft.

6. Kaufen Sie eine nicht zu teure Ware, die Sie nicht benötigen, in einem Geschäft, das Ihnen ein vierzehntägiges Umtauschrecht garantiert. Gehen Sie nach drei Tagen wieder hin und machen Sie freundlich von Ihrem Umtauschrecht Gebrauch. Geben Sie keine Begründung, warum Sie es sich anders überlegt haben. Fragt man Sie nach den Gründen, sagen Sie: «Ich habe es aus einer Laune heraus gekauft, aber zu Hause wurde mir klar, dass ich es nicht brauche.»

7. Gehen Sie in ein Geschäft und sagen Sie wörtlich: «Würden Sie mir bitte diesen Zwanziger in einen Zehner und Münzen wechseln?» Machen Sie das so oft, bis es Ihnen nichts mehr ausmacht, abgewiesen zu werden.

8. Eilen Sie an der Schlange einer Supermarktkasse oder eines Fahrkartenschalters nach vorn und bitten Sie die Leute, Sie ausnahmsweise vorzulassen. Sie hätten es furchtbar eilig, weil Ihr Zug gleich fährt (beziehungsweise weil Ihr dreijähriges Kind allein zu Hause wartet).

9. Fahren Sie in ein Stadtviertel außerhalb Ihrer Wohngegend und spielen Sie für eine Stunde Tourist. Erkundigen Sie sich bei Passanten nach Sehenswürdigkeiten, Verkehrsverbin-

dungen und Restaurants. Wenn Sie eine etwas schwierige Wegbeschreibung erhalten, bitten Sie die betreffende Person, Sie bis zu einer bestimmten Stelle, die sie genannt hat, zu begleiten.

10. Fahren Sie in einem öffentlichen Verkehrsmittel außerhalb der Spitzenzeiten. Setzen Sie sich einem Fahrgast gegenüber, der ein Buch liest. Versuchen Sie, sie oder ihn in ein kurzes Gespräch über das Buch zu ziehen. Falls Ihnen kein eigener Vorwand einfällt, hier zwei Vorschläge. «Ihr Buch sieht interessant aus» – dabei schauen Sie auf den Umschlag –, «ist das ein Krimi (Liebesroman usw.)?» Oder: «Ich muss morgen verreisen und suche noch etwas Kurzweiliges für unterwegs. Liest sich Ihr Buch gut? Ist es spannend?»

11. Sprechen Sie in der U-Bahn, einem Park oder einem Kaufhaus eine Person des anderen Geschlechts an, nachdem Sie ihr ein kurzes Lächeln zugeworfen haben, und sagen Sie sinngemäß: «Sie sehen sympathisch aus. Ich möchte Sie gern kennen lernen. Darf ich Sie zu einem Kaffee einladen?» Egal, wie der / die Angesprochene reagiert – zustimmend, freundlich-ablehnend, verwundert oder mit verächtlich-musterndem Blick –, bewahren Sie eine gelassene Haltung. Wenn Sie diese Begegnung durchstehen und merken, dass niemand Ihnen den Kopf abreißt, solange Sie höflich sind, haben Sie die Aufgabe bereits erfolgreich bewältigt. Ob die angesprochene Person auf Ihre Einladung eingeht oder nicht, hängt von ihr ab, nicht von Ihnen.

12. Ziehen Sie sich gute Sachen an (Anzug oder Kostüm), sodass Sie seriös wirken. Bewaffnen Sie sich mit Kugelschreiber und Notizblock und starten Sie in einer belebten Geschäftsstraße Ihre private Meinungsumfrage. (Vermeiden Sie den späten Nachmittag und den Samstagvormittag, wenn alle es eilig haben.) Sagen Sie, Sie recherchierten für ein Buch, und fragen Sie: «Was tun Sie, wenn Sie schlechte Laune haben, um

wieder in Stimmung zu kommen?» Oder: «Was halten Sie von Smalltalk?» Lassen Sie sich die Antworten begründen und bedanken Sie sich freundlich für die Auskünfte.

Wenn Sie Ihre Selbstsicherheit stärken wollen: Führen Sie die Übungen, die Ihnen weniger problematisch vorkommen, in der Praxis durch. Beobachten Sie Ihre Reaktionen. Spüren Sie Herzklopfen? Kostet es Sie eine gewisse Überwindung? Manche Aufgabe fällt nicht schwer, wenn der Notfall eintritt (zum Beispiel, wenn Sie wirklich dringend einen Geldschein wechseln müssen). Aber als Spiel wäre es peinlich. Das ist der Unterschied zwischen Selbstbewussten und Gehemmten: Erstere können frei über ihr Verhalten entscheiden, Letztere sind Gefangene der Situation. Deswegen können selbstbewusste Menschen ihrer Umgebung ihren Stempel aufdrücken und eine Situation in ihrem Sinne verändern. Auch für den Smalltalk ist die innere Sicherheit von Nutzen, freiwillig, von sich aus, eine Unterhaltung anfangen zu können.

Danach wagen Sie sich an die halbwegs heiklen Aufgaben. Wiederholen Sie jede Übung so oft, bis Sie sie mit Leichtigkeit bewältigen. Variieren Sie die Übung. Übertragen Sie sie sinngemäß auf andere Schauplätze und andere Personen. Die Übung 11 dürfen Sie auch dann durchführen, wenn Sie eine Frau, verheiratet und treu sind. Folgt der / die Fremde Ihrer Einladung, führen Sie eine nette Unterhaltung, bedanken sich am Ende, aber sagen klar, dass Sie den Kontakt nicht fortsetzen möchten. Falls Sie allerdings Single sind und diesem Zustand gern ein Ende setzen möchten ...

Wer die leichteren und mittelschweren Aufgaben mit Bravour durchgestanden hat, dem scheint die Hemmschwelle für die schwierigsten Übungen nicht mehr so hoch wie zu Anfang. Sie können ja mit einer vereinfachten Version beginnen. Statt sich gleich mit einem Notizblock in die Fußgängerzone zu stellen, setzen Sie sich erst einmal neben einer fremden Person auf eine Parkbank und fragen Sie nach ihrer Meinung.

Je öfter Sie am eigenen Leib erfahren, dass andere Menschen sehr oft positiv reagieren, wenn Sie mit einem ungewöhnlichen Anliegen an sie herantreten, desto sicherer lösen sich die inneren Blockaden auf, die bisher Ihre Kontakte und Kommunikationsmöglichkeiten einschränkten.

Du weißt etwas, was ich nicht weiß –
Die erfolgreichsten Gesprächsthemen

Worüber Sie mit Fremden reden, mit denen Sie auf einer Party, in der Eisenbahn oder an einem anderen zufälligen Ort in Kontakt gekommen sind, hängt letztlich von Ihrer beider Vorlieben ab. Die reiche Erfahrung von Tausenden von Leuten, die bereits lange vor Ihnen in die Verlegenheit kamen, geeignete Themen für die Unterhaltung zu finden, zeigt allerdings, dass sich einige Gesprächsstoffe besonders gut eignen, ein Bekanntschaft zu etablieren, während andere den neuen Kontakt beinahe zwangsläufig zum Scheitern bringen.

Ein gutes Smalltalk-Thema muss folgende Voraussetzungen erfüllen:

- Es ist ein fester Bestandteil der allgemein-menschlichen Alltagserfahrung, an dem jeder ein Interesse hat. Was nur eine bestimmte Gruppe von Menschen interessiert, wie etwa eine Fachsimpelei über Computerchips oder Aktien, ist nur für Leute geeignet, die schon voneinander wissen, dass sie sich gerade für dieses spezielle Gebiet begeistern.

- Alle Beteiligten können etwas zum Thema sagen. Insider-Wissen ist nicht erforderlich. Auch geringe Schulbildung oder fehlende Abschlüsse benachteiligen niemanden beim Gespräch. Alter, Geschlecht und kulturelle Herkunft können die Sicht auf das Thema beeinflussen, dürfen aber niemanden vom Gespräch ausschließen. Ungeeignet ist daher das Schwelgen in Jugenderinnerungen, wenn Teenager dabei sind, die damals noch gar nicht geboren waren, Anspielungen auf Dialekte und regionale Besonderheiten, wenn Ausländer mit beschränkten Deutschkenntnissen zuhören, sowie Imponiergehabe mit Inhalten höherer Bildung: Bemerkungen über die Schwierigkeiten der Übersetzung der pragmatischen Konnotationen in Pynchons letztem Roman werden Sie vermeiden, und wenn Sie das Thema noch so brennend interessiert.

- Es birgt keinen oder nur wenig Konfliktstoff. Die überwiegende Mehrheit denkt über das Thema ähnlich. Dass Kinder niedlich sind und Schutz brauchen, dass Tierquälerei zu verurteilen und Reisen lehrreich ist – dem werden die meisten zustimmen. Wenn dagegen zwei Fußballfans aufeinander treffen, kann der Abend mit Krach oder gar einer (vom Alkohol begünstigten) Prügelei enden – es braucht nur ein Fan des HSV auf einen Fan von Bayern München zu treffen.

- Es muss einen menschlichen Bezug haben. Alles Abstrakte und Theoretische ist ungeeignet, weil es die Gesprächspartner dazu verleitet, Belehrungen zu erteilen, als «Experten» Selbstdarstellung zu betreiben, und vor allem verhindert, dass sie etwas über sich selbst erzählen.

- Es zieht vorrangig positive Äußerungen nach sich, also Gespräche über Erfolge, Komplimente, Stärken und rosige Zukunftsaussichten. Alles, was zu Kritik, Skepsis und Pessimismus Anlass gibt (Umweltzerstörung, Flüchtlingselend, Ehekrisen), sollten Sie zunächst vermeiden. Jeder Mensch neigt dazu, aus der Art der Äußerungen auf den Charakter der Person zu schließen. Wer sich hauptsächlich negativ äußert, gilt schnell als negative Persönlichkeit.

Gibt es überhaupt Themen, die all diese Bedingungen erfüllen? Wenn so viele Voraussetzungen zu bedenken sind, ist es da ein Wunder, dass so mancher Partygast krampfhaft nach einem Thema sucht und schließlich außer ein paar höflichen Floskeln nichts über seine Lippen bringt?

Es ist häufiger die Angst, Banalitäten zu äußern, die manche Leute verstummen lässt, als mangelnde Phantasie. Gerade die nahe liegenden Themen, die jeder ohne Zeitungslektüre oder stundenlanges Nachdenken sofort parat hat, eignen sich hervorragend für die kleine Plauderei mit neuen Bekannten.

Wohnort, Land, Stadt(-viertel), Straße, Haus oder Wohnung

Die heimische Umgebung bietet ein unerschöpfliches Reservoir an leichter Unterhaltung. Auch dann, wenn beide viele Kilometer weit auseinander wohnen. Dann können sie stundenlang die eigenen Gegebenheiten mit denen des Partners vergleichen. Zum Beispiel Studenten aus London und München: Beide fahren täglich U-Bahn – wie steht es mit den Preisen, dem Betriebsschluss (vor oder nach Mitternacht), der Häufigkeit der Züge, dem Gedränge in der «rush hour», der Kriminalität, Amateurmusikern, Bettlern, Graffitisprayern …? Welche Einkaufsmöglichkeiten, kulturellen Angebote, Inseln der Erholung gibt es in der Stadt? Wie sind die Einwohner? Entscheidend sind immer die eigenen Erfahrungen: In der Stadt geboren oder irgendwann hingezogen? Wenn Letzteres, von wo und warum? Würden Sie je wieder wegziehen? Wie wohnen Sie, wie Ihr Gesprächspartner? Wie haben Sie sich eingerichtet? Haben Sie eine Wohnküche oder genügt Ihnen eine Kochnische? Ziehen Sie eine größere Wohnung vor oder leben Sie lieber auf engstem Raum, um Miete zu sparen? Haben Sie einen Garten oder zumindest einen Balkon voll Grünpflanzen?

Das ist nur eine kleine Auswahl aus Hunderten von Fragen, die das Themengebiet «Heimat» hergibt. Auch der aus dem regnerischen England stammende Klassiker des Smalltalk – das Wetter – gehört dazu. Es kommt nicht so sehr darauf an, sich gegenseitig Informationen abzufragen, sondern die Ansichten über Vorlieben und Abneigungen auszutauschen. Seinen subjektiven Standpunkt preisgeben – das macht eine Unterhaltung interessant und verleiht ihr menschliche Wärme. Wer die Lebensumgebung eines Menschen kennen lernt und die Art und Weise, wie sich dieser Mensch darin bewegt, erfährt viele Details über die Person selbst.

Dennoch ist Vorsicht geboten. Tappen Sie nicht in eine der folgenden drei Fallen:

Diskussionen über die Landes- oder Stadtpolitik. Ob die neue Umgehungsstraße gebaut werden sollte oder nicht, ob die knappen Haushaltsmittel eher für Kindertagesstätten oder die Entwicklung der Infrastruktur ausgegeben werden sollten, welche Partei das beste Zukunftsprogramm hat – all das gehört nicht unbedingt in eine Partyrunde (mehr dazu im Abschnitt «Tabuthemen»). Es enthält zu viel Konfliktstoff. Bleiben Sie lieber bei den konkreten Lebensverhältnissen Ihres Gesprächspartners.

Kein Abfragen biographischer Fakten. Das Thema verleitet dazu, eine Kette von Informationsfragen nach der Adresse und anderen Daten abzufeuern: Wo wohnst du? Welche Straße, Hausnummer? Welcher Stock? Wie groß ist die Wohnung, wie viel Miete zahlst du? Die Gefahr, in ein Verhör über Teile des Lebenslaufs zu geraten, ist ziemlich groß, besonders wenn der Partner zu einsilbigen Antworten neigt und man deshalb, um kein verlegenes Schweigen aufkommen zu lassen, eine Frage nach der anderen abfeuert. Stellen Sie stattdessen eine Wie- oder Warum-Frage, die den Partner veranlasst, über seine Ansichten zu sprechen: Wie sind die Wohnverhältnisse in deiner Gegend? Warum bist du gerade dorthin gezogen und nicht nach …? Nutzen Sie die Antwort, um Ihre Erfahrungen zu erzählen, bevor Sie eine neue Frage stellen. Wählen Sie möglichst solche Erfahrungen aus, die die Ansichten Ihres Gegenübers unterstützen. Sie wissen ja, auf die Gemeinsamkeiten kommt es an.

Kein wertender Vergleich. Wenn Ihre neue Bekanntschaft eine völlig andere Art zu wohnen bevorzugt als Sie, betrachten Sie es als Chance, einen fremden Lebensstil kennen zu lernen. Beginnen Sie keinen Streit, in welcher Stadt, Straße und Wohnung «man» am besten lebt, ob ein Eigenheim einer Mietwohnung vorzuziehen ist oder nicht. Eine solche Auseinandersetzung würde unentschieden enden, da es sich letztlich um eine Ansichtssache handelt. Interessieren Sie sich lieber für die Gründe Ihres Partners, und geben Sie am Ende zu, dass Sie seine Auffassungen für überlegenswert halten.

Partnerschaften, Familie, Kinder, Singleleben

Die Frage «Wer mit wem?» reizte zu allen Zeiten die menschliche Neugier. An der Schule, in den frühen Teenagerjahren, fing es an: Geht die Jacqueline noch mit Klaus, oder stimmt das Gerücht, dass sie sich in der Ecke des Schulhofs mit Kevin geknutscht hat? Von da an lässt uns das Thema «Partnerschaft» nicht mehr los. Die Krise der traditionellen, lebenslangen Ehe hat das Interesse nicht zum Erliegen gebracht – im Gegenteil! Je mehr Scheidungen in unserer unmittelbaren Umgebung über die Bühne gehen, desto mehr gibt es darüber zu reden. Die Zahl der Eheschließungen ist immer noch bedeutend, auch wenn ein zunehmender Anteil auf Wiederverheiratungen, also auf Zweit-, Dritt- und Viertehen entfällt. Was das Thema so ergiebig macht, ist die Geschwindigkeit der Veränderungen:

«Auf dem letzten Geburtstag war die Christina noch mit Roland zusammen, aber als er dort die Silke kennen lernte …»

«Habe ich Christina nicht kurz vor Silvester zusammen mit dem Kellner aus der Pizzeria an der Ecke gesehen?»

«Ach, das war nur eine Episode. Der hat doch Frau und Kinder in Palermo.»

«Schau mal, heute redet sie schon eine geschlagene Viertelstunde mit Bernd, der auch seit ein paar Monaten solo ist ...»

Sie und ein unbekannter Gast haben sich einander vorgestellt und erzählt, woher Sie jeweils die Gastgeber kennen. Sonst wissen Sie nichts voneinander. Worüber könnten Sie jetzt sprechen? Lenken Sie die Unterhaltung so auf das Gebiet der Familienverhältnisse, wie es unsere Freunde Christina und Bernd getan haben:

BERND: Sind Sie allein hier?

CHRISTINA: Ja. Und Sie? Lassen Sie mich raten ... welche von den Anwesenden könnte Ihre Partnerin sein ...?

BERND: Nein, nein, ich bin Single.

CHRISTINA: Ach, Sie auch. Kein Interesse am Familienleben?

BERND: Meine Ehe ging letztes Jahr in die Brüche.

CHRISTINA: Oh, das tut mir Leid.

BERND: Ach, ist schon in Ordnung. Am Anfang war es ziemlich hart, aber inzwischen ...

CHRISTINA: Haben Sie Kinder?

BERND: Nein, keine. Das hätte alles noch komplizierter gemacht. Haben Sie Eheerfahrung?

CHRISTINA: Bis jetzt nicht. Und ich wünschte mir, ich würde mehr von gelungenen Ehen hören ...

Nach diesem Einstieg ist das weitere Gespräch ein Kinderspiel. Auch hier kommt es weniger auf ein Abfragen der Biographie an als darauf, Ihre Erfahrungen und Ansichten miteinander zu vergleichen. Leben Sie in einer Beziehung, mit oder ohne Trauschein? Wenn ja: in einer gemeinsamen Wohnung? Wer ist Ihr(e) Partner(in), was macht er/sie? Haben Sie Kinder? Wie viele, wie alt, welches sind ihre Interessen und Begabungen, was wollen sie später einmal werden? Oder leben Sie als Single? Warum? Wollen Sie später einmal heiraten oder lieber nicht? Wollen Sie Kinder? Was sind für Sie Vorzüge und Nachteile des Singledaseins beziehungsweise einer Beziehung? Welche witzigen Anekdoten aus Ihrem Singleleben können Sie erzählen? Könnten Sie sich vorstellen, so zu leben wie Ihr Gegenüber? Haben Sie ein Verhältnis zu Ihren Eltern, das vom Üblichen abweicht? Haben Sie Geschwister? Falls ja, wie leben sie und wie kommen Sie heute mit ihnen aus?

Sehr ergiebig sind Besonderheiten Ihres Partnerschaftslebens. Leben Sie als allein erziehende Mutter, Stiefmutter, Mutter von Zwillingen oder Drillingen, Zahlvater, Lebensabschnittsvater, Wochenendvater, schwuler Vater, Zweit- und Drittvater oder entstammen Sie selbst recht bunten Familienverhältnissen? Sind Sie eventuell bei Großeltern oder Tanten aufgewachsen? Haben Sie Kinder adoptiert? Leben Sie mit einem / r Partner(in) einer fremden Kultur zusammen? Welche Probleme bringt Ihre Lebensform mit sich, von denen der Normalbürger kaum etwas ahnt?

So spannend das Gebiet zwischenmenschlichen Glücks und Unglücks auch sein mag – meiden Sie folgende Fallen, wenn Sie nicht ins Fettnäpfchen treten wollen:

Keine Intimitäten. Klar, dass Sie vor Unbekannten keine Details Ihres Sexlebens ausbreiten werden. Aber auch mit Einzelheiten Ihrer letzten Ehekrise oder einem Gejammer über Ihren letzten Partner, der Sie betrogen und verlassen hat, werden Sie Zurückhaltung üben. Erinnern Sie sich, wie verlegen Sie waren, als Ihnen das letzte Mal auf einer Party ein Fremder sein Herz ausgeschüttet hat. Was blieb Ihnen da außer einem mitleidigen Nicken und der Hoffnung, Ihre beste Freundin möge sich von der Gastgeberin loseisen und Ihnen zu Hilfe eilen? Eine neue

Bekannte mag sich bereits in den ersten Minuten als noch so verständnisvoll entpuppen – Vertraulichkeiten sind in diesem frühen Stadium des Kennenlernens eher peinlich als spannend. Bleiben Sie bei den Fakten des Partnerschaftslebens, die auch jeder Nachbar und die Lehrer Ihrer Kinder wissen dürfen.

Keine Angeberei. Selbstverständlich verkneifen Sie sich die Aufzählung Ihrer One-Night-Stands der letzten drei Jahre – beziehungsweise der Tugenden, die Ihnen ein Leben als Nonne ermöglichen. Auch über Ihre Zweit- und Drittbeziehungen, sofern Sie welche haben, werden Sie lieber Stillschweigen bewahren. Sie brauchen mit Ihren Ansichten, warum Sie so leben, wie Sie leben, nicht hinter dem Berg zu halten, aber Sie sehen darin weder einen Anlass für Heldentum noch für Gejammer. Nicht nur Ihrer Selbstachtung zuliebe, sondern auch weil Sie wissen, dass Sie damit jeden potentiellen Gesprächspartner vergraulen würden. Aber entziehen Sie sich auch jedem Angeber, der Sie mit seinen Heldentaten langweilt? Falls Sie bisher zu höflich waren, ihm ins Wort zu fallen: In diesem Fall dürfen Sie abrupt das Thema wechseln. «Okay, ich habe verstanden, was Sie mir sagen wollen. Aber was mich mehr interessieren würde …»

Zurückhaltung mit Klatsch und Tratsch. Was Sie über Ihre Partnerschaft verraten und was nicht, ist letztlich Ihre Sache. Wenn Sie zu sehr ins intime Detail gehen, schaden Sie nur sich selbst und bestenfalls Ihrer großen Liebe. Das Gleiche gilt für Ihre neuen Bekannten. Anders sieht es aus, wenn Sie über Dritte reden, besonders wenn es sich um gemeinsame Bekannte handelt. Klar, wenn zwei einander Fremde plötzlich entdecken, dass sie beide jemanden Drittes kennen, reizt das, ausführlich die Ansichten und Informationen über den Abwesenden auszutauschen. Durch die neuesten Skandalgeschichten lässt sich Verbundenheit, Informiertheit und rege Anteilnahme am Leben anderer demonstrieren. Ja, beim Lästern können sich nach wenigen Minuten zwei vorher Fremde wie halbe Verschwörer vorkommen. Ich wäre weltfremd, wenn ich Sie auffordern wollte, das Reden über Dritte stets und unter allen Umständen zu unterlassen. Aber übertreiben Sie es nicht. Irgendwann fragt sich Ihre neue Bekanntschaft vielleicht, wann und bei welcher Gelegenheit sie von Ihnen durchgehechelt wird. Sie wissen: Der Mensch liebt den Verrat, aber nicht den Verräter. Hören Sie ruhig und mit Wohlwollen zu, wenn über Abwesende getratscht wird, aber beteiligen Sie sich möglichst nicht mit eigenen Informationen über Dritte an diesem Spiel.

Besonders wichtig ist das bei Feiern aus beruflichem Anlass. Der Alkohol lockert die Zunge, und wie leicht hat man über den Chef, unliebsame Kollegen oder schwierige Kunden Ansichten und heikle Informationen preisgegeben! Im Nu macht das Gerücht die Runde, Sie hätten über … ein bestimmtes pikantes Detail zu berichten gewusst. So manche Mobbingaktion, die bis zu Abmahnung und Kündigung führte, hat mit einer unbedacht erzählten Anekdote angefangen. Im Zweifelsfall empfiehlt es sich, bei einem fröhlichen Zusammensein unter Kollegen weniger über die Familie und mehr über das nun folgende Themengebiet zu plaudern.

Beruf, Studium und Ausbildung

Natürlich können Sie Pech haben und an eine unzufriedene Hausfrau geraten, die anlässlich ihrer ersten Schwangerschaft mit fünfzehn die Schule abgebrochen hat und heute bereut, nichts Vernünftiges gelernt zu haben. Oder an einen Typ, der kaum seinen Hauptschulabschluss schaffte und seitdem das Gnadenbrot des Sozialamts verzehrt. Andere sind nach zwanzig Jahren Berufstätigkeit arbeitslos geworden, empfinden dies als sozialen Abstieg und wollen nicht darüber reden. Jedes der bewährten Smalltalk-Themen kann in bestimmten Einzelfällen betretenes Schweigen hervorrufen. In einem solchen Fall lassen Sie sich nicht beirren. Der Fehler liegt nicht bei Ihnen, sondern in den persönlichen Umständen Ihres Gegenübers, die Sie nicht kennen konnten. Reagiert jemand auf ein Themengebiet merkwürdig abweisend, stellen Sie einfach eine Frage zu einem der anderen Gebiete. Hat auch das keinen Erfolg, haben Sie es wahrscheinlich mit jemandem zu tun, der generell maulfaul ist. Wie Sie damit klarkommen, erfahren Sie im Kapitel «Amüsieren schwer gemacht – Anstrengende Gesprächspartner».

In 90 Prozent der Fälle werden Sie jedoch mit dem Thema «Beruflicher Werdegang» auf ein positives Echo stoßen. Es müsste ja merkwürdig zugehen, wenn wir die Tätigkeit, die einen großen Teil unseres wachen Lebens beansprucht und über unseren Wohlstand, unsere soziale Position und unser Selbstwertgefühl entscheidet, mit Schweigen übergehen wollten! Machen Sie die Probe aufs Exempel. Selbst die unterbezahlte Verkäuferin, die an jedem Feierabend über unzufriedene Kunden und pingelige Vorgesetzte schimpft, wird voll Stolz von ihrem Geschäft, ihren Waren und persönlichen Verkaufserfolgen berichten, wenn Sie ihr Gelegenheit dazu geben. Interesse und Neugier auf die menschliche Seite des Berufslebens sind alles, was Sie brauchen.

Wo und als was arbeiten Sie? Wie sieht Ihr Berufsalltag aus? Was gefällt Ihnen an Ihrer Arbeit und was nicht? Würden Sie lieber woanders arbeiten? Welche Ausbildung haben Sie wo absolviert? Wie lange hat das gedauert? (Bei einem Studium können Sie auch nach der Uni und den Professoren fragen.) Wie weit haben sich Ihre Erwartungen, die sie hatten, als Sie sich für diesen Beruf entschieden, erfüllt? In welchem Umfang können Sie das, was Sie in Ihrer Ausbildung lernten, in Ihrem Berufsalltag tatsächlich gebrauchen? Was sind Ihre Karrierepläne?

Wollen Sie sich vielleicht beruflich noch einmal völlig verändern? Welche Neuerungen gab es in den letzten Jahren beziehungsweise stehen noch bevor? Wie steht es mit Beruf und Familie? Wie weit kriegen Sie beides unter einen Hut?

Besonders gut kommt die Aufmerksamkeit an, die Sie jemandem zukommen lassen, der in einem wenig anerkannten Beruf arbeitet. Sagen Sie

- einer Krankenschwester, dass Sie sie für unterbezahlt halten,
- einem Polizisten, dass jeder auf seinem Berufsstand herumhackt, aber kaum jemand von den Gefahren und den in der Berufsausübung getöteten oder verkrüppelten Beamten spricht,
- einer Hausfrau mit drei Kindern, dass sie eigentlich wie Raumpflegerin plus Kindergärtnerin entlohnt werden müsste,
- einer Lehrerin, dass alle von den vielen Ferien und unterrichtsfreien Nachmittagen reden, aber kaum jemand berücksichtigt, wie viel Nerven und Zeit die Unterrichtsvorbereitung und die Erziehung von Problemkindern erfordert.

Auch in diesem Themenbereich lauern einige Gesprächsfallen:

Keine Fachgespräche, sondern auf der menschlichen Ebene bleiben. Ich erlebe es immer wieder, dass Partybesucher – kaum dass sie herausgefunden haben, als was ihr zufälliger Gesprächspartner arbeitet – beweisen wollen, dass sie an Fachkenntnissen mit ihm mithalten können. Wie soll ein Chirurg reagieren, wenn plötzlich eine Anhängerin alternativer Heilpraxis beweisen will, dass die von ihm praktizierte Magenoperation überflüssig ist, weil in Amerika mehrere Patienten allein mit Pflanzenextrakten verblüffende Heilerfolge erzielten? Der Arzt erkundigt sich verlegen nach der Quelle der Information und erfährt, dass die Sensation in einer bekannten Frauenzeitschrift veröffentlicht wurde. Wie soll er reagieren, wenn ihm die Hobbymedizinerin begeistert anbietet, ihm eine Kopie des Artikels zuzusenden, und verspricht, dass er in Zukunft nie mehr operieren müsse? Als höflicher Gast wird er versprechen, sich den Artikel aus der Bibliothek kommen zu lassen, und das Gespräch schnell beenden.

Keine berufliche Beratung. Sie treffen beim Tanzen zufällig auf einen Finanzberater und beschließen, die Gelegenheit zu nutzen: «Ich überlege schon lange, meine gesparten zehntausend Mark günstig anzulegen. Bei allem, was man so liest – was würden Sie mir raten?» Sie erwarten von ihm, dass er Ihnen seine Dienstleistung, von deren Verkauf er lebt, an diesem Abend unentgeltlich zukommen lässt. Selbst wenn er bereit ist, für Sie eine Ausnahme zu machen, weil Sie beide mit der Gastgeberin befreundet sind – laden Sie ihn für einen der nächsten Tage zum Mittagessen ein und lassen Sie sich dort beraten. Kaum ein Arzt, Steuerberater, Architekt oder Handwerker ist sehr angetan, wenn er auf der Party, auf der er abschalten wollte, plötzlich arbeiten soll. Die einzige Ausnahme: Sie haben eine einzelne, sehr konkrete Frage, die der Experte in weniger als zehn Sekunden beantworten kann.

Eine weitere Komplikation will ich nicht unerwähnt lassen. Wenn umstehende Gäste mitbekommen, dass wenige Schritte von ihnen wer um eine fachliche Auskunft bittet, löst das besonders unter Männern leicht einen Wettstreit um die beste Antwort aus. Ich habe es vor einem Jahr auf der Geburtstagsfeier eines Freundes erlebt. Ich sprach mit einer jungen Frau über meine und ihre Studienzeit und erzählte, dass ich meine Diplomarbeit über philosophische Fragen der Naturwissenschaften geschrieben hatte. Daraufhin fragte sie: «Dann kannst du mir bestimmt sagen, wie man Kindern am besten Einsteins Relativitätstheorie erklärt.»

Eines wusste ich sofort: Es würde wesentlich länger als zehn Sekunden dauern, diese Frage halbwegs erschöpfend zu beantworten. Während ich noch überlegte, wie ich mich am besten aus der Affäre ziehen könnte, meldete sich schon mein Nebenmann, der ihre Frage gehört hatte, zu Wort: «Aber das ist doch ganz einfach ...» Was er dann erzählte, war so verworren, dass sich nach wenigen Minuten ein zweiter Gast einmischte, um einen anderen und natürlich viel besseren Vorschlag zu liefern. Bald stritten sich drei oder vier Leute darüber, was Einstein wirklich Neues entdeckt hatte und wie man das am einfachsten erklärt. Die Einzigen, die schweigend danebenstanden, waren die Fragestellerin und ich.

Keine Fragen nach dem Einkommen. In der DDR gab einst jeder offen über Lohn und Gehalt Auskunft. Das war kein Kunststück, denn vom Tellerwäscher bis zum Minister wurde dort so gut wie jeder nach festen Tarifen entlohnt, die kein Geheimnis waren. Inzwischen haben sich die meisten Ostdeutschen die unbefangene Frage «Wie viel verdienst du?» abgewöhnt. Besonders in der freien Wirtschaft sind Gehälter oft Verhandlungssache, wo Intrigen und böse Nachrede nur dadurch vermieden werden, dass Kollege X nie erfährt, dass Kollege Y für eine ähnliche Aufgabe tausend Mark mehr im Monat erhält als er. Wollen Sie Neid wegen eines hohen oder Schadenfreude wegen eines niedrigen Einkommens vermeiden, werden Sie die Frage nach Ihrem Gehalt mit einer geheimnisvollen Miene und einem unverbindlichen «Es könnte mehr sein» beantworten.

Hobbys, Freizeitaktivitäten, Sport

Jedermann gibt gern Auskunft über sein Steckenpferd. Was wir in der Freizeit tun, tun wir in aller Regel freiwillig. Weil es uns interessiert und begeistert. Die bisher vorgestellten Themen können sich bei dem einen oder anderen Gesprächspartner durchaus mal als Missgriff erweisen. Dass ein Mensch mit seiner Wohnsituation, seiner Ehe oder seinem Beruf unglücklich ist, kommt immer wieder vor. Beim Hobby besteht diese Gefahr nicht. Schlimmstenfalls weiß jemand mit seiner Freizeit nichts anzufangen und döst stundenlang vor dem Fernseher vor sich hin. Wenn die Person, die Sie nach ihren Hobbys gefragt haben, davon schwärmt, dass sie sich jeden Feierabend in erster Linie auf 19.40 Uhr freut, weil da «Gute Zeiten, schlechte Zeiten» beginnt, bleiben Ihnen zwei Möglichkeiten: Sie stimmen in die Begeisterung ein, weil Sie ebenfalls ein Fan der Sendung sind, oder Sie entdecken in diesem Moment «zufällig» eine Freundin, der Sie dringend und sofort etwas Wichtiges mitteilen müssen.

Die meisten Menschen können jedoch mindestens eine Freizeitbeschäftigung nennen, bei der sie selbst aktiv werden. Lassen Sie sich davon erzählen. Kein Thema ist besser geeignet, um eine unbekannte Person in wenigen Minuten genauer kennen zu lernen. Die Art der gewählten Aktivität, die Intensität ihrer Ausübung und die Gründe, warum sie sich dafür begeistert, geben tiefe Einblicke in den Charakter und die inneren Werte Ihrer neuen Bekanntschaft. Wer früh um vier aufsteht, um stundenlang an einem abgeschiedenen See eine Angel ins Wasser zu halten, egal ob tatsächlich mal ein Fisch anbeißt oder nicht, verfügt über ein ruhigeres und geduldigeres Gemüt als jemand, der gern schnelle Autos fährt, die Nächte in lauten Diskotheken verbringt und erst in sein Bett fällt, wenn der Angler schon an seinem See sitzt.

Was ist Ihre liebste Freizeitbeschäftigung? Seit wann machen Sie das? Wie sind Sie dazu gekommen? Als Kind durch Eltern oder Schule, durch Freunde, weil Sie darüber gelesen haben, durch eine bewusste Entscheidung oder eher per Zufall? Was finden Sie so toll an Ihrem Hobby? Beschäftigen Sie sich damit wegen der Kreativität, der Gesundheit, der Schönheit, als Ausgleich zur Arbeitstätigkeit, als geistige Anregung, weil es bildet, weil man Sie dafür bewundert, weil Sie ein besonderes Talent in sich spüren? Wie viel Zeit brauchen Sie dafür? Welcher materielle Aufwand, welche besonderen Fähigkeiten sind nötig? Haben Sie weitere Hobbys?

Das Gespräch fließt wie von selbst, wenn Ihr Gegenüber sein Steckenpferd aktiv betreibt, also selbst musiziert, malt, Geschichten schreibt, Sport treibt, aufwendige Menüs kocht oder wenigstens im Sommer schwimmen geht. Bei eher passiven Freizeitbeschäftigungen – lesen, Musik hören, Fußball schauen – können Sie sich nach den Vorlieben erkundigen. Frauen ziehen häufig Liebesromane, Krimis und Sachbücher zu Psychologie und Gesundheit vor, Männer lesen lieber Fachbücher, und wenn Romane, dann eher Actionstorys oder Science-Fiction. Der Musikgeschmack verrät viel über die Gefühlswelt. Mag jemand die gleiche Musik wie Sie, ähneln Sie sich beide mit großer Wahrscheinlichkeit auch in Ihrem Empfinden und in der Art und Weise, wie Sie auf schöne oder frustrierende Ereignisse reagieren.

Aktiver Sport ist ein wunderbares Gesprächsthema. Nicht wenige haben ihren Vorsatz, endlich mal was für ihre Gesundheit zu tun, erst dann in die Tat umgesetzt, als sie einen Freund oder eine Freundin fanden, die sie zu ihrem Training mitnahmen. Zu zweit überwindet man die innere Trägheit leichter. Anders sieht es mit passivem Sport aus – bei dem der Zuschauer genießt, wie andere ins Schwitzen geraten. Warum? Sie haben sicher schon erlebt, wie ein Fußballfan vor dem Fernseher auf den Trottel links außen zu schimpfen anfing und durch die Mattscheibe brüllte: «Eh, du Idiot, warum schießt du nicht?! Der linke Stürmer steht frei und du pennst ...»

Smalltalk über Sportveranstaltungen ist wenig ergiebig. Die Fans sind oft Männer, die sich als Experten gegenseitig zu übertrumpfen suchen oder einen Streit darüber anfangen, welches die «wahre» Mannschaft ist. Außerdem lauern noch folgende Fallen:

Keine Vorträge. Smalltalk sollte einem Pingpongspiel ähneln. Einer spielt dem andern den Ball zu, den der mit einer Verständnisfrage oder einer Information zurückgibt. Das Themengebiet «Hobbys» spricht wie kein anderes unsere Begeisterungsfähigkeit an. Es verleitet dazu, unsere Lieblingsbeschäftigung ausführlich zu schildern, was nicht schwer ist, da wir uns ja jahrelang ausführlich damit befasst haben und deshalb gut Bescheid wissen. Spätestens wenn Sie zehn Sätze hintereinander erzählt haben, sollten Sie Ihren Redefluss unterbrechen und den Ball dem anderen zuspielen. Wenn der seinerseits nicht mehr aufhört zu reden, unterbrechen Sie ihn mit einer Frage: «Das ist ein interessanter Punkt. Ich wüsste gern ...» Wechseln Sie nun mit Ihrer Frage das Thema.

Wenn Sie sich gerade angehört haben, wie der vierzigjährige, drahtige Mann neben Ihnen sich auf einen Marathonlauf vorbereitet, erkundigen Sie sich, wie sich die gewonnene Ausdauer im Alltag bemerkbar macht oder ob es nicht frustrierend ist, beim Joggen in der Stadt alle paar hundert Meter von einer Ampel gebremst zu werden.

Die junge Frau, die stolz berichtet, dass sie seit einem halben Jahr Querflöte lernt, und Ihnen die Schwierigkeiten beim Erzeugen bestimmter Töne der zweiten und dritten Oktave erläutert, können Sie mit der Bemerkung unterbrechen, dass Sie leider von Tönen und Noten keine Ahnung haben, aber gern wüssten, was eine Konzertflöte kostet und ob sie nur klassische oder auch moderne Musik spielen will.

Keine Bekehrungsversuche. Sie halten Ihr Hobby für das schönste der Welt und sind überzeugt, dass auch andere in Begeisterung geraten würden, wenn sie es nur einmal ausprobieren würden? Zeigen Sie Ihre Begeisterung, versuchen Sie aber niemanden zu überreden, Ihnen nachzueifern. Wenn Ihnen jemand klarmachen will, was Sie tun sollten, nehmen Sie nicht sofort innerlich eine Abwehrhaltung ein? Selbst wenn seine Argumente recht vernünftig klingen? Wir möchten unsere Entscheidungen selbst treffen und lassen uns nicht gern drängen. Erzählen Sie nur, wie sich Ihr Leben durch Ihr Hobby zum Positiven veränderte. Ihr Beispiel wirkt viel überzeugender als die direkte Aufforderung.

Kein Streit über Sinn oder Unsinn eines Hobbys. Selbst wenn Ihr Gegenüber jeden Schmetterling, dessen er habhaft werden kann, auf Stecknadeln spießt oder Horoskope von Prominenten sammelt – lassen Sie ihm die Freude. Der Versuch, ihm seine Lieblingsbeschäftigung madig zu machen, bringt Ihnen bestenfalls Feindschaft ein. Und wenn Sie noch so überzeugt sind, dass es Ihre humane Pflicht ist, Leute, die Tiere auf Nadeln spießen, an ihrem verwerflichen Tun zu hindern: Sie werden es nicht schaffen. Wenn Sie es absolut nicht aushalten, sich anzuhören, wie er Schmetterlinge in Alben sortiert, als seien es Briefmarken oder Münzen, suchen Sie sich einen anderen Gesprächspartner. Allerdings lernen Sie mehr, wenn Sie sich anhören, warum jemand so etwas tut – dann wissen Sie, weshalb Leute an etwas Freude finden, was für Sie ein Gräuel ist.

Haustiere und Tiere in freier Wildbahn

Für die meisten ist Tierliebe ein anerkannter gemeinsamer Nenner, auf den sie sich schnell verständigen können. Bei Meldungen über Käfighaltung und andere Formen der Tierquälerei geht ein Aufschrei des Protestes durch das Land. In Deutschland werden knapp fünf Millionen Hunde gehalten. Dazu kommen rund sechs Millionen Katzen, drei Millionen Fische sowie unzählige Vögel, Goldhamster und Meerschweinchen. Spinnen- und Schlangenhalter haben ihre eigenen Clubs. Viele halten privat Pferde, die sie gegen einige hundert Mark monatlicher Miete in Reitställen unterstellen. Selbst Hängebauchschweine, Bären und Raubkatzen finden ihre Liebhaber.

Das Umsorgen von Haustieren, in den siebziger Jahren als spießig verschrien, liegt heute voll im Trend. Mehr noch als Pflanzen tragen sie ein Stück Natur ins Haus – auch wenn bei mancher Hunde- und Katzenrasse von natürlichem, wildem Verhalten nicht mehr viel zu spüren ist. Das Wichtigste aber: Tiere sind bei der wachsenden Zahl Alleinlebender die letzten zuverlässigen Sozialpartner. Auf ein Tier ist Verlass. Es packt nicht plötzlich seine Sachen und verschwindet auf Nimmerwiedersehen – vorausgesetzt, sein Besitzer hält Türen und Fenster verschlossen. Gegenüber seinem vierbeinigen Liebling geht man kaum ernsthafte Verpflichtungen ein. Er beschwert sich nicht über gebrochene Versprechen. Sein Verhalten ist im Großen und Ganzen vorhersehbar, er ist «treu» und Herrchen oder Frauchen mit unerschütterlicher Anhänglichkeit zugetan. Manche sind außerdem noch nützlich, zum Beispiel der Hund als bellende Alarmanlage.

Freilich lebt unter uns auch eine Reihe von Zeitgenossen, die die meisten Tierarten, falls sie infolge der sich ausbreitenden Industrielandschaften aussterben sollten, nicht ernsthaft vermissen werden – es sei denn, sie dienen als Rohstoff für ihre

Lieblingsspeise. Wie der Kabarettist Volker Pispers sagte: Wale würde man nicht ernsthaft vermissen, wohl aber Thunfisch. Wenn Sie Ihren Hund oder Ihre Katze ins Gespräch bringen, merken Sie an der Reaktion Ihres Gegenübers sehr schnell, ob er Ihre Tierliebe teilt oder alles, was krabbelt, eher für einen Störfaktor hält. Die Wahrscheinlichkeit, dass ein Tierfreund auf Gleichgesinnte trifft, ist laut Statistik aber sehr hoch. Und wenn das der Fall ist, können Sie prima Ihre Erfahrungen über Hundefutter, Tierärzte, Impfungen, Floh- und Zeckenbekämpfung austauschen. Auch wenn Wissenschaftler noch so oft das Gegenteil behaupten: Welcher Tierfreund lässt sich schon ausreden, dass sein Liebling genau versteht, was er sagt, und wie jeder Mensch seine charakterlichen Eigenheiten kultiviert.

Auch beim Gespräch über Tiere ist der menschliche Faktor das A und O. Wie sind Sie zu Ihrem Haustier gekommen? Warum haben Sie sich für diese Tierart und diese Rasse entschieden? Sein Alter, sein Geschlecht? Welche lustigen oder schwierigen Abenteuer haben Sie mit Ihrem Liebling schon erlebt? Was frisst er, was nicht? Welche Marotten hat er? Wie viel Zeit verbringen Sie mit dem Tier?

Falls Ihr Gegenüber auf Sie eine erotische Anziehungskraft ausübt und Sie schon mit dem Gedanken an eine gemeinsame Zukunft liebäugeln, achten Sie auf alle Anzeichen, die auf eine enge Bindung zwischen Haustier und Besitzer hindeuten. Es könnte ja sein, dass Sie bald mit dem Liebling um Herrchens oder Frauchens Zuneigung konkurrieren müssen.

Haben Sie kein eigenes Tier, können Sie Erlebnisse mit Tieren in freier Wildbahn oder Nutztieren (Kühen, Pferden, Hühnern) berichten. Von der Amsel, die jeden Morgen in der Linde vor Ihrem Fenster zwitschert, bis zu den Kaninchen, die Sie bei Ihrem letzten Spaziergang mitten im Stadtpark aufscheuchten – je ungewöhnlicher Ihr Erlebnis und je stärker Ihre emotionale Anteilnahme war, desto erzählenswerter ist Ihre Begegnung.

Doch auch hier ist es ratsam, einigen Gefahren aus dem Weg zu gehen:

Erteilen Sie keinen Biologieunterricht. Sie verscherzen sich die Sympathien eines Tierfreundes sehr schnell, wenn Sie den Eindruck erwecken, dass Tiere für Sie vor allem Studienobjekte sind. Dass für den Hund der Besitzer das Leittier ist, dem er folgt, egal ob es sich um einen Verbrecher oder eine neue Mutter Teresa handelt, will niemand hören. Ebenso wenig, dass für Katzen der Mensch nur Nahrungs- und Wärmequelle ist und Sie gar keine soziale Bindung eingehen können. Sie gewöhnen sich lediglich an den Geruch ihres Eigentümers und die Wohnung. Wenn Tiere bei Ihnen keine menschlichen Gefühle auslösen, reden Sie lieber über ein anderes Thema.

Kein moralischer Tadel. Wenn Sie umgekehrt bemerken, dass Ihr Gesprächspartner Ihre Tierliebe nicht teilt, verzichten Sie auf jede moralische Bewertung. Sätze wie «Nur wer Tiere liebt, wird auch seine Mitmenschen gut behandeln» oder «Ich traue niemandem, dem mein Hund nicht traut» sind nicht nur unangebracht, sondern schlichtweg falsch. Einige grausame KZ-Aufseher waren geradezu vernarrt in ihre Doggen und Schäferhunde. Wer als Kind von einem Hund gebissen wurde, scheut unter Umständen als Erwachsener zurück, wenn er sich plötzlich einem großen Dobermann gegenübersieht. Die hastige Bewegung infolge der Angstreaktion löst aber bei manchen Hunden ein Knurren oder gar den Jagdtrieb aus. Mit Sympathie, Antipathie oder gar einem instinktiven Erkennen versteckter Bosheit hat das nicht das Geringste zu tun.

Tiere sind nicht die besseren Menschen. Wer Tiere liebt, weil er die Menschen nicht leiden kann, sollte keine Party, sondern den Zoo besuchen. Leider trifft man bei geselligen Vergnügen immer wieder Leute, die jedermann erklären, dass ihr Liebling der schönste, klügste, einfühlsamste, genügsamste, bescheidenste, wachsamste Hund (Katze, Papagei und so weiter) sei. Es ist zutiefst menschlich, einem Tier, mit dem man lange zusammenlebt, menschliche Eigenschaften zuzuschreiben. Wer sein Haustier öffentlich über den grünen Klee lobt, muss sich die Frage gefallen lassen, weshalb von der Bescheidenheit seines Lieblings noch nichts auf ihn abgefärbt hat. Begeisterung sollte niemals zu fragwürdigen Vergleichen verleiten, mit denen andere – nämlich andere Tiere und sämtliche Anwesenden – als weniger klug, schön usw. herabgesetzt werden.

Reisen und Urlaub

Einer meiner Freunde aus Ostberlin besuchte kurz nach der Maueröffnung Ende 1989 eine Studentenfete im Westteil der Stadt. Die wechselseitige Neugier war immens, und bald sah er sich in eine Diskussion über die Freiheit, in alle Welt reisen zu dürfen, verwickelt. Sein heimlicher Traum war seit Jahren Paris. Die anderen lächelten wegen seines bescheidenen und doch bisher unerfüllbaren Wunsches und erzählten von Teneriffa, New York oder der Karibik. Da sagte eine Studentin, die bisher nur still zugehört hatte: «Wenn ich es mir genau überlege, bin ich seit zwölf Jahren nirgendwohin gefahren. Aber es ist natürlich schön, dass ich es könnte.»

Das verschlug meinem Freund die Sprache. So viele Möglichkeiten und keine davon genutzt! Er hatte immerhin von Reisen nach Prag, Budapest, an das Schwarze Meer und in den Kaukasus berichten können. Wenn einer eine Reise tut, dann soll er was erzählen – wie der Erzähler den Kontrast zur vertrauten heimatlichen Umgebung erlebt, verrät viel über seine Persönlichkeit, über seine Art, die Welt zu erleben. Wer freilich zum letzten Mal als Kind in fremden Regionen weilte wie jene Studentin, muss sich mit der Rolle des Zuhörers und Fragenden begnügen.

Wer letztes Jahr vier Wochen durch das Altaigebirge kletterte, im Frühjahr einen Segeltörn im Südpazifik unternahm und gerade von einer Trekkingtour durch Island zurückkehrte, wird keine Schwierigkeiten haben, seine Zuhörer in den Bann zu ziehen – vorausgesetzt, seine Truppe hat nicht nur stumpfsinnig eine geplante Kilometerzahl abgewandert, sondern sich für Land und Leute interessiert. Was aber, wenn ein Urlauber Jahr für Jahr im Sommer nach Mallorca oder auf die Kanaren fliegt? Oder seit zwanzig Jahren denselben Zeltplatz in Schleswig-Holstein frequentiert? Dann lohnt es, besonders genau zuzuhören. Steht dahinter bloße Gewohnheit oder die Liebe zu einer bestimmten Region und Lebensweise?

Wo sind Sie gewesen? Warum sind Sie dorthin gefahren? Bevorzugen Sie das Meer, Berge, Städte, Kultur, Einkaufstrips, Touristenzentren oder abgelegene Regionen? Was haben Sie sich von der Reise versprochen und sind die Erwartungen erfüllt worden? Wie vertragen Sie das Fliegen? Wie haben Sie sich dort verständigt? Welche besonderen Sitten sind Ihnen aufgefallen? Wie kamen Sie mit der Mentalität der Bewohner zurecht? Haben Sie versucht, mit Landesbewohnern in Kontakt zu kommen? Diese und ähnliche Fragen geben Ihnen nicht nur einen Einblick in den Teil der Welt, den Ihr Gesprächspartner besuchte, sondern verraten Ihnen auch, wie er seine Reise erlebt hat.

Weniger ergiebig ist die Erkundigung nach der Anzahl der Sterne des Hotels, ob er Halbpension oder Selbstverpflegung gebucht hatten, wie weit er es vom Hotel zum Strand hatten und was die Reise gekostet hat. Die meisten Leute stellen diese Fragen zuerst – obwohl es das Einzige ist, was sie zuverlässiger aus den Katalogen der Reiseveranstalter erfahren. Die subjektiven Eindrücke und einmaligen Erlebnisse sind viel interessanter. Kein Videofilm und kein Reiseführer kann sie ersetzen.

Wenn Sie mit Ihren Reiseberichten einen guten Eindruck hinterlassen wollen, werden Sie einige weit verbreitete Unarten unterlassen:

Kein Imponieren mit gesammelten Sehenswürdigkeiten. Viele von uns messen die Qualität ihrer Reise immer noch daran, wie viel Prozent der im Reiseführer empfohlenen Attraktionen sie besichtigt und auf Film gebannt haben. Nach der Rückkehr werden Bekannte und Verwandte zum Videoabend eingeladen, um ihnen stolz vorzuführen, dass man für sein Geld auch etwas zu sehen bekommen hat. In den letzten Jahren hat sich glücklicherweise herumgesprochen, dass die Qualität der Erholung mehr zählt als Quantität der abgehakten Kuriositäten. Wenn Ihnen ein griechischer Taxifahrer gesagt hat, er halte Deutschland für ein glückliches Land, weil es dort viele Fabriken gibt – damit werden Sie mehr Eindruck machen als mit dem Namen der Kirche, an der er sie abgesetzt hat.

Kein Prahlen mit gelungenen Schnäppchenjagden. Liefern Sie Informationen über günstige Einkaufsgelegenheiten oder darüber, wo man den besten Wechselkurs erhält, nur wenn Sie gefragt werden. Sicher kann man einen Teil der Urlaubskosten wieder einspielen, wenn man seine neue Stereoanlage zollfrei in Andorra erwirbt. Selbst wenn Sie ausschließlich zum Einkaufen nach New York geflogen sind – outen Sie sich nicht als Handelsreisender. Schnell ist der Eindruck erweckt, Sie lauerten nur auf günstige Gelegenheiten und schreckten auch nicht davor zurück, vertrauensselige Zeitgenossen übers Ohr zu hauen. Sprechen Sie lieber über die tolle multikulturelle Vielfalt der New Yorker, und Sie gelten als weltoffener Mensch mit Kultur.

Kein Gemecker über Land und Leute. Die Busfahrer sind unpünktlich, das Essen schlecht und überteuert und dann überall der Schmutz! Wenn zwei Leidensgenossen einander am Swimmingpool begegnen und gegenseitig ihrem Ärger Luft machen, kann das im ersten Moment befreiend wirken. Trotzdem rate ich zur Zurückhaltung. Nicht, weil zu Hause bleiben soll, wer deutsche Sauberkeit und Pünktlichkeit über alles stellt. Manche Klage ist durchaus berechtigt. Auch ein Süditaliener findet ein sauberes Hotel mit gutem Essen und angemessenen Preisen angenehmer als ein vernachlässigtes Nepp-Etablissement.

Der Grund ist ein anderer. Was Sie in den ersten Minuten einer neuen Bekanntschaft sagen, daraus zieht Ihr Gegenüber Rückschlüsse auf Ihre generelle Geisteshaltung. Starten Sie mit Klagen und Beschwerden, wirken Sie kleinlich und larmoyant. Schwärmen Sie zuerst von der großartigen Naturlandschaft und dem tollen Wetter und fügen dann – quasi als Wermutstropfen – hinzu, dass der Service des Hotels zu wünschen übrig lässt, wirken Sie großzügig und begeisterungsfähig.

Mit diesen sechs Themengebieten werden Sie nie wieder einer Unterhaltung ausweichen müssen, weil Sie nicht wissen, worüber Sie sich unterhalten sollen. Um sich an diese Themen beim nächsten Smalltalk noch zu erinnern, prägen Sie sich am besten ein Bild ein: Sie stehen mit Ihrer Familie vor Ihrer Wohnung (oder Ihrem Haus), links neben Ihnen Ihr Lieblingstier und eine Reisetasche, Sie tragen Arbeitskleidung oder haben ein Arbeitsutensil bei sich. In einer Hand tragen Sie einen Gegenstand, der Sie an Ihr Hobby erinnert: eine Angel, ein Musikinstrument, eine Malerpalette oder etwas Ähnliches. Schließen Sie die Augen und lassen Sie dieses Bild mit allen Einzelheiten möglichst farbig vor Ihrem inneren Auge entstehen. Jedes Mal, wenn Sie in die Öffentlichkeit gehen, rufen Sie sich dieses Bild in Erinnerung, und schon haben Sie genügend Gesprächsstoff für den Abend parat.

Tabuthemen

Grundsätzlich gibt es keinen Gesprächsstoff, der sich nicht für das unverbindliche Kennenlernen eignet – vorausgesetzt, beide Partner wissen, wie eine solche Unterhaltung zu führen ist ohne ins Fettnäpfchen zu treten. Die Erfahrung zeigt jedoch, dass es besser ist, einige Themen zu meiden – entweder weil man leicht die Achillesferse seines Gegenübers trifft oder weil unter der Oberfläche Konfliktstoff lauert, der zwei Fremde im Handumdrehen in einen heftigen Streit verwickelt.

Politik. Mit beinahe hundertprozentiger Wahrscheinlichkeit enden Sie bei diesem Thema in Klagen über die mangelnde Kompetenz der Regierenden. Die einen wissen ganz genau, wie man alle Probleme mit einem Schlag löst – Millionäre zur Kasse bitten, Sozialhilfeempfänger zwangsweise in der Straßenreinigung beschäftigen, Militär und Polizei abschaffen, sämtliche Subventionen in Landwirtschaft und Bergbau streichen oder Renten aus den Einkünften der Spekulanten finanzieren. Die andern ödet das Gerede einfach an. Krach und beleidigte Gesichter sind programmiert.

Beim Umtrunk am Rande eines Parteitreffens kann natürlich über das Wahlprogramm und die Erfolgsaussichten ihres Spitzenkandidaten gefachsimpelt werden. Doch auch hier sind Flügelkämpfe und Rechthaberei nicht auszuschließen. Wer auf Nummer Sicher gehen will, wird deshalb Gespräche über die Familie und den Beruf vorziehen.

Religion und Weltanschauung. Seit unsere Kultur nicht mehr durch ein verbindliches Weltbild zusammengehalten wird, ist die Wahrscheinlichkeit groß, dass mit zwei einander fremden Menschen auch gegensätzliche Denkweisen aufeinander prallen. Die Erfahrung lehrt, dass ein überzeugter Katholik aus Süddeutschland und ein atheistisch erzogener früherer DDR-Bürger großartig miteinander auskommen können, solange sie über ihren Lieblingswein oder lohnenswerte Urlaubsziele diskutieren. Sobald die Unterschiede ans Tageslicht kommen – etwa, weil der Katholik erwähnt, dass er jeden Sonntag nach dem Kirchgang in den Garten fährt, und der Ostdeutsche erzählt, dass er seine Kinder wie die meisten Eltern in Brandenburg nicht in den Religions-, sondern in den Lebenskundeunterricht schickt –, werden sie klugerweise zu ihren Alltagserfahrungen zurückkehren. Auch sensible Themen wie Schwangerschaftsabbruch oder Sterbehilfe werden sie vermeiden.

Geld und Geschäfte. Entdecken zwei Gäste schon nach einer Minute, dass der eine gern mehr aus seinen Ersparnissen machen würde und der andere einschlägige Erfahrungen hat, kann sich durchaus eine anregende Unterhaltung über Aktiendepots und Investmentfonds ergeben. Doch selbst in diesem Glücksfall ist Vorsicht geboten. Sie wissen nichts über die Ehrlichkeit und Kompetenz Ihres Ratgebers, setzen Sie seine Empfehlungen über schnelle Geldvermehrung nicht unbesehen in die Praxis um!

Heikel ist das Thema Finanzen, wenn die Einkommensunterschiede groß sind. Für den einen ist der Gourmetabend im Fünfsternerestaurant ein Ausdruck von Genussfähigkeit, der andere muss schon rechnen, wenn er sich einmal im Monat ein Mittagsmenü für zwölf Mark im Chinarestaurant leisten möchte. Schnell gilt der eine als protzig, der andere als geizig. Obwohl sie sich selbst eher als großzügig beziehungsweise sparsam bezeichnen würden. Da Geld wesentlich über die Zugehörigkeit zu einer bestimmten sozialen Schicht entscheidet, weckt das Gespräch darüber leicht unschöne Gefühle wie Neid und Gier.

Geld und gute Geschäfte sollten nicht das Ziel, sondern nur ein Mittel des Lebens sein. Noch immer scheiden sich in dieser Frage großzügige von Krämerseelen.

Krankheiten. Kennen Sie auch ältere Damen, die stundenlang über Abführmittel, Fußpilz, Hüft- und Knieoperationen tratschen können? Haben Sie auch schon einmal vorgeschlagen, das Thema zu wechseln, und die drohende Antwort erhalten: «Du kommst auch noch in unser Alter»? Gesundheit – also die Angst vor Krankheiten – steht in der Werteskala aller Umfragen auf Platz 1. Kein Wunder, dass das Bedürfnis groß ist, sich darüber auszutauschen. Warum Sie dennoch lieber zurückhaltend sein sollten:

- Fast alle Leiden enthalten unappetitliche Details, die die Stimmung des Abends gründlich verderben können.
- Jedermann hält sein Leiden für dramatischer als das der anderen. Kein Wunder, der einzige Schmerz, den man körperlich fühlt, ist der eigene. Krankengespräche lösen also eher einen Wettstreit um Aufmerksamkeit als Mitgefühl mit dem Nächsten aus.
- Krankheiten gehören in die Sprechstunden der dafür ausgebildeten Fachleute. Auf Partys buhlen Hobbyexperten um Anerkennung ihrer Kompetenz. Aber würden Sie wirklich ihren Ratschlägen folgen, nur weil sie ihr Wissen aus Ratgebersendungen im Brustton der Überzeugung anpreisen?

Sind Behinderte anwesend, erweisen Sie ihnen einen viel besseren Dienst, wenn Sie sie wie jeden anderen Gast behandeln, als in Mitgefühl zu schwelgen und nach Details der Lebensführung zu fragen. Behinderte legen oft Wert darauf, für sie schwierige Tätigkeiten allein auszuführen. Greifen Sie also nicht einfach ein, sondern fragen Sie erst, ob Sie helfen sollen. Das gilt besonders für Blinde. Sie erschrecken, wenn sie einfach am Arm ergriffen werden.

Seelische Krisen. Sie gehören ebenso wenig auf Partys wie körperliche Krankheiten. Das betrifft insbesondere Ehe- und Partnerschaftsprobleme. Ist der Partner anwesend, versteht es sich von selbst, dass häusliche Konflikte nicht öffentlich ausgetragen werden. (Sie haben sicher schon Paare erlebt, die auf einer Fete vor den Augen aller aufeinander herumhacken.) Ist der Konfliktpartner abwesend, fällt das Gesprächstabu unter die Rubrik: Kein Klatsch und Tratsch über nicht anwesende Dritte. Ist Ihre beste Freundin gerade von ihrem Mann von heute auf morgen im Stich gelassen worden, werden Sie sie ablenken, aber nicht vor den versammelten Gästen mit ihr therapeutische Gespräche führen. Wer seine intimen Schwierigkeiten einem Fremden anvertraut, kann nie sicher sein, wem der davon Mitteilung machen wird. So manches Gerücht hat so seinen Anfang genommen. Im harmlosesten Fall ernten Sie betretene Gesichter oder ungebetene Ratschläge, die von wenig Einfühlungsvermögen zeugen.

Kritik am Essen, den Gastgebern und anderen Gästen. Selbst wenn auch anderen Besuchern aufgefallen ist, dass der Eiersalat versalzen und die Brötchen von vorgestern sind: Übergehen Sie die Mängel mit Schweigen. Dagegen wird es jeder verstehen, wenn Sie unter dem Vorwand, satt zu sein oder sich nicht ganz wohl zu fühlen, die fragwürdigen Nahrungsmittel meiden. Auch das Outfit, die Wohnungseinrichtung, die Ehe- oder Lebensabschnittspartner von Gastgebern und Gästen sind für Kritik tabu. Loben dürfen Sie dagegen, soviel Sie wollen (und können). Das ist nicht nur eine Frage der Höflichkeit. Wer mäkelt, gilt schnell als mäklig – vor allem, wenn die andern Sie beim Kritisieren kennen lernen. Das kann bedeuten, dass Sie nach diesem Abend von keinem der Anwesenden mehr eingeladen werden. Ist der Makel, den Sie kritikwürdig finden, klein, gehen Sie mit einem großzügigen Schweigen darüber hinweg. Ist der Makel groß, wird er ohnehin von allen bemerkt. Wozu dann noch darüber reden? Sie hinterlassen in dieser Situation einen großzügigen Eindruck, wenn Sie sagen: «Das kann jedem mal passieren», und sich um unkomplizierte Abhilfe bemühen.

Floskeln. Platte Allgemeinheiten, die auf jeden Beliebigen passen, haben dem Smalltalk seinen schlechten Ruf eingebracht. Folgende Sätze zeugen eher von Denkfaulheit und sorgen dafür, dass die Personen, die sie aussprechen, schnell wieder aus dem Gedächtnis gestrichen werden:
- Wie geht's?
- Alles gesund zu Hause?
- Wie fühlt man sich mit 40 (oder 50, 60 – je nachdem, wie alt der Gastgeber geworden ist)?
- Gut hierher gefunden?
- Tolles Outfit!
- Schmeckt's?
- Schön habt ihr es hier.

Solche Floskeln sind nicht nur verbraucht, sondern auch unpersönlich. In aller Regel lösen sie eine einsilbige Antwort, aber keine vergnügliche Plauderei aus. Es gehört gar nicht viel Phantasie dazu, ein bisschen Individualität in diese Äußerungen zu bringen, zum Beispiel:
- Wie schön, dich wieder zu sehen! Wohnst du noch da draußen am Stadtwald?
- Ist deine Frau immer noch bei dieser Möbelfirma? Deine Kinder, müssten sie nicht bald eingeschult werden?

- Wenn ich deine frische Gesichtsfarbe sehe – wirst du wirklich schon 40?
- Ich hoffe, ihr seid nicht vor der Baustelle an der Abfahrt in einen Stau geraten.
- Klasse, das Kleid! Ist das eine von diesen neuen Mischfasern?
- Hast du schon den Thunfischsalat probiert?
- Eure Regale bis zur Decke, das spart wirklich Platz. Hast du die selbst gebaut?

Tiefgang ist nicht nötig, sondern nur das Wahrnehmen einer Eigenheit, die Ihren Gesprächspartner von den Übrigen unterscheidet.

Peinliche Fragen. Nicht jedem ist das Fingerspitzengefühl in Fragen des guten Tons angeboren. Es ist kaum möglich, alle Fettnäpfchen aufzuzählen, in die der gedankenlose Besucher treten kann. Manchmal ist ein Fauxpas unvermeidbar. Schließlich konnten Sie nicht wissen, dass die charmante Begleiterin, mit der Sie Ihren besten Freund neulich in der Stadt sahen, die Ehefrau des neben ihm stehenden Gastes ist. Er hätte eben nicht mit dem Ehemann seiner Flamme auf dieselbe Party gehen sollen. Vermeidbar sind allerdings:

Echt oder unecht? Ob der Schmuck echt ist, fragen Sie bestenfalls eine langjährige Freundin, deren Grad an Eitelkeit und Vermögensverhältnisse Sie überschauen. Ebenso ist die Echtheit der Haarfarbe tabu oder wie lange das letzte Facelifting zurückliegt. Auch die Frage nach dem leiblichen Vater des fremdländisch aussehenden Kindes vermeiden Sie lieber – es sei denn, die Eltern sprechen von sich aus davon.

Gibt es ein Problem? Anspielungen auf Sorgen und Schwierigkeiten unterlassen Sie lieber. «Ich habe gehört, Ihre Firma baut Personal ab. Ist Ihre Abteilung auch betroffen?» Solche Bemerkungen sind unfein, egal, ob Ihr Gegenüber um seinen Arbeitsplatz zittert oder vielmehr kraft seines Amtes dafür sorgt, dass seine Kollegen um den ihrigen bangen müssen. Ebenso wenig setzt man Paare in den Erklärungsnotstand mit Fragen wie: Wollt ihr euch nicht endlich Kinder zulegen? Schlaft ihr eigentlich noch zusammen in einem Zimmer? Wie kommt ihr damit klar, wenn er dauernd auf Geschäftsreisen und du allein zu Hause bist?

Selbst wenn Sie eine Antwort erhalten – peinliche Fragen verleiten zum Schwindeln. (Mehr zum Thema «Fauxpas» im übernächsten Kapitel.)

Zwischen Hallo und Adieu – Der Ablauf

Die kleine Plauderei bildet eine Brücke zwischen dem Zustand völliger Fremdheit und beginnendem Vertrautsein. Wenige Minuten genügen, um zwischen zwei Unbekannten einen minimalen Konsens herzustellen, der eine Entscheidung erlaubt, ob es besser ist, es bei der einen Begegnung zu belassen, oder ob diese den Beginn einer wunderbaren Freundschaft darstellt.

Trotz aufwendiger Forschungen kennen die Psychologen bisher nur einen Teil der Entscheidungsprozesse, die in dieser kurzen Zeit ablaufen. Auf jeden Fall stellen und beantworten wir im Stillen folgende Fragen:

- Gibt mein Gegenüber sich so, wie er ist, oder spielt er mir etwas vor?
- Herrscht Sympathie zwischen uns? Wenn ja, worauf beruht sie?
- Wie selbstbewusst, verträglich, intelligent, sportlich, tolerant und vertrauenswürdig ist meine neue Bekanntschaft, und wie ist ihr sozialer Status?
- Was kann ich ohne Gefahr übler Nachrede oder späterer Intrigen von mir preisgeben?
- Lohnt eine längere Bekanntschaft und auf welche Gemeinsamkeiten kann sie sich stützen?
- Was hält mein neuer Bekannter von mir? Was interessiert ihn an mir?
- Gibt es Dinge, die mich so sehr stören, dass eine nähere Bekanntschaft besser zu vermeiden ist?
- Falls eine Bekanntschaft sich lohnt:

- Welche Art von Beziehung strebe ich an (Liebe, Freundschaft, geschäftlich)?
- Welche Themen und Aktivitäten unterlassen wir lieber?
- Wie werden wir miteinander umgehen?

Treffen ein Mann und eine Frau aufeinander, schätzen sie fast immer die erotische Anziehungskraft ein, auch dann, wenn keine eindeutigen Absichten vorliegen.

Experimente haben gezeigt, dass diese spontanen Einschätzungen erstaunlich zuverlässig sind. Zu diesem Zweck haben Wissenschaftler die Eindrücke, die ihre Versuchspersonen aus kurzen Begegnungen voneinander gewannen, mit den Daten von Persönlichkeitstests verglichen, die sie vorher mit ihnen durchgeführt hatten. In der übergroßen Mehrzahl der Fälle bestätigten die aufwendigen Tests nur, was gewöhnliche Leute ohne psychologische Ausbildung durch eine kleine Unterhaltung herausfanden.

Dieses Können ist zum größten Teil nicht unser eigenes Verdienst. Wir verdanken es in der Hauptsache unserem genetischen und kulturellen Erbe und nur zu wenigen Prozent bewusst angeeigneten Kenntnissen in der Beurteilung von Menschen. Wie kommt es dann, dass manche sich leichter täuschen lassen als andere?

Es gehört ein gewisser Grad an distanzierter Aufmerksamkeit dazu, alle wichtigen Signale wahrzunehmen und zu berücksichtigen. Diese Aufmerksamkeit ist nicht da, wenn wir gedanklich gerade woanders weilen, also während der Unterhaltung über die fällige Steuererklärung oder die Schulschwierigkeiten unserer Kinder grübeln. Die notwendige innere Distanz, die es uns erlaubt, den andern halbwegs objektiv zu betrachten, fehlt aber auch, wenn wir von vornherein entschlossen sind, die unbekannte Person unbedingt kennen zu lernen und sympathisch zu finden, koste es, was es wolle. Das ist zum Beispiel der Fall, wenn die Erotik den unbefangenen

Blick trübt. Der Mann, der am Fenster nebenan ein hinreißendes weibliches Geschöpf erblickt, wird alle Energie nur noch darauf richten, bei der Frau einen guten Eindruck zu machen, und warnende Signale einfach überhören. Nicht umsonst sagt man «Liebe macht blind».

Ein zu genauer analytischer Blick ist ebenso gefährlich. Sobald unser Gesprächspartner merkt, dass er nur auf den Prüfstand gestellt wird, haben wir uns alle Sympathien verscherzt. Die Gefahr ist gering, solange wir bereit sind, mindestens genauso viel von uns selbst preiszugeben. Wenn Sie sich dabei an die bewährten Gesprächsthemen halten, die Sie im letzten Kapitel kennen gelernt haben, werden Sie keine Intimitäten ausplaudern, die später gegen Sie verwendet werden könnten. Auf die richtige Mischung aus Engagiertheit und Distanziertheit kommt es an.

In diesem Kapitel möchte ich Ihnen zeigen, wie Sie auf den ersten Eindruck, den Sie bei anderen hinterlassen werden, Einfluss nehmen können. Jedes Kennenlernen läuft in fünf Phasen ab:

1. Kontaktvorbereitung
2. Körpersprachlicher erster Eindruck
3. Kontaktaufnahme
4. Smalltalk
5. Kontaktausklang.

Eine sich anbahnende Bekanntschaft kann auf jeder der fünf Stufen scheitern – dann bleibt nur ein flüchtiger, unvollständiger Eindruck. Schauen wir uns nun die fünf Phasen nacheinander an und das, wovon ihr Gelingen beziehungsweise Misslingen abhängt.

Die Vorbereitung

Nicht nur wenn Sie einen Vortrag halten oder eine Prüfung mit Bravour absolvieren wollen, gilt: Die Vorbereitung ist der halbe Erfolg. Dass Sie dieses Buch lesen, beweist, dass Sie Ihre öffentlichen Auftritte nicht länger dem Zufall überlassen wollen. Für alle, die ihr Geld mit der Wirkung ihrer Persönlichkeit in der Öffentlichkeit verdienen, ist eine gründliche Vorbereitung schon lange unerlässlich. Lassen Sie sich nicht davon täuschen, dass so mancher Talkmaster sich im Fernsehen betont locker und spontan gibt. Im Hintergrund arbeitet ein dreißigköpfiges Team, das diese Lockerheit wortgenau geplant hat und bereits seine nächsten Auftritte, einschließlich seiner «spontanen» Späße, minuziös vorbereitet.

Die Tricks der Profis. Bei meinen Einladungen zu Rundfunk- und Fernsehsendungen als Studiogast habe ich es noch nie erlebt, dass ich nicht über den geplanten Ablauf des Gesprächs informiert wurde. (Die Ausnahme waren kurze Rundfunkinterviews vom heimischen Telefon aus, die aufgezeichnet und später durch Schnitte «geglättet» wurden.) Redakteure, die der Hörer oder Zuschauer nie kennen lernt, sprachen mit mir im Voraus über Fragen und Antworten. Bei Lifesendungen des Fernsehens gab ein Produktionsleiter – unsichtbar für den Zuschauer – Handzeichen, wie viele Sekunden die Antworten dauern konnten. Durften Zuschauer in die Sendung hinein anrufen, wurden die eintreffenden Fragen von einem Team erfahrener Telefonisten nach Kriterien vorsortiert, die Redakteure und Studiogast zuvor gemeinsam abgesprochen hatten.

Wenn die Profis trotz Talent und Erfahrung auf eine gute Vorbereitung nicht verzichten – warum sollten Sie nicht von ihnen lernen? Der Fernsehmoderator muss sich gegenüber dreißig anderen Fernsehprogrammen behaupten, die zur selben Zeit laufen, und Sie auf der Silvesterparty Ihrer besten Freundin gegenüber dreißig anderen Gästen, mit denen Sie unwillkürlich verglichen werden. Die Situation ist durchaus vergleichbar. Mit einigen wenigen Maßnahmen im Vorfeld werden Sie Ihre Ausgangsposition um ein paar entscheidende Punkte verbessern.

Wie Sie sich vorbereiten. Am Anfang stehen einige Vorüberlegungen:

In was für eine Art von Öffentlichkeit begebe ich mich und was wird meine Stellung darin sein? Sie werden sich weniger fremd fühlen, wenn Sie sich geistig auf die Situation eingestellt und sich gegebenenfalls vorab Informationen über die Veranstaltung beschafft haben.

Bin ich eingeladen und werde erwartet oder habe ich aus Zeitung, Rundfunk usw. davon erfahren? Im ersten Fall können Sie mit der Frage, welchem Umstand die anderen ihre Einladung verdanken – woher sie den Gastgeber kennen, ob sie Mitglied der einladenden Organisation sind, ob Sie beide sich auf früheren Veranstaltungen der gleichen Art gesehen haben könnten –, problemlos eine Unterhaltung beginnen. Begeben Sie sich dagegen in eine öffentliche Veranstaltung für jedermann, überlegen Sie sich einige Fragen, die Sie anderen Teilnehmern zum Thema des Abends oder zu den Räumlichkeiten stellen können, zum Beispiel:

• Wissen Sie vielleicht, wie lange das Konzert dauern soll? Ich muss morgen zur Frühschicht und deshalb um fünf aufstehen.

• Wissen Sie, ob eine Pause vorgesehen ist? (Wenn Ihr Gegenüber Bescheid weiß, interessieren Sie sich, woher er seine Informationen hat: Waren Sie schon öfter hier? Was haben Sie da gesehen?)

• Wissen Sie, wer die Eröffnungsrede hält, wie viele Sitze das

Theater hat, wann das Haus gebaut wurde, ob es in letzter Zeit renoviert wurde, wo es nachher die Getränke gibt …? Überlegen Sie sich zu allen Fragen eine kurze Begründung, warum Sie sich dafür interessieren.

Wie viel Zeit wird für Gespräche übrig sein? Auf einer Party, einem Empfang oder einer Vernissage haben Sie ausreichend Zeit. An einem Theater- oder Konzertabend bleiben Ihnen nur die Minuten vor Beginn, die Pause und eventuell hinterher einige Minuten an der Garderobe. In diesem Fall müssen Sie Besucher, die Sie ansprechen, in wenigen Sekunden motivieren, sich mit Ihnen zu unterhalten. Das gelingt, wenn Sie eine sehr konkrete Frage zum Verlauf des Abends vorbereiten. Also nicht allgemein: Wie fanden Sie das Stück? Sondern: Wie fanden Sie Ilja Richter als Woody-Allen-Ersatz? (Oder wenn Sie vor Beginn fragen: Sind Sie auch gespannt, wie Ilja Richter sich in der Woody-Allen-Rolle schlagen wird?)

Wer werden die anderen Teilnehmer sein? Auch wenn Sie die Leute nicht im Einzelnen kennen, wissen Sie sicher, zu welchem Milieu sie gehören. Daraus lässt sich leicht ableiten, wofür sie sich interessieren werden. Unter jungen Leuten einer bestimmten Kulturszene stehen andere Themen im Mittelpunkt als auf einer Vertretertagung, der Wohnungseinweihungsfete einer Studentin oder bei der Silberhochzeit Ihrer Eltern. Es ist nicht nötig, sich zum Experten für junge Kunst, Verkaufstechniken, billiges Renovieren oder zweisames Älterwerden auszubilden. Ihre Gesprächspartner werden bereitwillig alles erzählen, was Sie nicht wissen – vorausgesetzt, Sie stellen halbwegs sachkundige Fragen.

Stellen Sie sich vor, Sie geraten an einen Angler und wissen von seinem Hobby nur, dass man früh aufsteht, eine Schnur mit Haken ins Wasser hält und wartet, ob ein Fisch anbeißt. Sie versuchen aus Ihrem Nichtwissen das Beste zu machen und erkundigen sich, wie viel er so im Durchschnitt fängt, wie oft er angeln geht und wie viel Überwindung es ihn kostet, morgens zeitig aufzustehen. Der Angler wird an Ihren Fragen erkennen, dass Sie ein wenig interessierter Außenstehender sind, und knapp antworten: Er angelt sonntags, wenn das Wetter es zulässt, fängt mal mehr, mal weniger, und das frühe Aufstehen ist eine Gewöhnungssache. Ganz anders, wenn Sie sachkundig fragen, ob er einfache, Zwillings- oder Drillingshaken verwendet, am Sportangeln mit Spinn- oder Flugangeln teilnimmt oder ob er Ihnen erklären kann, was eigentlich ein Wobbler ist (ein künstlicher Köder). Es wird den Smalltalk sehr erleichtern, wenn Sie zu zwei oder drei Themen, mit denen bei Ihrem Teilnehmerkreis zu rechnen ist, einen aktuellen Zeitschriftenartikel gelesen haben.

Was ist das passende Outfit? Diese Entscheidung bedeutet eine Gratwanderung zwischen langweiligem Angepasstsein und auffälliger Schrillheit. Kein Wunder, dass manche Frau Stunden ratlos vor dem Kleiderschrank verbringt. Entscheidet sie sich für ein mittellanges Kleid, mit dem sie nichts falsch machen kann, schlüpft sie unter Umständen in die Rolle der unauffälligen grauen Maus. Lieber ein gewagtes buntes Teil? Dann muss sie vielleicht erfahren, wie peinlich es sein kann, unter lauter Leuten in Abendgarderobe die Einzige in Kordhosen und T-Shirt zu sein oder sich umgekehrt mit Samtkleid und Perlenkette unter Studenten in Jeans zu bewegen.

Die goldene Regel für die optimale Kleidung lautet: situationsangepasst plus persönliche Note. Was Sie anziehen, muss zunächst zur Veranstaltung und zum Teilnehmerkreis passen. Zu einer Grillparty am späten Nachmittag ziehen Sie etwas Legeres an – als Mann zum Beispiel Jeans, Freizeithemd und ein kariertes Jackett – und versuchen nicht, die anderen mit einem dreiteiligen Anzug an Vornehmheit zu übertrumpfen. Um aber nicht als Durchschnittstyp in der Masse unterzugehen, wählen Sie ein auffälliges Accessoire, das Ihre Persönlichkeit unter-

streicht: ein buntes Tuch, ein T-Shirt mit individuellem Auf-
druck, eine witzige Tasche oder Krawatte oder gar ein (ab-
waschbares) Tattoo.

Mehr zum Thema Outfit und Image erfahren Sie im letzten
Kapitel.

Stecken Sie unbedingt Ihre Visitenkarten ein. Es empfiehlt
sich, zwei verschiedene Sorten von Visitenkarten anfertigen zu
lassen – private mit Name und der Privatadresse, auf der
höchstens noch der Beruf angegeben ist, und professionelle mit
Angaben über Beruf, Position in der Betriebshierarchie und
nur Ihrer dienstlichen Anschrift. Dadurch können Sie beeinflussen, für wen Sie zu Hause und für wen Sie nur dienstlich erreichbar sind.

Ihr Handy schalten Sie aus, sobald Sie den Veranstaltungsort
erreichen. Es mitzunehmen kann recht nützlich sein. Vor einigen Jahren war ich zu einer Diskussionsveranstaltung eingeladen, die vom Hessischen Rundfunk mitgeschnitten wurde. Als
Ort war auf der Einladung die Adresse einer Unternehmensberatung mit dem Hinweis «4. Hof, 2. Aufgang» angegeben. Hinter der Toreinfahrt breitete sich ein riesiges Gelände mit einem
Gewirr an Hinterhöfen und Nebeneingängen aus. Keine Num-
mern an den Türen. Als ich endlich durch Befragen von Kell-
nern und Geschäftsinhabern den vierten Hof gefunden hatte,
entpuppte sich der zweite Aufgang als ein Materiallager einer
Druckerei. Die Tür war verschlossen. Niemand kannte die Unternehmensberatung, die ich suchte. Ich lief mehrere Minuten
von Hof zu Hof und musterte vergeblich die Firmenschilder
neben den Aufgängen. Zum Glück traf ich einen Bekannten,
der genauso vergeblich den gleichen Veranstaltungsort suchte.
Er hatte sein Handy dabei und konnte die Telefonnummer anrufen, die auf der Einladung genannt war. Die junge Frau am
andern Ende antwortete: «Wir wundern uns schon, dass bis
jetzt so wenig Besucher da sind.» Es stellte sich heraus, dass wir

Opfer eines Druckfehlers waren. Es hätte «2. Hof, 4. Aufgang» heißen müssen. Die gesuchte Unternehmensberatung war erst vor zwei Wochen in die Räume gezogen und hatte noch kein Firmenschild an der Tür. Sie schickten jemanden nach unten, der die übrigen ratlos umherirrenden Gäste einsammelte und zum richtigen Aufgang leitete.

Die ersten dreißig Sekunden

Neueste Forschungen zeigen, dass eine Viertelsekunde genügt, um einen fremden Menschen grundsätzlich einzuschätzen. Und zwar nicht nur nach Alter, Geschlecht oder Körpergröße, sondern auch nach Attraktivität und Sympathie. Deswegen brauchen neu eintretende Gäste nur ein bis zwei Sekunden, um einen Raum und vierzig Teilnehmer zu überblicken. Bei dieser kurzen Musterung treffen wir eine Vorauswahl. Wir unterscheiden bekannte von unbekannten Gesichtern, interessante von uninteressanten und wählen einige aus, die wir uns in den folgenden Sekunden genauer ansehen werden. Diese erste Auswahl geschieht zum größten Teil unterhalb der Bewusstseinsschwelle.

Unterschwellige Signale lenken unsere Aufmerksamkeit. Eine Person bewusst wahrnehmen heißt einen Schritt weitergehen. Zum Beispiel sich im Stillen sagen: «Der große Mann links neben der Palme sieht attraktiv aus mit seinem dunklen Teint und den kurzen Haaren.» Oder: «Die Blonde vor dem mittleren Fenster kommt mir irgendwie bekannt vor.» Eine solche Beobachtung bleibt im Gedächtnis haften. Dafür benötigen wir mindestens drei Sekunden. Es ist bekannt, dass wir nicht mehr als fünf oder sechs Personen in dieser Weise aus der Masse herausheben.

Wovon es abhängt, wer unsere Aufmerksamkeit gewinnt, ist nur teilweise bekannt. Größere Chancen, bemerkt zu werden, haben auf jeden Fall diejenigen,

- deren Gesicht wir erblicken. Gesichter wecken grundsätzlich unser Interesse, weil sie der beweglichste, lebhafteste und persönlichste Teil des Menschen sind. Nur am Gesicht können wir jemanden zweifelsfrei wieder erkennen;
- die in der Mitte oder an anderen auffälligen Punkten des Raumes stehen. Wer am Rand steht, scheint im ersten Moment für den Betrachter mit der Wand zu verschmelzen.
- die in Aussehen oder Bewegungen von der Mehrheit abweichen. Farbkontraste, schnelle Bewegungen oder laute Stimmen erzwingen Aufmerksamkeit. Aber Vorsicht: Nicht jede Art von Auffälligkeit lädt dazu ein, mit ihrem Urheber in Kontakt zu treten.
- die körpersprachliche Kontaktsignale ausstrahlen. Dazu gehören Lächeln, Blickkontakt, Winken und andere Grußgesten. Eine lebhafte, anderen zugewandte Körpersprache macht auch einen wichtigen Teil der magnetischen Ausstrahlung aus, mit der manche Leute mühelos die Aufmerksamkeit ihrer Umgebung gewinnen.

Der erste Eindruck. Mit Ihrem Verhalten in der ersten halben Minute stellen Sie die Weichen für den weiteren Abend. Wie betreten Sie einen Raum, in dem eine Fete in vollem Gange ist und in den Sie zum ersten Mal in Ihrem Leben einen Fuß setzen? Eher zögerlich und überlegend? Orientieren Sie sich eine Weile, bevor Sie die ersten Gäste begrüßen? Dann wird man Sie beim Eintritt kurz registrieren, aber nach ein, zwei Sekunden die Aufmerksamkeit wieder anderen Dingen zuwenden, da von Ihnen keine weitere Aktivität ausgeht.

Oder schreiten Sie sofort in die Mitte des Raumes und begrüßen die Leute, die dort stehen, egal ob Sie sie von früher kennen oder nicht? Das ist der Stil charismatischer Persönlichkeiten. Veränderungen, die in der Mitte vor sich gehen, werden zwangsläufig von der Mehrheit beobachtet. Denn egal, wohin die Leute schauen: Wer seine Augen durch den Raum wandern lässt, muss mit dem Blick durch die Mitte hindurch. Solange dort alles so läuft wie bisher – zum Beispiel eine Gruppe von fünf Leuten leise diskutiert, ohne sich groß zu bewegen –, achten wir nicht bewusst darauf, was dort geschieht. Tritt aber jemand neu in den Kreis hinein, kommt Bewegung in die Mitte, und wir wenden unsere Aufmerksamkeit der Ursache des Geschehens zu.

Gekonnt auftreten ist halb gewonnen. Die Gastgeber begrüßen Sie draußen im Flur oder am Eingang zu dem Raum, in dem die Feier stattfindet. Überreichen Sie Ihr Gastgeschenk so, dass die Gäste zusehen können. Selbst bei zwanglosen Abenden ohne besonderen Anlass sichert Ihnen ein originelles Mitbringsel für kurze Zeit die Neugier der Anwesenden. Treten Sie dann ohne Zögern und ohne durch Links- und Rechtsgucken nach einem Ziel zu suchen, zu den Gästen, die im Zentrum des Saales stehen. Begrüßen Sie sie mit «Hallo, ich bin …» und einer vorbereiteten kurzen Frage, dem Köder für den späteren Smalltalk. Dazu gehören ein fester Händedruck, ein Lächeln und ein Blickkontakt von zwei bis drei Sekunden. Sollte sich bereits zu diesem Zeitpunkt eine Unterhaltung anbahnen, unterbrechen Sie sie nach spätestens einer halben Minute, um die Begrüßungsrunde durch den Saal fortzusetzen.

Namen merken. Dabei treffen Sie bereits eine Vorauswahl, mit wem Sie sich später unterhalten wollen. Merken Sie sich auch, warum und worüber. Sollten alle Gesichter neu für Sie sein, wird es schwer, alle Namen im Kopf zu speichern. Versuchen Sie aber wenigstens, sich zu merken, wie diejenigen heißen, mit denen Sie noch reden wollen. Jemanden mit seinem Namen anreden ist der einfachste Weg, dem Smalltalk eine persönliche Note zu verleihen. Es genügt, den Teil des Namens zu behalten, mit dem Sie die Leute später ansprechen – also den Vornamen, wenn Sie sich duzen, den Familiennamen, wenn Sie sich mit Herr oder Frau X anreden.

Sich einen Namen anhören und hoffen, dass das Gedächtnis uns nicht im Stich lässt, ist zu unsicher. Nach dem fünften Namen haben Sie den ersten bereits vergessen. Selbstverständlich dürfen Sie später, wenn Sie das Gespräch suchen, noch einmal nachfragen: «Ich habe leider Ihren Namen wieder vergessen. Sie sind Frau ...?» Fast jeder weiß aus eigener Erfahrung, wie schwer es ist, sich neue Namen zu merken, und wird sich noch einmal vorstellen. Daraus können Sie sogar einen kleinen Plausch zum Thema Gedächtnis und schwierige Namen entwickeln.

Einen stärkeren Eindruck hinterlassen Sie, wenn Sie einen Gast, der sich Ihnen nur kurz vorstellte, eine Stunde später wie selbstverständlich mit seinem Namen anreden, vor allem dann, wenn es sich um einen wenig geläufigen Namen handelt. Wie schaffen Sie das? Heimlich aufschreiben, ohne dass es jemand merkt? Selbst wenn Ihnen das gelingen sollte, woher wissen Sie dann noch, welcher Name auf Ihrem Zettel zu welchem Gast gehört?

Mehr Erfolg versprechen die Tricks professioneller Gedächtniskünstler. Einer, den auch Ungeübte sofort anwenden können: Lassen Sie den gerade gehörten Namen noch einmal in seinem Schriftbild vor Ihrem geistigen Auge vorüberziehen, und denken Sie sich dann ein Bild aus, das den Namen darstellt. Bei Berufen ist das einfach: Für Müller, Schneider oder Schuster stellen Sie sich einen Mann mit den Insignien seines Handwerks vor, also Mehlsack, Nadel oder Schuh. Bei meinem Namen – Naumann – wäre das schon etwas schwieriger. Wenn Sie wissen, was eine Naue ist (ein Last- oder Fährschiff), denken Sie an einen Mann auf solch einem Schiff. Wenn nicht, nehmen Sie einen Mann, auf dessen T-Shirt das englische Wort «now» («jetzt») steht. Solche Bilder merkt man sich sehr leicht und dauerhaft. Probieren Sie es aus.

Zu einem Teil der Namen wird Ihnen kein Bild einfallen, insbesondere bei ausländischer Herkunft. Ist der Name kompliziert, lassen Sie sich ihn buchstabieren, und wiederholen Sie ihn, um zu prüfen, dass Sie ihn jetzt richtig verstanden haben. Ihr Bemühen wird nicht nur als Zeichen von Interesse Anerkennung finden, sondern das Zerlegen und Wiederholen erleichtert Ihnen auch das Einprägen. Ist der Name lediglich selten oder in anderer Weise ungewöhnlich, erkundigen Sie sich bei seinem Inhaber nach seiner sprachlichen Herkunft und Bedeutung. Auch das hilft beim Auswendiglernen.

Vornamen merken Sie sich am einfachsten, wenn Sie sich den Gast zusammen mit einem oder einer Bekannten gleichen Namens vorstellen. Es können auch Schauspieler oder andere Prominente sein. Kennen Sie keine andere Person, die so heißt, legen Sie Ihrer neuen Bekanntschaft in Gedanken eine breite Halskette um, auf der mit Flammenschrift der Vorname steht, und prägen Sie sich dieses Bild ein.

Kontakt aufnehmen

Am Anfang steht die Körpersprache. Noch bevor Sie Ihren Wunschgesprächspartner anreden, wenden Sie sich ihm optisch zu. Ihre Absicht, eine bestimmte Person anzureden, wird an folgenden Zeichen erkennbar:

1. Sie lösen Ihren Blick nicht mehr von ihr.
2. Sie wenden Ihr den Oberkörper zu.
3. Sie nähern sich ihr aus der sozialen Distanz (über 1,20 Meter) und treten in die persönliche Distanz (0,60 bis 1,20 Me-

ter), bei beengten Raumverhältnissen unter Umständen noch näher.

4. Sie stimmen Ihre Mimik auf den Ansprechpartner ein – ein Lächeln, oft verbunden mit kurzem Anheben der Augenbrauen.

5. Sie beugen sich vor und öffnen den Mund für Ihren ersten Satz.

Wenn die Zielperson gerade ein anderes Gespräch führt, unterbrechen Sie die körperliche Annäherung auf Stufe 3 oder 4 und hoffen, dass sie Ihren körperlich ausgedrückten Kontaktwunsch wahrgenommen hat. Mit Recht. Das Unbewusste registriert jede körperliche Annäherung. Ist unsere Zielperson bereit, sich ansprechen zu lassen, wendet sie uns kurzzeitig ihre Aufmerksamkeit zu: Wir ernten einen kurzen fragenden Blick.

Einstieg in laufende Gespräche. Das ist der richtige Moment, unsere vorbereitete Eingangsfrage zu stellen, die an den Köder aus der Begrüßung anknüpft (siehe Abschnitt «Fragen stellen – Der Königsweg zur gepflegten Unterhaltung»). Zögern wir, bis unser Ansprechpartner sich wieder seinem Gespräch zugewandt hat, wird unsere Frage nur noch als ärgerliche Unterbrechung gewertet. Entsprechend kühl wird die Antwort ausfallen.

Sicherer ist es, in die laufende Unterhaltung, die unser Ansprechpartner führt, einzusteigen. Das ist gar nicht so schwer. Hören Sie ein, zwei Minuten zu. Während des Lauschens wenden Sie der Gruppe den Rücken zu und mustern das Bild an der Wand oder nippen gedankenverloren an Ihrem Glas. Sie nutzen dabei ein Paradox der Körpersprache. Leute, die uns beim Reden nicht anschauen, wirken, als ob sie nicht zuhörten. Wir wissen zwar theoretisch, dass unsere Ohren im Gegensatz zu den Augen auf Rundumempfang eingestellt sind. In der Praxis reden wir aber ungeniert über intimste Dinge, solange die fremden Menschen uns den Rücken zukehren.

Sobald Sie wissen, wovon die Rede ist, wenden Sie sich um, treten zu der Gruppe und stellen eine interessierte Frage: «Verzeihung, ich hörte Sie gerade über den letzten Film von … sprechen. Ich habe darüber so unterschiedliche Meinungen gehört. Stimmt es, dass er zwar außergewöhnliche Bilder zeigt, aber einfach viel zu lang ist?»

Geben Sie sich als jemand, der schon lange nach einer Antwort auf ein Problem sucht, die er durch den Glücksfall des zufälligen Zuhörens im Vorbeigehen in dieser Gruppe zu finden hofft. Kaum einer wird Ihnen die Hilfe verweigern. Auf keinen Fall in das Gespräch einsteigen, indem Sie die Leute belehren! Das ist ein häufiger Fehler, den ich immer wieder beobachte. Stellen Sie sich vor, Sie hören, wie die Gruppe rätselt, wie der vorige Film einer bestimmten Schauspielerin hieß. Sie stehen daneben und wissen die Antwort. Widerstehen Sie der Versuchung, zu sagen: «Ich hörte Sie gerade über … reden. Es war der Film X.»

Was wird passieren? Alle werden sagen: «Ja, natürlich! Dass ich darauf nicht gekommen bin!» Dann schließen sie ihren Kreis wieder und reden über etwas anderes. Für Sie bleibt nichts weiter als bestenfalls ein kurzes «Danke».

Niemand lässt sich gern ungefragt belehren, selbst wenn er nach der Information sucht. Das gemeinsame Rätseln um ein vergessenes Detail macht ja gerade einen großen Teil des Vergnügens an der Unterhaltung aus. Man wundert sich gemeinsam über die Mängel des Gedächtnisses. Man versucht, mit detektivischen Mitteln über Umwege die Erinnerung wieder zu beleben: «Wann lief der Film? Vor zwei Jahren? Da war doch dieses Plakat … was war da drauf? Hatte das nicht irgendetwas mit Flugzeugen zu tun?»

Ein Außenstehender, der die Lösung auf dem Silbertablett serviert, verhält sich wie jemand, der einen Krimi verschenkt, aber auf Seite zehn einen Pfeil an die Seite malt und daneben schreibt: «Das ist der Mörder.» Die korrekte Sachinformation ist auf der Beziehungsebene unerwünscht.

Als Ratsuchender bestätigen Sie dagegen die Gruppe in ihrer Kompetenz und Verbundenheit. Sie kann ihre Diskussion fortsetzen und hat einen interessierten Zuhörer gewonnen.

Versucht umgekehrt ein Außenstehender, Ihr Gespräch zu unterbrechen, und lässt es dabei an der nötigen Eleganz fehlen, verbitten Sie sich die Einmischung direkt und höflich: «Bitte gestatten Sie, dass wir erst unsere Unterhaltung zu Ende führen.»

Egal, in welcher Form Sie in eine laufende Unterhaltung einsteigen: Wenden Sie sich immer an alle Teilnehmer, auch wenn Sie eigentlich nur mit einem sprechen wollen. Sie müssen zunächst eine vollständige Runde Smalltalk absolvieren, in der Sie das Vertrauen der Gesprächsrunde gewinnen. Erst dann können Sie sich mit einer gezielten Frage einen Teilnehmer herauspicken, ohne dass die anderen sich auf den Schlips getreten fühlen.

Haben Sie Hemmungen, sich in eine Unterhaltung einzumischen, müssen Sie warten, bis Sie Ihren Wunschgesprächspartner allein treffen. Wenn Sie Pech haben, ist er den ganzen Abend umlagert. Doch selbst dann bleibt eine Möglichkeit: Irgendwann braucht auch der kommunikationsfreudigste Gast Essen- oder Getränkenachschub. Gehen Sie in die Küche oder zum Büffet, wenn er sich verpflegt. Selbst wenn er dabei unausgesetzt mit einem Begleiter weiterplaudert: Bitten Sie ihn, das Brot oder das Mineralwasser herüberzureichen. Während er sich anschickt, Ihrer Bitte nachzukommen, und dabei kurz Blickkontakt mit Ihnen aufnimmt, stellen Sie Ihre Köderfrage: «Was ich Sie gern mal fragen wollte ...» In der weiteren Unterhaltung beziehen Sie dann seinen Begleiter mit ein.

Wenn Sie sich auf einer Veranstaltung mit größerem Teilnehmerkreis befinden, haben Sie noch eine weitere Möglichkeit. Sie lassen Ihren Wunschgesprächspartner bei der Begrüßungsrunde aus und bitten später die Gastgeber, Sie vorzustellen. Dann gehört Ihnen seine Aufmerksamkeit für einige Sekunden, in denen Sie Ihre Eröffnungsfrage an den Mann oder die Frau bringen können.

Gespräche entfalten

Eine gelungene Unterhaltung ist ausgewogen. Das bedeutet:
- Die Redeanteile aller Beteiligten sind ungefähr gleich lang.
- Jeder übernimmt abwechselnd die Gesprächsführung und reicht den Staffelstab weiter. Das heißt zum Beispiel: Nachdem Sie eine oder zwei Fragen gestellt und Antworten erhalten haben, fragen Ihre Partner und Sie antworten.
- Jeder gibt etwa gleich viel von sich preis.

Vier Qualitätskriterien. Bei kommunikationspsychologischen Untersuchungen von Alltagsgesprächen hat sich herausgestellt, dass wir unbewusst vier Kriterien anwenden, um die Qualität einer Unterhaltung zu beurteilen. Sie stehen mit grundlegenden sozialen Kompetenzen in Zusammenhang. Es sind:

POSITIVE WERTIGKEIT: Wird der Grundton des Gesprächs als positiv, negativ, munter oder bedrückend empfunden? Beim Smalltalk und vielen anderen Gelegenheiten bevorzugen wir eine positive Wertigkeit. Sie wird erreicht durch:
- Gespräche über angenehme Erlebnisse, Erfolge und schöne Erinnerungen. Über eigene Pleiten, Pech und Pannen reden wir mit Humor.
- Ausmalen positiver Zukunftsaussichten und Hoffnungen für die persönliche Entwicklung, ungeachtet der düsteren Prognosen für die Zukunft der Rente, der Umwelt oder der Arbeitswelt.
- Aussparen negativer und strittiger Themen.

ANTEILNAHME: Hier geht es um die Stärke der von uns ausgesendeten Signale. «Du siehst nicht schlecht aus» strahlt weniger Anteilnahme aus als «Du bist einfach bezaubernd!».

Am stärksten wirken Begeisterung, Komplimente und Äußerungen positiver Gefühle (siehe Tabelle im Abschnitt «Du bist wichtig, ich bin wichtig»).

KONGRUENZ: Wir genießen Gespräche, die uns ein klares Bild von der Persönlichkeit des Partners vermitteln. In den ersten Sekunden haben Sie sich bereits ein vorläufiges Urteil gebildet. Entsprechen die weiteren Äußerungen diesem Bild? Dann besteht Kongruenz, und Sie fühlen sich sicher. Gewinnen Sie dagegen widersprüchliche Eindrücke – etwa ein progressiver Künstler, der in einer Hinterhofwohnung lebt und zugleich von seinem neuen Sportwagen schwärmt –, empfinden Sie die Unterhaltung als weniger angenehm, weil Sie nicht wissen, wie Sie reagieren sollen. Meint der es ernst oder macht er sich über Sie lustig? Will er vielleicht sogar Ihre Leichtgläubigkeit auf die Probe stellen?

ECHTHEIT: Mangelnde Kongruenz erweckt Misstrauen. Wir prüfen ständig, ob unser Gegenüber aufrichtig ist oder versucht, mit süßen Worten Eindruck zu schinden. Gespräche mit Leuten, die sich so geben, wie sie sind, empfinden wir als angenehm.

Die landläufige Meinung, dass es höflicher ist, zu schwindeln, um Menschen, von denen man wenig weiß, nicht vor den Kopf zu stoßen, konnte von der Forschung nicht bestätigt werden. Allerdings tragen wir viele Seelen in unserer Brust, und manche davon werden wir nur unseren besten Freunden zeigen. Vielleicht gibt es sogar Abgründe, die wir kaum uns selbst eingestehen. Beim Smalltalk zeigen wir nur unsere positiven, freundlichen Seiten. Wir sprechen nur über das, was wir an anderen mögen – davon aber mit aller Wahrhaftigkeit.

Kritiker des Partygeplauders werden einwenden, dass auch

eine einseitige Informationsauswahl eine Lüge ist. Vielleicht. Es handelt sich aber keinesfalls um eine absichtliche Täuschung. Denn jeder der Gäste weiß selbstverständlich, dass alle Anwesenden an diesem Abend nur ihre kontaktfreudige Seite zeigen. Es handelt sich bei dieser Einseitigkeit um eine stillschweigende Vereinbarung, die zum Gelingen des Abends beiträgt. Wer sie verletzt – zum Beispiel, indem er einen öffentlichen Zank vom Zaun bricht –, wird deshalb sehr bald zur Ordnung gerufen.

Kluge Gesprächspartner

- unterhalten sich über gemeinsame Auffassungen und Interessen und meiden Differenzen,
- gebrauchen öfter den Namen ihres Partners und zeigen damit, dass er ganz persönlich gemeint ist und Personen für ihn nicht beliebig austauschbar sind,
- umgehen Gesprächsfallen (Belehrungen, Dauerreden, Konflikte) mit Geschick (das Know-how finden Sie im folgenden Kapitel),
- finden den goldenen Mittelweg zwischen inhaltsleeren Floskeln und tiefgründigen Diskussionen,
- wissen, wann und wie man den Smalltalk beenden sollte.

Gespräche beenden

Im Mittel reichen viereinhalb Minuten, um einen Menschen so weit kennen zu lernen, dass man entscheiden kann, ob sich eine Fortsetzung der Bekanntschaft lohnt oder nicht.

Die Fünfminutenregel. Viele Leute schaffen es nicht, nach diesen paar Minuten aus dem Smalltalk auszusteigen. Da sie einmal angefangen haben, über Wohnung und Urlaub zu plauschen, fühlen Sie sich verpflichtet, diese Themen so lange auszuwalzen, bis sich endlich ein Vorwand findet, um mit Anstand auseinander zu gehen. Was am Anfang eine nette Unterhaltung mit einem netten Gast war, kann nach einer halben Stunde bereits zu einer höflichen Verpflichtung herabgesunken sein und den Spaß am Partytalk in sein Gegenteil umkehren.

Mein Tipp: Brechen Sie die Unterhaltung nach fünf bis spätestens zehn Minuten erst einmal ab. Egal, wie sympathisch Sie Ihre neue Bekanntschaft auch finden. Jede Veranstaltung, zu der eine größere Anzahl von Leuten eingeladen sind, ist als Begegnungsort für alle Anwesenden gedacht. Die gesamte Aufmerksamkeit nur einer einzigen Person zuzuwenden würde diesem Anliegen widersprechen. Sie brauchen also nicht mit einer gemurmelten Entschuldigung zur Toilette zu eilen, auch wenn Sie gar nicht müssen, und ein schlechtes Gewissen bekommen, wenn Sie Ihrem neuen Bekannten wieder über den Weg laufen.

Lassen Sie Ihr Gegenüber seinen Satz zu Ende bringen und sagen Sie dann: «Ich habe mich gefreut, Sie kennen zu lernen. Ich möchte noch mit ein paar andere Leuten reden. Können wir unsere Unterhaltung etwas später fortsetzen?» Wenn Sie auf eine weitere Bekanntschaft keinen Wert legen, sagen Sie als letzten Satz: «Noch einen schönen Abend, auf Wiedersehen.» Lassen Sie sich nicht davon beeindrucken, wenn Ihr Partner den Eindruck erweckt, dass er am liebsten noch stundenlang weiterreden möchte.

Eine elegante Form, aus einer Unterhaltung auszusteigen, besteht darin, den Gesprächspartner weiterzureichen. Wenn Sie erfahren haben, dass er eine bestimmte Person noch nicht kennt, sagen Sie einfach: «Kommen Sie, ich stelle Sie vor.» Dann gehen Sie mit ihm hin und sagen: «Katrin, darf ich dir Andreas vorstellen. Er interessiert sich genau wie du für die thailändische Küche.» Und lassen die beiden allein. Einen aufdringlichen Gast werden Sie natürlich nicht an Ihre beste Freundin weiterreichen, wenn Sie sich ihre Sympathie nicht verscherzen wollen.

Kontaktfortsetzung erwünscht? Ist die Unterhaltung nicht auf einer Feier zustande gekommen, sondern die Folge einer Zufallsbekanntschaft in einer U-Bahn-Station oder im Kaufhaus, sagen Sie: «Ich muss mich beeilen, es war nett, mit Ihnen zu reden.» Tauschen Sie Ihre Telefonnummern nur dann aus, wenn Sie sicher sind, dass Ihnen an einem Wiedersehen liegt. Drängt der andere Ihnen seine Visitenkarte auf, Sie möchten aber Ihre Adresse lieber nicht herausrücken – keine falsche Scham. Lieber eine kleine Brüskierung riskieren als später von einem klammernden Zufallsbekannten belagert werden. Sagen Sie deutlich: «Ich möchte meine Adresse lieber nicht herausgeben.»

Sie müssen Ihre Weigerung nicht begründen. Wer Ausflüchte formuliert, zeigt Unsicherheit. Das wird hartnäckige Leute ermuntern, Sie so lange zu beknien, bis Sie endlich Ihre Anschrift herausrücken.

Wenn Sie unsicher sind, ob Sie einen weiteren Kontakt wünschen, bietet das Zeitalter des Internets eine Möglichkeit. Nennen Sie – falls vorhanden – Ihre E-Mail-Adresse. Damit sind Sie erreichbar, ohne dass Sie Adresse, Telefonnummer und Ihren vollständigen Namen preisgeben müssen.

Zurück zur Party. Wenn Sie das Gespräch mit Ihrem neuen Bekannten gern fortsetzen möchten, erfüllt die Unterbrechung nach fünf bis zehn Minuten zwei Funktionen:

1. Sie haben Zeit, Ihre neuen Eindrücke zu verarbeiten und sich über Ihre Absichten klar zu werden: Winkt dort eine neue Freundschaft? Bahnt sich eine nützliche Bekanntschaft an – der Mann könnte Ihnen beim Umzug helfen und Sie revanchieren sich gelegentlich als Babysitter?

2. Wenn Sie das Gespräch wieder aufnehmen, können Sie das Niveau vertiefen. Sie müssen nicht mehr überlegen, wie Sie vom Plaudern über Ihre Katze zu einem ernsthafteren Thema übergehen können. Sie können beim Neueinstieg so-

fort zur Sache kommen: «Was ich Sie vorhin schon fragen wollte ...»

Bei diesem zweiten Gespräch treten Sie sich bereits als gute Bekannte gegenüber. Jetzt können Sie stundenlang tiefgründige Fragen wie den Sinn des Lebens diskutieren, falls Sie sich sicher sind, dass Ihnen die wichtigste Bekanntschaft des Abends gegenübersitzt.

Nur wenn Sie gerade den Mann oder die Frau Ihrer Träume kennen gelernt haben und innerhalb weniger Sekunden die Liebe wie der Blitz in Sie einschlug, dürfen Sie alle Regeln außer Acht lassen und vom Smalltalk direkt zu vertraulichem Geflüster wechseln. Was bedeuten Ihnen dann Gastgeber, Party und fremde Leute? Sie versenken Ihre Augen ineinander und vergessen die übrige Welt ...

Fauxpas – Erste Hilfe
bei Gesprächs-«Unfällen»

Stellen Sie sich vor, Sie sind auf der Ausstellungseröffnung einer befreundeten Fotografin und sagen zu Ihrer besten Freundin, sie dürfe die Künstlerin keinesfalls nach deren Lebensgefährten fragen, denn der sei vorgestern Knall auf Fall ausgezogen. Mit Erstaunen bemerken Sie,

- dass Ihre Freundin, statt Ihnen für die Warnung zu danken, einen verstörten Gesichtsausdruck zeigt,
- es um Sie herum auf einmal sehr still wird und die Umstehenden von Ihnen abzurücken scheinen,
- hinter Ihnen eine Frau in Tränen ausbricht.

Sie drehen sich um und sehen, dass die schluchzende Frau niemand anders ist als die Künstlerin selbst, die mit einem übervollen Glas Martini in der Hand Ihre Bemerkung gehört hat. Dabei hätten Sie schwören können, dass Sie sie vor einer halben Minute noch am Eingang stehen sahen.

Das Prinzip Fehlerfreundlichkeit

Voll ins Fettnäpfchen getreten! Das Sprichwort «Wer sich in Gefahr begibt, kommt darin um», das einem jüdischen Lehrbuch praktischer Lebensphilosophie aus dem zweiten Jahrhundert vor Christus entstammt, scheint geradezu für das glatte Parkett gesellschaftlicher Zusammenkünfte erfunden worden zu sein. Ein Fauxpas (wörtlich: falscher Schritt) ist derart peinlich, dass wir Deutschen nicht einmal ein eigenes Wort dafür haben. Das Wort «Fehltritt», das eine annähernd wörtliche Übersetzung aus dem Französischen wäre, haben wir für eine andere Art Missgeschick reserviert.

Ein Fauxpas ist ein peinlicher Fehler, der mindestens eine weitere Person betrifft. Für einen Moment wird uns die Maske eines selbstsicheren, fröhlichen Gastes mit geschliffenen Umgangsformen vom Gesicht gezogen. Wir zeigen uns als unaufmerksam, unsensibel, unwissend oder einfach naiv. Diese Entblößung weckt das Gefühl der Scham – häufig nicht nur bei der Person, die durch unschickliches Verhalten auffiel, sondern auch bei ihren Gesprächspartnern.

Nobody is perfect. Mancher Fauxpas ist vermeidbar, andere nicht. Wenn Sie eine Frau mit kugelrundem Bäuchlein fragen: «Na, wann ist es so weit?», sind Sie selbst schuld, wenn Sie ein scharfes «Wie bitte?» zur Antwort erhalten. Selbst gestandene Ärzte haben schon unvorteilhaft verkleidetes Übergewicht mit Schwangerschaft verwechselt. Wer die Regel beherzigt, nie von sich aus das Gespräch auf den bevorstehenden Familienzuwachs Nebenstehender zu bringen, ist vor dieser Falle sicher.

Anders steht es mit der an sich harmlosen Frage: «Haben Sie Kinder?» Im Normalfall der Auftakt zu einem angenehmen Smalltalk über die Familie. Dennoch ist es schon vorgekommen, dass ein Aufschluchzen die Antwort war. Dass Ihre Gesprächspartnerin ungewollt kinderlos ist, konnten Sie nicht wissen. Jedes Thema kann ins Auge gehen: Die Qualität des Weins bei einem trockenen Alkoholiker, geheilter Krebs bei unheilbar Krebskranken, eine Beförderung, wenn ein Umstehender gerade entlassen wurde.

Doch auch vermeidbare Fauxpas werden Ihnen immer wieder zustoßen. Wenn wir ständig auf der Hut sein wollten, um alle denkbaren Klippen zu umschiffen, wie könnten wir dann noch gesellige Abende unbeschwert genießen? Bei vielen Menschen, die in Gegenwart Fremder kaum den Mund aufbekommen, ist eine tief sitzende Sehnsucht nach Fehlerlosigkeit und perfektem Auftreten der Quell aller Hemmungen. Schon der flüchtige Gedanke, sie könnten sich verhaspeln, sich lächerlich machen oder jemanden unbeabsichtigt verletzen, treibt ihnen den Angstschweiß auf die Stirn. Er weckt den Wunsch, sich zu Hause mit dem Fernseher einzuschließen und das Telefon auf Anrufbeantworter umzuschalten.

Um im Zusammensein mit anderen nicht nur zu bestehen, sondern auch Ihre sozialen Talente zu entfalten, benötigen Sie eine innere Einstellung, die man am besten als «Fehlerfreundlichkeit» umschreiben kann. Perfektionisten genießen Fehler nur bei anderen: Sie ziehen daraus ein Gefühl der Überlegenheit. Leute, die sich in der Öffentlichkeit charmant und locker bewegen, tolerieren dagegen ihre eigene Unvollkommenheit (und die anderer). Sie wissen, dass Fehler ihnen menschliche Züge verleihen. Die gesellschaftliche Bühne ist kein Wettbewerb makellosen Auftretens, sondern eine Begegnungsstätte fehlbarer Personen mit individuellen Schwächen und Macken.

Peinliche Ausrutscher in Stärken verwandeln. Es kommt nicht so sehr darauf an, jedem denkbaren Fauxpas vorzubeugen, sondern zu wissen, wie man sich am eignen Schopf elegant aus dem Fettnapf zieht. Nicht Fehlerlosigkeit ist das Ziel, sondern nach einem Missgeschick Abgeklärtheit und innere Stärke zu beweisen. Wie das geht, erfahren Sie in diesem Kapitel.

Die Angst vor dem unvermeidlichen Ausrutscher ist im Ernstfall keine Hilfe, sondern eine Gefahr. Sie wissen: Wovor man sich fürchtet, das geht einem unablässig durch den Kopf. Es ist dann nur eine Frage der Zeit, bis das Missgeschick tatsächlich passiert. Und dann sagen alle Gedanken: «Oh Gott, jetzt ist es passiert. Was bin ich für ein Idiot! Ich wusste, ich hätte nicht herkommen dürfen!» Und diese Katastrophen-stimmung blockiert alle kreative Phantasie, die einen rettenden Ausweg verrät. Man steht mit hochrotem Kopf da und stottert.

Die Fachleute nennen diese Verkettung eine sich selbst erfül-lende Prophezeiung. Der Versuch, sich vor jedem Gefahren-punkt zu hüten, zwingt uns, unablässig über mögliche Fett-näpfchen nachzudenken. Was aber unsere Gedanken beschäf-tigt, springt früher oder später über unsere Zunge, weil nie-mand mehrere Stunden hintereinander sich konzentriert kon-trollieren kann. Die geringste Ablenkung – ein Schulterklop-fen, eine unerwartete Frage, ein überraschend starker Drink – genügt, und schon haben wir das ausgeplaudert, was uns auf keinen Fall über die Lippen kommen sollte. Wohl dem, der dann weiß, wie man sich und den anderen schnell über den peinlichen Moment hinweghilft. Wer hilflos ist, macht oft im ersten Schrecken über sich selbst mit einem unüberlegten Satz die ganze Sache noch schlimmer.

Das passierte einem Freund von mir. Auf einer Silvester-party begegnete er zum ersten Mal der neuen Freundin des Gastgebers. Als er den Raum betrat, erblickte er im dämmrigen Flurlicht neben dem Gastgeber ein junges, knabenhaft schmächtiges Wesen mit sehr kurzen Haaren. Er sagte zur Be-grüßung: «Und das ist wohl dein Sohn?»

Der Gastgeber erholte sich schnell von der Verblüffung und versuchte die Sache ins Scherzhafte zu ziehen. «Du, wir schla-fen miteinander.»

Mein Freund verbesserte sich spontan: «Ah, deine Tochter.»

Erst nachdem der Mund schon gesprochen hatte, fing er an nachzudenken und begriff, was er da gerade gesagt hatte. Sein Gehirn hatte auf der unterbewussten Ebene zwischen seiner vorigen Äußerung («Sohn») und der Antwort («miteinander schlafen» – also weiblich) eine schnelle, aber leider völlig ver-kehrte Verbindung hergestellt. Ein schönes Beispiel für die Arbeitsweise des menschlichen Gehirns: Es hangelt sich assoziativ von Ähnlichkeit zu Ähnlichkeit fort. Eine Erkenntnis, die für meinen Freund keinen Trost bot. Er wurde hochrot – so rot, dass es sogar im Dämmerlicht auffiel. Er entschuldigte sich sofort in aller Form, konnte aber nicht verhindern, dass sein Fauxpas zur Anekdote des Abends avancierte.

Einen solchen Fehlgriff verhüten Sie leicht, indem Sie von sich aus grundsätzlich keine Vermutungen über Beziehungsverhältnisse aller Art anstellen. Zumindest nicht laut. Scheinen die Zugehörigkeiten auch noch so offensichtlich – zehnmal richtig getippt zu haben wiegt einen blamablen Fehlgriff nicht auf. Sagen Sie nichts weiter als: «Würdest du mich bitte vorstellen?»

Welchen Fauxpas Sie vorbeugen können. Sollten Sie den Eindruck haben, dass Ihnen öfter ein Fauxpas unterläuft als Ihren Freunden, kann es daran liegen, dass Ihre Bekannten ihre Fehlgriffe geschickter ausbügeln. Dennoch neigen einige Leute häufiger als andere dazu, Ungehörigkeiten von sich zu geben. Wirklich unnötige Blamagen können Sie sich ersparen, wenn Sie folgende fünf Regeln beherzigen:

1. Informieren Sie sich im Voraus so weit wie möglich über Gastgeber, Gäste und Art der Veranstaltung. Mein Freund hätte bei einer Plauderei am Telefon vorher erfahren können, dass sein Gastgeber eine neue, junge Partnerin und keine Kinder hat. Auch während der Gespräche selbst sondieren Sie zunächst die Lage, bevor Sie Themen anschneiden, die riskant sein könnten.

2. Äußern Sie so selten wie möglich bloße Annahmen. Ist es unumgänglich, fügen Sie ausdrücklich hinzu, dass Sie nur eine Vermutung formulieren: «Ich nehme an, du bist ...»

3. Täuschen Sie kein Wissen vor, über das Sie nicht verfügen. Viele Blamagen entstehen dadurch, dass jemand großspurig etwas behauptet und zufällig jemand daneben steht, der

über bessere Informationen aus erster Hand verfügt. Ein Professor wurde auf einem Psychologiekongress von einem alten Herrn gefragt, was er von der Gruppentherapie halte. Statt zuzugeben, dass er sich mit der Materie nicht näher befasst hatte und Untersuchungen über Therapieerfolge und -misserfolge von Gruppen nur aus zweiter Hand kannte, erzählte er ausführlich, warum er das Ganze für ziemlich überflüssig halte. Erst nach etwa fünf Minuten kam er auf die Idee, zurückzufragen: «Und was halten Sie davon?» Der alte Herr antwortete: «Ich bin einer der Begründer der Gruppentherapie.»

4. Vorsicht vor spontanen Einfällen! Wie oft haben Sie schon den Rat gehört: «Langsam bis drei zählen und erst dann reden.» Wie viele Blamagen würden vermieden, wenn wir die Empfehlung, vor Inbetriebnahme des Mundes das Gehirn einzuschalten, beherzigten!

5. Sprechen Sie möglichst selten über Dritte. Wenn Sie es doch tun, vergewissern Sie sich, dass die besprochene Person auch wirklich abwesend ist.

Die häufigsten Patzer

Selbst wenn Sie vorsichtig sind, werden gelegentliche Missgriffe nicht ausbleiben. Mit folgenden klassischen Patzern müssen Sie rechnen, wenn Sie sich unter Menschen begeben:

Unbeabsichtigte Kränkung. Sie tritt in zwei Formen auf. Im ersten Fall sprechen Sie kritisch über eine bestimmte Personengruppe und ahnen nicht, dass Ihr Gegenüber zu den Betroffenen gehört. Beispiele:
- Sie beneiden eine junge Frau laut um ihre schlanke Figur ohne zu wissen, dass sie wegen Bulimie in Behandlung ist.

- Sie sagen in irgendeinem Zusammenhang: «Wenn mir wo etwas zustieße ... ich glaube, ich würde mich aus dem Fenster stürzen.» Die Mutter Ihrer Gesprächspartnerin hat genau das vor sechs Wochen getan.
- Sie erzählen von Ihren vielen Kindern und dass Sie Leute beneiden, die nicht so schnell schwanger werden wie Sie. Ihre Gesprächspartnerin läuft seit Jahren von einem Arzt zum anderen, um ihre ungewollte Kinderlosigkeit zu beenden.

Im zweiten Fall machen Sie versehentlich eine zweideutige Bemerkung. Häufig handelt es sich um missverständliche Komplimente. Der Sprecher übersieht oft die mögliche negative Auslegung:

- Der Satz «Du siehst heute aber gut aus» kann leicht als Kritik am früheren Aussehen verstanden werden.
- Sie erhalten ein Geschenk und rufen: «Das hätte ich mir niemals selbst zugelegt!» Oder: «Meine Schwester würde ganz begeistert davon sein.»

Verwechslung. Sie erkennen jemanden nicht wieder oder halten ihn für jemand anders. Wie mein Freund, der die Partnerin des Gastgebers für den Sohn hielt. Das ist der Stoff, aus dem Komödien gemacht werden. Wie im Film ist das im realen Leben nur für die Zuschauer amüsant, nicht für die Beteiligten. Bei der Schnelligkeit, mit der heutzutage Verbindungen geschlossen, wieder geschieden und erneut geschlossen werden, lauert dieses Fettnäpfchen überall. Ein Buchhändler fuhr zur Frankfurter Buchmesse und traf dort einen in Frankfurt wohnenden Kollegen wieder, mit dem er sich im letzten Jahr angeregt unterhalten hatte. Sie verabredeten sich abends zum Essen. Wie letztes Jahr brachte der Kollege seine Frau mit und stellte sie vor. «Ich freue mich, Sie wieder zu sehen», sagte der Buchhändler arglos. – «Das war meine Verflossene», antwortete der Kollege.

In diese Kategorie gehören auch:

- Sie sprechen jemanden mit falschem Namen an. (Besonders peinlich im Bett)
- Sie sagen zum Abschied «Bis übermorgen» und merken erst am erstaunten Gesicht des andern, dass Sie die Verabredung mit jemand anderem getroffen hatten.
- Sie halten die Ärztin für die Krankenschwester, die Chefin für die Sekretärin oder Sie sprechen mit Ihrem Freund am Telefon über Ihre Vorfreude auf die kommende Nacht und merken erst an seiner Reaktion, dass Sie seinen Vater an der Strippe haben.
- Sie klingeln an der Wohnungstür und wundern sich schon, keinen Partylärm zu hören. Ihre Bekannten öffnen im Schlafanzug, und Sie erfahren, dass Sie den Termin falsch aufgeschrieben haben.

Bloßstellungen. Sie werden beim Flunkern erwischt oder dabei, wie Sie ein Geheimnis weitererzählen, oder eine Person, über die Sie reden, hört unbemerkt zu. In diese Kategorie gehört auch alles, was Sie unter Alkoholeinfluss tun oder sagen und im nüchternen Zustand unbedingt vermieden hätten. Ob Sie sich selbst bloßstellen oder ertappt werden, wie Sie andere bloßstellen – peinlich ist beides. Hierzu gehören auch alle Arten von Fragen und Bemerkungen, die eine voreilige Wertung enthalten:

- «Wer mag bloß diesen merkwürdigen Salat angerührt haben?» (Antwort: «Ich.»)
- «Was für wundervolles Haar Sie haben! Wenn ich nicht wüsste, dass es echt ist ...» (Antwort: «Es ist nicht echt. Ich leide unter Alopecie und muss eine Perücke tragen.»)
- «Ich bin sofort nach der Geburt meines Ältesten auf eine Halbtagsstelle gewechselt. Sagen Sie selbst, was soll man von einer Mutter halten, die ihre Kinder den ganzen Tag sich

selbst überlässt?» (Antwort einer Unternehmensberaterin mit Sechzigstundenwoche und zwei Kindern: «Bitte sagen Sie es mir.»)

Körpersprachliche Ausrutscher. Dazu gehören «Ausrutscher» im wörtlichen Sinne: stürzen, stolpern, auf etwas Glitschigem ausrutschen. Wir können etwas fallen lassen, das berühmte Glas Rotwein auf das teure Designerkleid der Frau neben uns verschütten, aus Versehen Salz in den Kaffee streuen oder ein lose sitzendes Kleidungsstück verlieren. Andere Ausrutscher passieren, wenn unsere Selbstkontrolle einen Augenblick nachlässt: Wir gähnen jemandem ins Gesicht, stochern in den Zähnen, bohren in der Nase, machen ein unpassendes Geräusch oder müssen plötzlich bei einem ernsten Gespräch loskichern.

Auch in auffällig abweichender Kleidung auftreten ist ein körpersprachlicher Fauxpas. Sollte Ihnen das einmal passieren, gibt es nur zwei Varianten. Entweder sofort die Flucht ergreifen oder so tun, als sei alles in bester Ordnung. Niemals wegen der argwöhnischen Blicke der Gäste schuldbewusst den Kopf einziehen. Sondern lächeln, plaudern, flirten und die seltsame Kleidung als Ihre Strategie benutzen, Aufsehen zu erregen. Behaupten Sie, Sie kämen gerade aus dem Büro (im Dreireiher beim Strandfest) beziehungsweise aus dem Freibad (in Shorts beim festlichen Empfang) und hätten keine Zeit gehabt, sich umzuziehen. Oder Sie seien gerade im Begriff, eine Wette zu gewinnen. Oder Sie überprüften als Journalist die Behauptungen eines gewissen Frank Naumann aus einem Buch über Smalltalk, über das Sie eine Rezension schreiben wollen. Auf keinen Fall wegen des Fehlgriffs jammern oder sich wortreich entschuldigen.

Die besten Anti-Fettnapf-Strategien

In einer Hinsicht sind Computer zu beneiden. Ist Ihnen ein heikler Satz in die Tastatur gerutscht, brauchen Sie ihn nur zu markieren und die Löschtaste drücken – und das Malheur ist verschwunden, als wäre es nie geschehen. Im wirklichen Leben ist eher das Gegenteil der Fall. Je peinlicher ein Fauxpas, umso unauslöschlicher scheint er im Raum zu stehen. Hier hilft nur eins: durch eine schnelle Reaktion den Schaden so klein wie möglich halten.

Abbiegen in letzter Sekunde. Meine Kollegin Katharina musterte auf dem 45. Geburtstag ihrer in Potsdam wohnenden Schwester den Gabentisch und entdeckte eine CD mit Liedern der FDJ-Singebewegung, die irgendein DDR-(N)Ostalgiker mitgebracht hatte. «Na, sag mal, wer schenkt denn so was!», rief sie in ihrer spontanen Art durch den Raum, dass alle Gespräche um sie herum auf einen Schlag verstummten. Im selben Moment dämmerte ihr, dass der Spender ihre Bemerkung gehört haben musste. Geistesgegenwärtig vollzog sie eine Vollbremsung, indem sie sich an ihre Schwester wandte: «Stell dir vor, Elvira, erst letzte Woche hat mir der Jochen stolz die gleiche CD gezeigt und gesagt, dass da Aufnahmen drauf sind, die er schon für verschollen gehalten hat.»

Manchmal haben wir Glück und merken, bereits während wir reden, dass wir im Begriff stehen, uns einen schrecklichen Patzer zu leisten. Erstaunlicherweise beenden die meisten Leute trotzdem ihren Satz wie geplant, obwohl sie schon wissen, dass sie besser sofort den Mund schließen sollten. Als ob sie das Schicksal herausfordern wollten! Einen einmal gefassten Entschluss zu ändern erfordert mehr Kraft, als mancher in so einer Situation aufbringt. Vielleicht fürchten Sie auch, dumm dazustehen, wenn Sie mitten im Satz aufhören zu reden, weil Ihnen keine elegante Ausweichvariante einfällt wie meiner Kollegin Katharina.

Wenn Sie in voller Fahrt merken, dass Sie sich gerade in eine ausweglose Lage manövrieren, vollziehen Sie sofort eine Vollbremsung! Scheinbar den Faden verlieren, stammeln oder stottern ist tausendmal besser, als etwas zu sagen, was Sie nicht mehr ungesagt machen können. Hören Sie mitten im Satz auf und wechseln Sie abrupt das Thema. Katharina hätte sich auch folgendermaßen aus der Affäre ziehen können: «Na, sag mal, wer schenkt denn ... Moment mal, da fällt mir ein – ich habe ganz vergessen, meinen Kollegen Jochen anzurufen, obwohl ich es ihm fest versprochen hatte. Elvira, darf ich bitte mal dein Telefon benutzen?»

Durch den Vorwand, dringend telefonieren zu müssen, lenkte sie die Aufmerksamkeit von ihrem unterbrochenen Satz wegen des Geschenks fort zu ihrem Kollegen Jochen. Andere Themenwechsel, die eine abrupte Unterbrechung weniger künstlich erscheinen lassen, sind:

- «... Verzeihung, hat mal jemand ein Tempotaschentuch? Ich weiß auch nicht, was heute mit meiner Nase los ist.»
- «... Hören Sie? Hat da nicht gerade ein Kind geschrien?» (oder: ... ein Telefon geklingelt, ein Auto in voller Fahrt ein anderes erwischt)
- «... Augenblick, mir ist gerade etwas eingefallen ... Ich muss nämlich für Montag einen wichtigen Bericht vorbereiten. Es gelingt mir einfach nicht, gedanklich abzuschalten.»

Mit jedem dieser Sätze schneiden Sie ein neues Thema an. Die wenigsten Leute können gleichzeitig Ihrem neuen Thema folgen und noch über das vorhergehende Gespräch nachdenken.

Entschuldigung. Meistens sind wir jedoch nicht so fix. Der Fauxpas hat die tückische Eigenschaft, dass er in aller Regel den Zuhörern eher auffällt als dem Sprecher. Oft wird der Urheber erst durch die Reaktion der Umstehenden gewahr, dass er etwas getan hat, was er lieber nicht hätte tun sollen. Dann hilft es nicht, Ausflüchte zu machen oder den Kopf einzuziehen in der Hoffnung, niemand hätte den Ausrutscher bemerkt. Selbst wenn alle taktvoll Ihren Patzer überhören – er bleibt im Gedächtnis haften und beeinflusst die Meinung, mit welcher sich die Leute am Ende von Ihnen verabschieden.

In den meisten Fällen ist es am einfachsten – und auch am sichersten –, sich zu seiner Tat zu bekennen und um Verzeihung zu bitten. Auch dann, wenn vielleicht niemand Ihren Fehlgriff bemerkt hat. Benutzen Sie aber die Entschuldigung nicht, um Ihre Fauxpas-Formulierung noch ein paar Mal zu wiederholen – ein Fehler, der selbst Benimm-Experten unterläuft. Ein Beispiel soll zeigen, was gemeint ist.

Nehmen wir an, Sie haben sich ein Glas Wein geholt und stolpern dabei über einen Stuhl, der auf Ihrem Hinweg zum Getränkebüffett noch nicht an dieser Stelle stand. Während Sie versuchen, das Gleichgewicht wiederzuerlangen, sagen Sie: «Welcher Idiot hat denn den Stuhl hierher gestellt?» Im selben Moment bemerken Sie den Herrn, der noch seine Hand an der Lehne hat und mit dem Sitzmöbel zu der älteren Dame am andern Ende des Saales möchte. Wie entschuldigen Sie sich jetzt? Hoffentlich nicht so: «Oh Verzeihung, haben ich eben wirklich ‹Idiot› gesagt? Ich weiß natürlich, dass Sie kein Idiot sind. Idiotisch von mir, nicht aufzupassen, wo ich langgehe ...»

Eine Entschuldigung, die es fertig bringt, das Wort des Anstoßes noch einige Male zu wiederholen, lässt an der Wahrhaftigkeit des Bedauerns zweifeln. Sie wirkt, als sei «Idiot» einer Ihrer am häufigsten gebrauchten Begriffe. Eine Entschuldigung soll den Stein des Anstoßes aus der Welt schaffen und nicht die Peinlichkeit weiter auswalzen. Also: «Oh, verzeihen Sie, ich kann gar nicht glauben, was ich da eben gesagt habe. Ich sollte wohl aufhören zu trinken, damit ich noch merke, was ich sage und wo ich hintrete.» Danach wird der Herr eher geneigt sein, sich seinerseits dafür zu entschuldigen, dass er mit dem Stuhl Ihre Bahn kreuzte.

Manche Leute entschuldigen sich automatisch für jede noch so leichte unbeabsichtigte Berührung – ich kenne sogar eine Frau, die sich bei einem Tisch entschuldigte, als sie gegen ihn stieß –, andere murmeln erst dann ein undeutliches «'zeihung», wenn sie die Lieblingsvase der Hausherrin vom Regal gestoßen haben. Im Allgemeinen werden Sie die Tiefe Ihrer Zerknirschung dem Anlass anpassen. Es gibt allerdings eine Ausnahme. Bei einem ernsten Vergehen kann es angebracht sein, die Reue so zu übertreiben, dass die anderen Sie wegen Ihrer Selbstvorwürfe bemitleiden und Sie zu trösten beginnen. Besonders, wenn Sie Bereitschaft zur Wiedergutmachung zeigen.

Wenn Sie beispielsweise gerade den Anzug Ihres Tischnachbarn nach einer schwungvollen Armbewegung mit Ihrem Kaffee getränkt haben, sagen Sie nicht einfach «Tut mir Leid». Sondern: «Oh Gott, das kann ich nicht wirklich getan haben! Ich bin so ein ungeschickter Trottel … Bitte, ich hole sofort Wasser. Nein, verzeihen Sie mir nicht, mein Verhalten ist unentschuldbar. Das ist bestimmt ein teurer Anzug. Ich bestehe darauf, mindestens die Reinigung zu bezahlen.»

Je mehr Asche Sie sich aufs Haupt streuen, desto mehr werden vor allem der Betroffene und die Gastgeber versuchen, das Malheur herunterzuspielen. Denn keiner will, dass die Reparatur Ihres Missgeschicks den Abend dominiert. Und einen leidenden, zerknirschten Gast will auch niemand neben sich haben. Im Nu werden Sie eine Menge helfende Hände in Bewegung sehen. Alle werden Ihnen versichern, dass das jedem passieren kann, dass die Sache nicht der Rede wert ist und alle Sie lieben.

Und auf allen Gesichtern zeichnet sich Erleichterung ab, wenn Sie sich endlich bereit erklären, über das Malheur nicht mehr zu reden.

Bieten Sie als Buße nur an, was Sie zur Not auch einzulösen bereit sind. Wenn Sie gerade das einzige, handschriftliche Exemplar eines wichtigen Berichts Ihres Bürokollegen mit einem Glas Wasser «gelöscht» haben, könnten Sie natürlich sagen: «Oh Gott, ist mir das peinlich. Ich sollte Ihnen wohl mein nächstes Gehalt überweisen.» Wie peinlich erst, wenn er antwortet: «Einverstanden.»

Das Angebot zur Wiedergutmachung muss der Sachlage entsprechen. In diesem Fall wäre es das Angebot, die verwaschenen Seiten abzutippen.

Sollten Sie sich im Moment der Taktlosigkeit für kurz entschlossene Flucht oder eine der folgenden Anti-Fettnapf-Strategien entschieden haben, ist nicht selten eine nachträgliche Entschuldigung angebracht. Das ist auch dann der Fall, wenn Sie zur sofortigen Wiedergutmachung nicht in der Lage sind, zum Beispiel, weil ein kräftiger Schwips Sie außer Gefecht gesetzt hat. Mit zeitlichem Abstand sieht die Sache für die Betroffenen nicht mehr so furchtbar aus wie im Moment ihres Geschehens. Ob eine mündliche Entschuldigung genügt oder ob Sie als Form der Wiedergutmachung ein kleines Geschenk hinzufügen sollten, hängt von der Schwere des Vorkommnisses ab.

Bekenntnis. In manchen Fällen ist eine Entschuldigung nicht angebracht, weil sie wie eine faule Ausrede oder gar wie blanker Hohn wirken würde. Ein Beispiel haben wir schon im letzten Abschnitt kennen gelernt: die unpassende Kleidung. Wenn Sie in Bermudashorts bei einem förmlichen Empfang aufkreuzen, hilft eine Entschuldigung gar nichts, weil der Fauxpas den Gästen den ganzen Abend weiter vor Augen steht. Wer da behauptet, es täte ihm Leid, muss sich die Frage gefallen lassen, warum er dann nicht schleunigst verschwindet, um sich umzuziehen. Hier hilft nur die Martin-Luther-Strategie. Der Begründer der Reformation sagte, als er 1521 auf dem Reichstag in Worms seiner Kirchenkritik abschwören sollte: «Hier stehe ich! Ich kann nicht anders.»

Die Martin-Luther-Strategie enthält drei Elemente:

- Statt den Fauxpas zu vertuschen, bekennen Sie sich ohne Wenn und Aber zu Ihrem Verhalten.
- Sie geben eine kurze Begründung für Ihr Tun.
- Sie lassen sich weder auf eine Entschuldigung noch eine längere Rechtfertigung ein.

Wir sind geneigt, jedem, der aus Überzeugung handelt, auch die absonderlichste Marotte nachzusehen – so entstehen Charisma und natürliche Autorität. Lassen Sie keinen Zweifel aufkommen, dass Sie kraft Ihres Charakters nur so und nicht anders handeln konnten und es auch wieder tun würden. Sie haben keinen Fehler begangen, und wer das nicht glaubt, der irrt.

Diese Strategie ist oft bei unbeabsichtigten Kränkungen erfolgreich. Wenn alle über ein zweideutiges Kompliment grinsen, das gerade über Ihre Lippen kam, schauen Sie die Leute erstaunt an und sagen mit entwaffnender Naivität: «Aber es stimmt! Ich finde, sie sieht heute so gut aus wie noch nie!»

Durchhaltevermögen ist auch bei bestimmten Arten von Bloßstellungen gefragt, zum Beispiel dann, wenn Sie in eine peinliche Lage geraten, weil Sie sich über Beziehungsverhältnisse nicht im Klaren waren. Ein Beispiel: Sie erzählen auf einer Betriebsfeier mit Empörung in der Stimme von den nächtlichen Ruhestörungen in dem Mietshaus, in dem Sie wohnen, und nennen auch den Namen der jungen Frau, die dort dreimal in der Woche laute Feten feiert. Da wird es rings um Sie merkwürdig still. Ihre beste Freundin klärt Sie flüsternd darüber auf, dass Sie offenbar über die Schwester des neuen Abteilungsleiters reden. Der tritt gerade in diesem Moment zu Ihrer Gruppe.

Jetzt auf keinen Fall Ihre Kritik zurücknehmen oder zur Toilette flüchten! Es finden sich garantiert Kollegen, die dem Abteilungsleiter später hinterbringen würden, was Sie gerade sagten. Wiederholen Sie deshalb ruhig vor den Ohren des neuen Vorgesetzten, was Sie über seine Schwester erzählten. Sollten Sie ein wenig übertrieben haben, um mit Ihren nächtlichen Leiden Eindruck zu machen, schrauben Sie Ihre Kritik auf ein realistisches Maß zurück.

Ablenkung. Tritt nach einer unpassenden Bemerkung ein peinliches Schweigen ein, genügt oft ein Themenwechsel, um den Stolperstein vergessen zu machen.

«Ich verdurste! Kommt jemand mit in die Küche?»

«Wo steckt eigentlich Jutta? Sie wollte mir doch die Adresse ihrer Kosmetikerin geben!»

«Habt ihr euch schon mal die Vorhänge angesehen? Die scheinen neu zu sein.»

Unterläuft Ihnen eine unbeabsichtigte Kränkung, können Sie oft mit einem Kompliment gegensteuern. Greifen wir die Beispiele aus dem letzten Abschnitt wieder auf:

Zu der Frau, die Sie wegen ihrer Schlankheit lobten, sagen Sie, als sie von ihrer Bulimie erzählt. «Unter diesen Umständen finde ich es sehr mutig von Ihnen, dass Sie sich den Herausforderungen dieser Party stellen. Ich hätte in der gleichen Lage furchtbare Angst.»

Zu der Gesprächspartnerin, deren Mutter sich vor sechs Wochen aus dem Fenster stürzte: «Ich bewundere Sie. Das ist genau richtig, was Sie tun, sich nicht zu Haus vergraben, sondern unter Leute gehen. Ich brächte in Ihrer Lage wahrscheinlich nicht die Kraft dazu auf.»

Eine dritte Variante der Ablenkung besteht darin, den Zwischenfall zum Anlass zu nehmen, den Fauxpas als solchen zum Thema der Unterhaltung zu machen. Ungefähr so: «Da habe ich mir eben ein Ding geleistet, was? Aber das ist noch gar nichts gegen die Geschichte, die letzte Woche einem Freund von mir passiert ist ...» Und dann erzählen Sie ein peinliches Erlebnis, das Sie selbst erlebt, gehört oder in diesem Buch gelesen haben.

Zwei Eigenschaften des Fauxpas unterstützen Ihr Ablenkungsmanöver:

- Fauxpas sind nicht nur dem Urheber, sondern auch den übrigen Beteiligten peinlich. Diese sind für jede Hilfe dankbar, die sie aus der prekären Lage erlöst.

- Für Nichtbeteiligte sind Fauxpas köstlicher Unterhaltungsstoff. Häufig sind Fehlgriffe das Einzige, was von einer aufwendigen Party in Erinnerung bleibt. Wer Fauxpas-Anekdoten zu erzählen weiß, kann sich der Neugier seiner Mitmenschen und ihrer wohlwollenden Aufmerksamkeit sicher sein.

Ablenkung ist auch die Methode Ihrer Wahl, wenn Sie als unbeteiligter Dritter Leuten aus einer peinlichen Situation heraushelfen wollen, in der es ihnen die Sprache verschlagen hat. Für Außenstehende ist es meist einfacher, ein erlösendes Wort zu finden. Und Sie können sich der Dankbarkeit aller Beteiligten sicher sein. Um auf ein früheres Beispiel zurückzukommen: Stellen Sie sich vor, ein unbekannter Mann fragt sich gerade laut: «Wer mag bloß diesen merkwürdigen Salat angerührt haben?» Ihre Freundin Anita antwortet sofort: «Ich.» Während der Mann stammelnd versucht, seine Bemerkung zurückzunehmen, treten Sie lächelnd hinzu und sagen: «Darf ich Ihnen mal kurz meine Freundin entführen.» Und dann reden Sie mit ihr über alles Mögliche, nur nicht über ihren Salat. Inzwischen kann sich der Fremde überlegen, wie er zu einem späteren Zeitpunkt den Fauxpas wieder ausbügeln kann. (Zum Beispiel so: «Ich möchte mich bei Ihnen entschuldigen. Wissen Sie, ich verstehe eigentlich gar nichts von Salaten. Mein Ausruf war mehr ein Ausdruck meines Erstaunens. Sagen Sie mir, was da alles drin ist?»)

Leugnen. Diese Methode ist in aller Regel nur bei kleineren Vergehen angebracht. Dann können Sie behaupten, Sie hätten sich nur versprochen. Beispiel: Sie erzählen beim abendlichen Empfang nach einer Tagung der Finanzexperten Ihres Bundeslandes von einem Artikel zum Thema Geldanlagen, den Sie in der *Wirtschaftswoche* gelesen hatten, und mokieren sich darüber. Sie fragen, wer von den Umstehenden den Artikel auch gelesen hat. Einer von ihnen sagt: «Ich habe ihn sogar geschrieben.»

Stille. Das nennt man eine mittlere Katastrophe. Ihre Kollegen und der Autor warten gespannt, wie Sie sich aus der Affäre ziehen werden. Jetzt nicht die Nerven verlieren! Sagen Sie: «Ach, schreiben Sie regelmäßig für *Capital*?»

«Sie meinen für die *Wirtschaftswoche*? Etwa alle zwei Monate.»

«Wer redet von der *Wirtschaftswoche*? Ach, habe ich *Wirtschaftswoche* gesagt? Nein, ich rede von einem Artikel, der in der letzten Ausgabe von *Capital* erschienen ist. Oder war es vorletzte Woche?»

Damit dürften Sie aus dem Schneider sein. Wer hätte sich noch nie versprochen! Geben Sie nun den Ball an den Autor der *Wirtschaftswoche* weiter und bitten Sie ihn, zu erzählen, was er in seinem Beitrag schrieb. Wenn es wirklich so schlecht ist, was er schrieb, wie Sie behaupteten, kann er sich nun selbst blamieren.

Hier noch einige andere Anwendungsmöglichkeiten des Leugnens.

Rempeln Sie versehentlich jemanden an, sodass Wein aus seinem Glas schwappt, blicken Sie über Ihre Schulter nach hinten und rufen: «He, passen Sie doch auf!» – auch wenn dort niemand steht.

Tun Sie, als hätten Sie sich nur einen Scherz erlauben wollen. Wenn Sie es sind, dem der spontane Satz über den Salat entfahren ist («Wer mag nur diesen merkwürdigen Salat angerührt haben?»), und die Köchin sich meldet, sagen Sie: «Hm, wirklich köstlich. Bitte schauen Sie nicht so böse. Das war nur ein Scherz, mit dem ‹merkwürdigen Salat›. Nach meiner Erfahrung sind die Köche immer zu bescheiden, sich zu melden, wenn man im neutralen Ton fragt. Auf eine Provokation reagiert dagegen jeder. Und nun sagen Sie mir bitte, was Sie da alles dran getan haben …»

Ausreden. Das letzte Beispiel stellt eine Mischung zwischen Leugnen und Ausreden dar. Da die meisten Leute zuerst nach Ausflüchten suchen, um die Schuld auf andere Leute oder unglückliche Umstände zu schieben, möchte ich vor dieser Strategie eher warnen. Eine Ausrede muss wirklich brillant sein, um nicht als solche sofort durchschaut zu werden.

Eher lahme Ausreden sind:

- Ich habe letzte Nacht nicht geschlafen.
- Ich habe furchtbare Kopfschmerzen und hätte gar nicht herkommen sollen.
- Bei meinem Namensgedächtnis und dann noch ohne Brille …
- Wenn ich dich so ansehe, ist alles Übrige in meinem Kopf wie weggepustet.
- ’ßeiung, ’sch ’laube, ’sch ’abe ’n bischn schu viel Allohol … hick!

Vor allem gebrauchen Sie niemals mehr als eine Ausrede auf einmal. Bei manchen Leuten steigt die Zahl der Ausreden mit dem Grad der Peinlichkeit. Schon früh ging es los, als sie den Bus zur Arbeit verpassten, weil er ausnahmsweise mal pünktlich abfuhr. Dann hat der Chef sie angebrüllt und mit Entlassung gedroht, das Essen in der Kantine war ungenießbar, beim Verlassen des Gebäudes hat ein dicker BMW sie von oben bis unten nass gespritzt, die Kinder sind im Supermarkt beim Klauen erwischt worden, der Ehemann hat beim Abendbrot gebeichtet, dass er seit zwei Jahren eine Geliebte unterhält, von der Bank kam ein Schreiben, dass sie den Überziehungskredit kündigt, ausgerechnet jetzt, wo das Konto ein Minus von knapp zehntausend aufweist ...

Eine solche Reihung von Katastrophen ist einfach unglaubwürdig. Und sollte sie zufällig eingetreten sein, rate ich Ihnen, Stillschweigen und Haltung zu bewahren. Niemand ist als Gesprächspartner so unbeliebt wie jammernde Zeitgenossen. Und seien wir ehrlich: Gibt uns die Menge vorhergehender Unglücksfälle das Recht, am Abend weitere Katastrophen zu verursachen? Ja, wenn wir dem brüllenden Chef unseren Rotwein über den Bauch gegossen hätten! Aber einer unschuldigen Gastgeberin?

Wenn schon eine Ausrede, dann

1. nur eine pro Missgeschick.
2. Sie muss Ihren speziellen Fauxpas erschöpfend erklären und entschuldigen.
3. Oder sie ist witzig, sodass das gemeinsame Lachen schnell über die Peinlichkeit hinweghilft.

Brauchbare Ausreden zum Punkt 2 wären:

- «Wenn ich allein unter Leute gehe, bin ich furchtbar nervös, schon seit meiner Kindheit, und dann weiß ich nicht, was ich rede. Hat irgendjemand eine Idee, wie ich mein loses Maul unter Kontrolle kriege?»
- «Habe ich Sie mit falschem Namen angesprochen? Wie oft mir das schon passiert ist! Diesmal habe ich versucht, mir

alle Namen geschrieben vorzustellen und dadurch zu merken, aber offenbar ist das auch nicht die richtige Methode für mich.»

- «Soll ich dir die Wahrheit sagen? Ich habe die ganze Zeit nachgedacht, mit was für einem Geschenk ich mich für deine Einladung revanchieren könnte, und da habe ich einfach nicht aufgepasst, worüber ihr gesprochen habt.»
- «Ich hatte heute Nachmittag eine kleine ambulante Operation. Ich hätte nicht gedacht, dass die Wirkung der Betäubungsmittel so lange anhält und sich auf das Gehör auswirkt.»

Witzige Ausreden – vorausgesetzt, sie bringen die Leute wirklich zum Schmunzeln – dürfen übertrieben klingen:

- Nachdem Sie einem Fremden Ihre High Heels in den Fuß gebohrt haben: «Ich komme gerade von einer Kreuzfahrt zurück und habe immer noch das Schlingern des Schiffs unter den Füßen.»
- Nach der oben zitierten Frage, wer den merkwürdigen Salat anrührte: «Ich dachte nur, ich hätte da eine Spur von Knoblauch geschmeckt, und von Knoblauch hat mein Arzt mir abgeraten. Ich könnte sonst meinen Cholesterinspiegel senken und meine Rente noch erleben. Und bei den Rentenplänen der jetzigen Regierung …»
- Zum Autor des Artikels in der *Wirtschaftswoche*: «Ich wette, Sie wollten mit dem Artikel die Leser provozieren. Nun, ich hoffe, meine Äußerungen zeigen, dass die Provokation angekommen ist.»

Fünf Sekunden vor dem Eklat – Notbremsen für alle Fälle

Der Eklat ist die höchste Steigerung des Fauxpas. Eskalierender Streit, gezielte Beleidigungen, Handgreiflichkeiten, totaler Blackout – so etwas passiert selten, aber wenn, kann es für alle Beteiligten richtig schlimm ausgehen. Fällt jemand aus der Rolle, sind die Umstehenden oft hilflos. Dabei gibt es einige bewährte Tricks, mit denen man im letzten Moment die Notbremse ziehen kann.

Ich gehe davon aus, dass Sie selbst nicht die Öffentlichkeit nutzen werden, um offene Rechnungen zu begleichen. Selbst wenn Ihr Liebhaber, der ohne Ankündigung auszog und Ihr Konto leer räumte, die Unverfrorenheit besitzen sollte, auf der Wohnungseinweihungsfete Ihrer besten Freundin zu erscheinen, als wäre nichts geschehen: Wenn Ihre Freundin nicht so fest zu Ihnen steht, dass sie ihm den Zutritt verweigert, werden Sie es auch nicht tun, sondern eben selbst das Fest verlassen.

Jedoch wissen Sie nicht, ob alle Gäste, denen Sie begegnen werden, dieselbe gute Kinderstube genossen haben wie Sie. Sie wissen nie, wer sich hinter der Maske des höflichen Fremden verbirgt. Die meisten Menschen sind zum Glück im Innersten genauso nett, wie sie äußerlich auftreten. In diesem Abschnitt erfahren Sie, wie Sie am besten reagieren, wenn Sie an einen der Übrigen geraten.

Plötzlich bricht ein böser Streit aus. Sie haben gerade Ihre Meinung gesagt und, ohne es zu ahnen, bei Ihrem Gegenüber einen empfindlichen Punkt getroffen, an dem es mit seiner Toleranz vorbei ist. Sie ahnen nichts Böses, als er plötzlich sagt: «Jemand wie Sie, der so redet, den sollte man …»

Besonders schlimm wird es, wenn moralische Wertungen ins Spiel kommen. Etwa so:

«Sie leiten also einen Spirituosengroßhandel. Wissen Sie, mein Vater ist als Alkoholiker gestorben. Für mich sind Sie nichts weiter als ein legalisierter Drogenhändler.»

«Sie haben diese Modefotos gemacht? Vierzehnjährige Mädchen in solchen Posen abzulichten ... Haben Sie eine Vorstellung, wie viele Männer Sie dadurch auf den Geschmack gebracht haben, sich an ihren Töchtern zu vergreifen?»

«Ist das Ihr Pelzmantel? Kommen Sie, ich zeige Ihnen mal ein Bild von den engen Käfigen einer Nerzfarm ...»

Ich habe einmal an einer Veranstaltung teilgenommen, auf der ein bekannter deutscher Psychologe von Anfang sechzig seine neuesten Untersuchungen vorstellte. Es ging um die Herausbildung des Geschlechterrollenverhaltens in der frühen Kindheit. In der anschließenden Diskussion meldete sich als erstes eine Studentin des zweiten Semesters und erklärte: «Das ist doch alles Quatsch, was Sie da gerade vorgetragen haben. Ich habe vier Geschwister, und ich kann Ihnen sagen, keine von uns hat sich irgendeinen Deut um den Schniedel unserer beiden Brüder geschert ...»

«Wir haben über tausend Kinder statistisch erfasst ...», entgegnete der Professor.

«Es gibt auch Untersuchungen, wonach Männer häufiger Frauen beim Reden unterbrechen als umgekehrt», erwiderte sie.

Das verschlug dem Redner die Sprache. Der Leiter der Veranstaltung und andere Teilnehmer versuchten ihm beizuspringen. Man müsse zwischen Einzelfall und Statistik unterscheiden. Es sei die Frage, ob die Erinnerungen an die eigene Kindheit zuverlässig seien. Vielleicht sollte man die Untersuchungsmethodik erweitern ...

Kurz, die Studentin hatte mit ihrem unkonventionellen Protest einen Punktsieg errungen. Ihre Kontrahenten hatten versucht, vernünftig zu argumentieren. Dabei hatte sie schon in ihrem ersten Satz zu erkennen gegeben, dass sie die komplette Argumentation und das Wissenschaftsverständnis des Professors ablehnte.

Falls Sie einmal in unfairer Weise angegriffen werden, verzichten Sie auf Gegenargumente. In einem solchen Streit geht es dem Angreifer nicht darum, die Wahrheit herauszufinden, sondern um jeden Preis zu gewinnen. Jedes Argumentieren würde den Streit ohne Ergebnis ins Unendliche verlängern.

Sie haben zwei Möglichkeiten, Ihrem Gegenüber einen Strich durch die Rechnung zu machen:

Sie lassen ihn stehen und unterhalten sich mit jemand anderem. Bleibt er hartnäckig an Ihnen dran, sagen Sie so lange, bis er aufgibt: «Ich möchte dieses Thema nicht weiter diskutieren.» Ohne Ihre Haltung zu begründen.

Sie bringen ihn aus dem Konzept, am besten mit einer möglichst sachlichen Frage zum unsachlichen Angriff. Der Professor hätte fragen können: «Können Sie sich vorstellen, dass andere Kinder andere Erfahrungen gemacht haben?» Wenn die Studentin darauf mit «Nein» antwortete, brauchte er nur zu sagen: «Ich kann Ihnen versichern, es ist so» – und um die Fragen anderer Zuhörer zu bitten.

Meinungsgegner bringt man auch dadurch aus dem Konzept, dass man ihnen erst einmal zustimmt, wo sie mit Widerspruch rechnen. Dann schließen Sie Ihre Frage an, zum Beispiel:

«Das tut mir Leid für Ihren Vater. Sie haben einen guten Grund, auf die Spirituosen erbost zu sein. Sie sind also für ein absolutes Alkoholverbot?»

«Sie haben vollkommen Recht. Ich verstehe auch nicht, warum die Models, die mir die Agenturen schicken, immer jünger werden. Was meinen Sie, ob ich an den Gepflogenheiten etwas ändere, wenn ich mich in Zukunft weigere, Mädchen unter achtzehn zu fotografieren?»

«Ehrlich gesagt, ich bin auch beunruhigt. Sie meinen also, das Zertifikat ‹artgerechte Tierhaltung›, das der Hersteller beilegt, könnte Schwindel sein?»

Das Ziel dieser Gesprächstaktik ist es, von dem moralischen Angriff zu einer sachlichen Diskussion zurückzufinden.

Außenstehende mischen sich ein. An früherer Stelle habe ich gezeigt, wie Sie sich in das Gespräch einer Gruppe einschalten können. Wenn Sie selbst in einer Gruppe stehen und ein Neuling kommt hinzu, werden Sie ihn integrieren, solange Sie nicht Geheimnisse zu besprechen haben oder aus anderen Gründen unter sich sein wollen. Manchmal versucht aber ein Neuling das Gespräch an sich zu reißen und den Leuten zu erklären, worüber sie eigentlich reden.

Lassen Sie sich von niemandem die Führung des Gesprächs aus der Hand nehmen. «Haben Sie etwas dagegen, dass wir unser Gespräch erst einmal zu Ende führen?» entwaffnet jeden Okkupanten. In der Praxis glauben die meisten Menschen, es sei unhöflich, aufdringliche Zeitgenossen zurückzuweisen. Hat jemand in der Tat ein dringliches Anliegen an Sie oder an einen Ihrer Freunde und kommt nicht an Sie heran, weil Sie den ganzen Abend mit Ihrer Clique zusammenhängen, sollten Sie aber Verständnis zeigen. Eine Party ist in erster Linie zum Kennenlernen da. Für ausführliches Klönen unter Kumpels treffen Sie besser eine gesonderte Verabredung.

Sie werden stehen gelassen, ausgelacht oder mit Kopfschütteln abgewertet. Niemals den Kopf einziehen und den restlichen Abend grübeln, was Sie falsch gemacht haben! Bitten Sie sofort um eine Erklärung. Benennen Sie das Verhalten, das Sie beobachtet haben, und fragen Sie nach dem Grund: «Mit scheint, du grinst in dich hinein. Warum?»

Versucht Ihr Gegenüber Sie mit Ausflüchten abzuspeisen,

bestehen Sie auf einer Antwort: «Ich möchte es wirklich gern wissen. Vielleicht habe ich etwas falsch gemacht.» Auch wenn eine harte Kritik kommt – hören Sie genau und ohne Protest zu. Selbst ein erbitterter Gegner scheidet mit einer besseren Meinung von Ihnen, wenn Sie sich dem Konflikt stellen. Und Sie wissen, woran Sie sind. Manches Unglück ließe sich verhüten, wenn man rechtzeitig erführe, wen man sich zum Feind gemacht hat und warum.

Sie werden gezielt beleidigt. Das Bundeskriminalamt registriert von Jahr zu Jahr mehr Anzeigen wegen Beleidigungen. 1998 waren es stolze 130 051 Fälle. 89 Prozent betrafen Männer. Mehr als 50 Prozent der Kontrahenten hatten einander vor dem verbalen Ausrutscher noch nie gesehen, gerieten also bei ihrer ersten Begegnung in einer Form aneinander, dass sich Polizei und Gerichte damit befassen mussten. Wie halten Sie sich einen Unbekannten vom Leib, der seine Zunge nicht im Zaum halten kann?

Vergewissern Sie sich zuerst, dass Sie nicht unbeabsichtigt gekränkt worden sind (siehe vorletzten Abschnitt). Im Zweifelsfall stellen Sie eine Rückfrage. Ein Beispiel: Nach dem zweifelhaften Kompliment «Heute siehst du mal wirklich gut aus!» fragen Sie: «Tatsächlich? Wie habe ich denn sonst ausgesehen?»

Sind Sie nicht sicher, ob es sich um einen versehentlichen Ausrutscher handelt, oder greift man Sie tatsächlich gezielt an, fragen Sie, statt wie Ihr Gegner erwartet, sofort beleidigt zu reagieren: «Wieso ... (soll ich eine dumme Kuh, ein Esel, ein Idiot sein)?» Oder: «Was genau verstehen Sie unter ‹kompletter Schwachsinn›?» Ein Beleidiger fängt in aller Regel an zu stottern, wenn er seine Kraftausdrücke sachlich begründen soll.

Wenn Ihnen in diesem Moment die Gelassenheit fehlt, erklären Sie einfach, dass soeben Ihre Toleranzgrenze überschritten wurde: «Mit dieser Bemerkung haben Sie mich beleidigt. Ich erwarte, dass Sie sich entschuldigen.» Fängt Ihr Gegenüber jetzt an herumzudiskutieren («Sie müssen doch wenigstens zugeben ...»), lassen Sie ihn einfach stehen und unterhalten sich mit einem guten Freund, bis Sie sich wieder gefangen haben. Entscheidend ist nicht, dass der Angreifer sich tatsächlich entschuldigt, sondern merkt, dass er sich einen schweren Fehlgriff geleistet hat. Beim nächsten Mal wird er es sich zweimal überlegen, bevor er wieder aus der Rolle fällt.

Besonders Frauen weichen zu schnell vor verbalen Angriffen zurück. Wegen des alten Ideals, ihre Aufgabe sei es, auf andere einzugehen, geduldig zuzuhören und aufschäumende Wogen wieder zu glätten. Das ist vergebliche Liebesmüh, wenn der andere absichtlich auf Konfrontation aus ist. Ihre Entschlossenheit, Angriffe nicht hinzunehmen, strahlt über die Körpersprache nach außen aus und genügt oft schon, aggressive Zeitgenossen von Attacken abzuhalten.

Sie werden ausgeschlossen. Zu einem Außenseiter gemacht zu werden, ist eine der unangenehmsten Erfahrungen, die einem zustoßen kann. Sie sind auf einer Feier und jedermann ignoriert Sie. Mir ist das einmal als Schüler mit sechzehn passiert. Wir waren zu einem Klassenfest einer Parallelklasse eingeladen – wer Lust hatte, teilzunehmen, durfte kommen – und kein Mädchen wollte mit mir tanzen. Niemand wollte sich mit mir unterhalten. Es dauerte eine Weile, bis mir dämmerte, dass hier nicht der bloße Zufall waltete. Nach etwa eineinhalb Stunden ging ich. Erst später erfuhr ich, dass es einem missgünstigen Mitschüler, der in jener Klasse ein paar Freunde und auch seine aktuelle Freundin hatte, gelungen war, einen Boykott gegen mich zu organisieren, um mir einen Denkzettel zu verpassen. Ich weiß bis heute nicht, wofür.

Auch unter Erwachsenen ist das gar nicht so selten, und

zwar dann, wenn Sie Opfer einer Mobbingaktion werden. Falls Ihr Arbeitsteam oder Ihre Mit-Hausbewohner Sie zum heimlichen Sündenbock auserkoren haben, wird man Sie das auf Schritt und Tritt – nicht nur während Betriebs- oder Hausfeten – spüren lassen.

Sollte Ihnen mehr abweisendes Verhalten begegnen als sonst üblich, warten Sie nicht ab, sondern suchen sich jemanden, der im Allgemeinen nicht mit seiner Meinung hinter dem Berg hält, und fragen Sie, was Sache ist. Bei Ausflüchten oder einem erstaunten «Das bildest du dir alles nur ein» beobachten Sie das Treiben noch eine Viertelstunde und gehen dann ohne Kommentar. Kümmern Sie sich am nächsten Tag um eine Aussprache, oder wenden Sie sich an eine Organisation, die Mobbingopfer unterstützt, zum Beispiel die Gewerkschaften.

Handgreiflichkeiten. Auf einer Party greift niemand aus heiterem Himmel zur Gewalt – es sei denn, Alkohol ist im Spiel. Versuchen Sie nicht, allein damit fertig zu werden, sondern bitten Sie die Umstehenden: «Könnt ihr mir mal helfen?»

Anders sieht es aus, wenn Sie mit einem Angreifer allein sind. Eben haben Sie sich noch mit einem netten Kerl, den Sie in der U-Bahn kennen lernten, angenehm unterhalten, und plötzlich will er Ihnen an die Wäsche. Was tun, wenn niemand, der helfen kann, in der Nähe ist und der lange geplante Selbstverteidigungskurs bisher dem Zeitmangel zum Opfer fiel?

Eine mögliche Notmaßnahme ist Ablenkung. Statt die Opferrolle anzunehmen, lenken Sie die Aufmerksamkeit des Angreifers auf sich selbst zurück: «Was haben Sie da an Ihrem Auge?» (Oder: an Ihrem Ohr, Hand, Stirn ..., mit einem gewissen Interesse in Ihrem Tonfall)

«Was interessiert uns jetzt mein Auge ...»

«Das sieht wie ein werdendes Melanom aus. Wissen Sie, was Hautkrebs ist?»

«Quatsch keinen Blödsinn.»

«Ich bin (oder: meine Mutter, meine Schwester ist) Krankenschwester. Haben Sie schon mal eine Gewebeprobe untersuchen lassen?»

Wichtig ist nicht, dass Ihr Gegenüber Ihnen die Geschichte mit dem Hautkrebs glaubt, sondern dass Sie ihn hindern, sich auf seine ursprünglichen, handgreiflichen Absichten zu konzentrieren. Wenn Sie in diesem Stil fortfahren, unbeirrbar, indem Sie weitere Fragen stellen, weisen Sie die Ihnen zugedachte Rolle des verschüchterten Opfers zurück und verunsichern den Übeltäter. Und Sie gewinnen Zeit. Das kann, wenn der Überfall an einem öffentlichen Ort stattfindet, wo der Angreifer ständig mit dem Auftauchen weiterer Passanten rechnen muss, bereits Ihre Rettung sein. Das Entscheidende besteht darin, dass Sie, ohne abzuwarten, sogleich mit einer Frage, die inhaltlich nichts mit dem Überfall zu tun hat, die Initiative ergreifen. Und diese Initiative dürfen Sie nie mehr aus der Hand geben. Solange Sie immer weiter besorgt nach seiner Gesundheit fragen, haben Sie eine gute Chance, heil aus der Sache herauszukommen.

Zwar werden in den Medien die Gefahren für Frauen, in der Öffentlichkeit Opfer männlicher Gewalt zu werden, maßlos übertrieben (laut Statistik sind mehr als achtzig Prozent aller Gewaltopfer Männer). Das ist aber kein Trost, wenn der unwahrscheinliche Fall ausgerechnet einem selbst begegnet. Wer will sich schon zu Hause einschließen und nur noch per Internet kommunizieren? Es lohnt daher auf jeden Fall, sich ein paar Gedanken zu machen, wie man sich im Ernstfall aus der Bredouille hilft.

Amüsieren schwer gemacht -
Anstrengende Gesprächspartner

Jedermann mag freundliche und zuvorkommende Gesprächspartner, die über das richtige Maß an Taktgefühl, Nähe und Distanz, Interesse und Rücksichtnahme verfügen. Aber machen wir uns nichts vor: Eine Reihe von Leuten ist nicht so. Langweiler und Nervensägen sind im Grunde einsame Menschen, die so stark von ihrem Wunsch nach Kontakt und Anerkennung besessen sind, dass sie alle Signale anderer nach mehr Distanz übersehen. Im letzten Abschnitt haben wir uns schon mit Verhaltensregeln bei unangenehmen Begegnungen befasst. Der Spruch «Man kann sich seine Gäste nicht immer aussuchen» stimmt zumindest dann, wenn Sie selbst Gast sind und folglich keinen Einfluss auf die Gästeliste haben. Einigen Typen begegnet man so häufig, dass es lohnt, sich über ihre Besonderheiten in einem eigenen Kapitel einen Überblick zu verschaffen.

Selbstdarsteller und Dauerredner

Rein logisch gedacht, sollte man annehmen, es wäre für jeden interessanter, zuzuhören, als selbst zu reden. Denn was Sie selbst zu sagen haben, wissen Sie schon. Dazulernen können Sie nur von anderen. Wie Sie wissen, ist genau das Gegenteil Realität. Die meisten von uns kämpfen lieber ums Wort, als interessiert zu lauschen. Das zeigt, dass viele Menschen sich eher um ihre Selbstdarstellung Sorgen machen als um das Erlangen von Informationen. Gesehen und gehört werden – das ist so manchen das wichtigste Ziel öffentlichen Auftretens. Auf jeder Party findet man einige Egomanen, die mit allen Mitteln versuchen, in den Mittelpunkt der Party zu rücken und mit ihren Tiraden die Gespräche zu dominieren. Treffen mehrere Selbstdarsteller aufeinander, kann ein regelrechter Wettbewerb um Aufmerksamkeit entbrennen. Im Handumdrehen verwandeln sie die Feier in ihre Bühne und degradieren die Umstehenden zum passiven Publikum.

Dauerredner merken erst sehr spät oder gar nicht, dass ihr Spiel auf Ablehnung stößt. Da sie ihrem Publikum so gut wie nie das Wort erteilen, fehlt den Zuhörern die Gelegenheit, ihren Protest zu äußern. Die amerikanischen Psychologen Bach und Wyden empfehlen, als Zeichen der Ablehnung sich die Ohren zuzuhalten oder den Raum zu verlassen. Leider ist das nicht möglich, ohne einen Eklat zu verursachen, wenn Sie sich auf Onkel Pauls achtzigstem Geburtstag befinden und der Dauerredner der Jubilar selber ist. Es ist sein Ehrentag, also hören alle höflich zu, wenn er zum (mindestens) achtzigsten Mal über seine Heldentaten im letzten Krieg erzählt.

Wer es nicht wagt – oder wenn es wie bei Onkel Pauls Jubiläum die Situation nicht zulässt –, den Monolog zu unterbrechen, signalisiert seine innere Ablehnung bewusst oder unbewusst mit Blicken und Gesten. Selbstdarsteller sind es freilich gewohnt, solche Signale zu übersehen oder als für sie günstig zu interpretieren. Ein Kopfschütteln oder ein bedienter Gesichtsausdruck ist für sie ein Zeichen der Skepsis. Und somit eine Aufforderung, mit noch größerem Nachdruck und noch unwahrscheinlicheren Geschichten um die Zustimmung ihres Publikums zu werben. Das einzige nonverbale Signal, das ihren Enthusiasmus bremsen kann, ist Ignoranz. Mit unbewegter Miene gedankenverloren in die Ferne schauen, als wäre der Redner gar nicht anwesend. Am besten ihn «durchschauen». Denn jeder Sprecher sucht unbewußt bei seinen Zuhörern nach Signalen der Aufmerksamkeit. Ihr Ausbleiben verunsichert ihn und bremst seinen Redefluss. Wie bremsen Sie Selbstdarsteller, ohne unhöflich zu werden?

Bringen Sie ihn mit einer geschlossenen Frage aus dem Konzept: Im Abschnitt «Fragen stellen – Der Königsweg zur gepflegten Unterhaltung» empfahl ich Ihnen, neue Bekannte mit offenen Fragen, die viele, ausführliche Antwortrichtungen zulassen, zum Gespräch zu ermuntern. Bei Dauerrednern empfiehlt sich das Gegenteil. Sie müssen versuchen, ihren Redestrom einzudämmen. Sie unterbrechen sie mit einer Frage, die nur eine kurze Antwort ohne große Variationsmöglichkeiten zulässt. Solche Fragen nennt man geschlossene Fragen. Dazu gehören Alternativfragen, die nur ein «Ja» oder «Nein» als Antwort zulassen, aber auch Informationsfragen, die mit «Wer ...?» «Wo ...?» oder «Wann ...?» beginnen. Fragen Sie so, dass der Sprecher gezwungen ist, das Thema zu wechseln. Noch besser ist es, wenn Sie gleichzeitig das Wort an jemand anders weiterreichen können. Wenn Ihr Onkel Paul gerade von seinen Schwarzmarktaktionen kurz nach dem Krieg schwärmt, unterbrechen Sie ihn:

SIE: War das nicht 1948?

ONKEL PAUL: Genau, und ich kann euch sagen, wenn wir damals ...

SIE: Hast du nicht zwei Jahre später Tante Elfriede kennen gelernt?

ONKEL PAUL: Sicher, aber bis dahin ...

SIE: Das finde ich interessant. Tante Elfriede, erzähl doch mal, wie ihr euch das erste Mal begegnet seid.

Reagieren Sie neutral. Dauerredner leben von der höflichen Zurückhaltung der übrigen Gäste. Rücksichtnahme ist aber in diesem Fall die falsche Strategie. Genauso verkehrt wären Protest oder Ablehnung. Auch negative Aufmerksamkeit nährt das Ego. Nur wenn Sie die Stellungnahme verweigern, torpedieren Sie ihre Anstrengungen. Wenn dieser Punkt erreicht ist, fangen Selbstdarsteller an, fehlendes Lob einzufordern.

«Na, waren das nicht tolle Zeiten damals?»

«Sag selbst, haben wir das nicht prima hingekriegt?»

«Wie schmeckt dir unser Kuchen?»

Jede Zustimmung oder Ablehnung setzt eine neue Runde Eigenlob in Gang. Antworten Sie, ohne Stellung zu beziehen, und wechseln Sie zugleich zu einem anderen Thema, zum Beispiel:

«Ich habe vorgestern einen Film mit Götz George über diese Zeit gesehen. Wie war nur der Titel?»

«Wollt ihr auch noch euren Garten umgestalten?»

«Ist das ein eigenes Rezept, Tante Elfriede?»

Auf keinen Fall sich in einen Selbstdarstellungswettbewerb hineinziehen lassen. Selbst wenn Sie es schaffen sollten, den anderen zu übertrumpfen – er wird Ihren Sieg nie zugeben. Und das Publikum hat jetzt zwei Leute, an deren Monologe es sich mit Grausen erinnern wird.

Neunmalkluge, Missionare und Hobbyexperten

Im ersten Kapitel sind wir ihnen schon einmal begegnet – den selbst ernannten Fachleuten, die jede Öffentlichkeit nutzen, um ihr Wissen an die Frau oder den Mann zu bringen. Sie versprechen, dem Gastgeber bei den Vorbereitungen zu helfen, und verwandeln den Einkauf in eine Lektion über rationale Haushaltsführung, die jeden Finanzminister zum Erblassen bringen würde. Danach halten sie in der Küche eine Kochstunde ab, die noch andauert, während die ersten Gäste eintreffen. Die Bitte, mit Freundin Antje nicht über Männer zu sprechen, da sie sich gerade von ihrem Lover getrennt habe, nehmen sie zum Anlass für eine kostenlose Therapiestunde, in der sie fernöstliche Lebensweisheiten aneinander reihen. Den übrigen Abend widmen sie der Werbung für ihr Hobby – Aktienkurse, Seidenmalerei, Marathonlauf –, ohne dass es ihnen auffällt, dass sie die Einzigen sind, die immer wieder auf diesem Thema herumreiten. Und beim nächsten Besuch bringen sie als Gastgeschenk ein Buch über Aktienkurse, Seidenmalerei oder Marathonlauf mit, «weil wir uns letztens so interessant darüber unterhalten haben».

Missionarisches Verhalten deutet auf ein mangelndes Interesse am Mitmenschen sowie die Unfähigkeit hin, Gesprächsstoffe zu entfalten, die für alle interessant sind (siehe Kapitel «Du weißt etwas, was ich nicht weiß»). Je abseitiger die Lieblingsidee des Hobbyexperten, desto unangenehmer das Gespräch. Häufig werfen sie mit Zahlen, Daten und Fakten um sich, deren Wahrheitsgehalt wir nicht beurteilen können. Um den Abend zu retten, lohnt es, rechtzeitig die Bremse zu ziehen.

Autoritäten und Fakten hinterfragen: Fast jeder neigt dazu, konkrete Angaben unwidersprochen hinzunehmen. «Professor X hat herausgefunden …» oder «Laut Statistik hat jeder zweite schon einmal …»: Machen Sie sich einmal den Spaß und fragen Sie: «Wo genau haben Sie das gelesen? Wer hat die Statistik erhoben? Worauf genau bezieht sich diese Zahl?»

Sie werden staunen, wie schnell aus dem Argument die Luft heraus ist. Die meisten Fakten, mit denen Besserwisser um sich werfen, sind nicht mehr als ein Gerücht: irgendwo gelesen, gehört, aufgebauscht oder schlicht und einfach erfunden. Danach können Sie in aller Ruhe behaupten, etwas anderes gelesen oder gehört zu haben. Und Sie können sicher sein, beim nächsten Mal überlegt sich der «Experte» sich genau, ob er noch einmal versuchen soll, Sie mit einer Behauptung zu verblüffen.

Themenwechsel. Wenn möglich, lassen Sie sich auf keine Diskussion ein, ob Dauerlauf das Gesündeste ist, was ein Mensch für sich tun kann, ob Knoblauch und Rotwein das A und O der anspruchsvollen Küche sind oder systematische Planung das eigene Haushaltsbudget um ein Drittel reduziert. Bedanken Sie sich keinesfalls für ungebetene Ratschläge oder Belehrungen. Begegnen Sie den Empfehlungen selbst ernannter Autoritäten mit gesunder Skepsis.

Kürzlich war ich zu einem halbstündigen Lauf in kurzer Turnhose und T-Shirt am Stadtrand unterwegs, da fuhren zwei Radfahrer in langen, knallgelben Radleranzügen an mir vorbei. Der eine ließ es sich nicht nehmen, mir beim Vorbeirauschen zuzurufen: «Mensch, zieh dich wärmer an. Du unterkühlst deine Muskeln.»

Und das bei fünfzehn Grad Außentemperatur und Sonnenschein!

In diesem Fall war es einfach. Ich tat so, als hätte ich nichts gehört.

Als Gast brauchen Sie nicht davonlaufen. Sagen Sie nur: «Aha. Aber was mich in diesem Zusammenhang interessieren würde ...» Und dann stellen Sie eine Frage zur Familie, dem Beruf oder einem anderen geeigneten Smalltalk-Thema. Jedes Mal, wenn Ihr Gegenüber zu seinem Spezialthema zurückkehren will, wiederholen Sie diese Taktik.

Metakommunikation. Mit diesem Begriff bezeichnet man ein Gespräch über die Art des Gesprächs. Erklären Sie offen, dass Sie heute Abend keine Belehrung wünschen, sei das Thema noch so interessant und der «Experte» noch so beschlagen auf seinem Gebiet. «Sie haben sicher Recht, dass ich bei meinen Geldanlagen bisher den Banken zu viel geschenkt habe. Aber heute möchte ich mir keine Gedanken über Probleme machen, sondern mich amüsieren.»

Will der «Experte» eine Verabredung mit Ihnen, bei der er seine Mission fortsetzen kann, bleiben Sie vage. Sie werden es sich in den nächsten Tagen überlegen und ihn gegebenenfalls anrufen.

Negaholiker

Das ist die Bezeichnung für gewohnheitsmäßige Schwarzseher. Da gibt es zum einen die eher nach innen gewandten, introvertierten, die häufig vor sich hin jammern:

«Das schaffe ich doch nicht!»

«Keiner hat mich gern!»

«Immer geht alles schief!»

Sie gehen ihrer Sucht, die Welt durch eine negative Brille zu sehen, mehr im stillen Kämmerlein nach und schaden vor allem sich selbst, da sie nur wenig Lebensfreude kennen. Uns interessieren hier mehr die anderen, nach außen gewandten, extravertierten Negaholiker, die es sich zur Aufgabe gemacht haben, andere mit ihrem Pessimismus anzustecken. Sie sind der Schrecken jedes Gastgebers, dessen Anstrengungen, gute Laune zu verbreiten, von ihnen systematisch torpediert werden. Ein Gast, der sich schon auf dem Weg zur Party sicher ist, dass es ein furchtbarer Abend wird, kann mit seinem Verhalten dafür sorgen, dass seine Annahme Wirklichkeit wird, und zwar nicht nur für ihn.

Woran erkennen Sie einen aktiven Negaholiker?

Er beobachtet, wie Sie sich über das Dessert hermachen: «Ich würde das Zeug ja nicht essen. Das Cholesterin und der Zucker – haben Sie keine Angst um Ihre Figur?»

«Sie wollen mit der U-Bahn nach Hause fahren? Um diese Zeit? Darf ich Ihnen erzählen, was meiner Freundin vor zwei Wochen in der U2 passiert ist?»

Eine Gruppe plant einen gemeinsamen Wochenendausflug. «Habt ihr euch überlegt, was ihr macht, wenn es wie aus Eimern schütten sollte? Gerade nach einer langen Sonnenperiode nicht unwahrscheinlich. Und ich weiß nicht, ob ihr wisst, wie viele Mücken es an dem See gibt ...»

Die einzig richtige Antwort auf alle drei Einwände lautet: «Nein, und ich will es auch nicht wissen. Zumindest nicht heute.»

Besonders grausam ist Schwarzsehen plus moralische Wertung. In diese Rubrik gehören alle Sätze vom Typ: «Ich kann nicht verstehen, wie ihr euch angesichts des Elends dieser Welt amüsieren könnt.» Ein Beispiel:

Vor einigen Jahren wurde abends nach einem Kommunikationsseminar in lockerer Form über die tagsüber trainierten Gesprächstechniken diskutiert. Ein Teilnehmer erzählte zur Illustration folgenden Witz:

«Warum antwortet ihr Juden auf eine Frage immer mit einer Gegenfrage?»

«Warum sollte man nicht mit einer Gegenfrage antworten?»

Darauf einer der Zuhörer: «Ich verstehe nicht, wie man nach all dem, was in Deutschland passiert ist, hier Judenwitze erzählen kann.»

Peinliches Schweigen. Nur der Erzähler verlor nicht die Fassung und gab die stärkste denkbare (und in seinem Fall auch zutreffende) Antwort: «Ich bin Jude.»

Außer Schlagfertigkeit haben sich folgende Gegenmaßnahmen bewährt, um die Stimmung zu retten:

Abwehr. Das ist die oben erläuterte Taktik des «Nein, und ich will es nicht wissen». Stimmen Sie nicht in das Schwarzreden ein, selbst dann, wenn Sie die Dinge ähnlich negativ sehen. Ein geselliges Beisammensein wird extra organisiert, um eine vorübergehende Auszeit von den Problemen dieser Welt zu nehmen. Mit Schwierigkeiten und drohenden Katastrophen werden Sie sich in Zukunft noch oft genug beschäftigen müssen. Sagen Sie also nie, dass der Negaholiker die Dinge zu schwarz sieht – dann wird er so lange auf Sie einreden, bis Sie seiner Sicht zustimmen –, sondern dass Ihr Pessimismus heute Abend Ferien macht.

Sie können allerdings Ihr positives Empfinden dagegen setzen. «Sie meinen, alle Pilze sind seit Tschernobyl radioaktiv verseucht? Der Salat schmeckt mir trotzdem.»

Veranstalten Sie ein Partyspiel. Wenn die Bemerkungen der Schwarzseher auf die Stimmung drücken, organisieren Sie spielerisch eine Runde, die alle Gäste zwingt, nur positive Dinge zu sagen. Lassen Sie zum Beispiel eine Flasche kreisen. Auf wen die Flasche zeigt, über den müssen alle Übrigen etwas möglichst Positives sagen: ein Kompliment, ein Lob oder eine Zukunftsprognose. Wer die positivsten Äußerungen machte, bekommt einen Preis. Damit retten Sie nicht nur Ihre Party, sondern bieten den Negaholikern eine Mini-Verhaltenstherapie.

Okkupanten

Manche Gastgeber sind froh, wenn sie einem erfahrenen Partygast die Regie des Abends überlassen können. Er bringt die richtige Musik mit, kennt tolle Gruppenspiele und lockt mit unaufdringlichem Charme selbst Mauerblümchen aus der Reserve. Kluge Dirigenten einer Zusammenkunft ziehen die Fäden im Hintergrund. Sie bieten ihren Gästen eine Bühne der Selbstentfaltung.

Das unterscheidet sie von den Okkupanten, die wie ein Rollkommando in den Veranstaltungsort einfallen. Ein kritischer

Blick, das Angebot, «ein paar Kleinigkeiten» zu verbessern – und Veranstalter und Gäste sind für den Rest des Abends zu Statisten degradiert. Die Okkupanten rücken die Möbel um, kosten von allen Salaten, bauen das Büfett mehrfach ab und wieder auf, platzieren die Gäste so, dass immer Männlein neben Weiblein sitzt und umgekehrt, aber so, dass nur Leute nebeneinander sitzen, die sich noch nicht kennen, und fragen am Ende voll Begeisterung über die eigene Einsatzkraft: «Na, ist das nicht eine tolle Party?» Wollen die Gespräche nicht recht in Gang kommen, gehen sie von Grüppchen zu Grüppchen und erklären ihnen, worüber sie unbedingt in welcher Weise reden sollten.

Da Okkupanten die Erfahrung machen, kein zweites Mal eingeladen zu werden – es sei denn, es handelt sich um Betriebsfeten und dort um Vorgesetzte, die auch in der Freizeit das Organisieren nicht sein lassen können –, geben sich manche von ihnen betont unkompliziert. Ihr erster Satz lautet: «Bitte, keine Umstände wegen uns.» Der folgende: «Leider vertrage ich nur Salate aus biologischem Anbau – aber auf keinen Fall von kalkreichen Böden. Und – habt ihr kein anderes Bier? Kurt trinkt nur welches, das genau sechs Grad hat … Tja, wir hätten eben unser eigenes Bier mitbringen sollen. Nein, unseretwegen brauchst du nicht extra zur Kneipe gegenüber zu laufen. Es muss halt auch mal so gehen …»

Die unkomplizierten Okkupanten wollen wirklich niemandem zur Last fallen – mit dieser Mitteilung ersticken sie ohne Mühe alle anderen Gesprächsthemen. Sie kümmern sich um ihre bescheidenen Bedürfnisse selbst: «Wisst ihr, wir können zur Not auch einfaches Toastbrot essen … Ach Gott, es ist ja fast alle, aber unseretwegen braucht ihr nicht extra zur nächsten Tankstelle, um welches nachzukaufen.»

Regeln für den Abend vorgeben. Okkupantenverhalten ist eine Strategie, um Aufmerksamkeit zu werben. Sie wissen, dass der Appell «Ich fühle mich nicht wohl, und wenn du dich um mich kümmerst, werde ich mich besser fühlen» selten ungehört verhallt. Leider gelingt es niemandem, Okkupanten auf Dauer zufrieden zu stellen. Einem behobenen Mangel folgt der nächste auf dem Fuß. Weigern Sie sich konsequent, ihren Launen nachzugeben, sind sie schnell gekränkt und verderben Ihnen mit Gejammer den Abend.

Am besten ist es, auf die Appelle nicht einzusteigen. «Was auf dem Büfett und in den Getränkekästen steht, davon könnt ihr euch nehmen, so viel ihr wollt. Etwas anderes gibt es nicht, tut mit Leid. Sonderwünsche bitte beim nächsten Mal vorher anmelden.» Nach zwei, drei vergeblichen Versuchen geben Okkupanten auf, wenn sie merken, dass ihre Strategie nicht verfängt.

In Smalltalk verwickeln. Ziehen Sie gleich zu Beginn der Veranstaltung die Okkupanten in eine Unterhaltung über ihre Familie oder ihre Arbeit, in der sie sich selbst darstellen können. Solange sie reden, haben sie keine Möglichkeit mehr, die Anstrengungen der Gastgeber zu torpedieren. Wenn erst der Abend eine Weile nach deren Regeln läuft, haben sie kaum noch eine Chance, mit ihren Veränderungswünschen durchzudringen.

Eine besonders anstrengende Unterart der Okkupanten sind die

Stimmungskanonen und Erlebnisfreaks

Kaum erfahren sie von der Fete, reiben sie sich voller Vorfreude die Hände. Endlich mal wieder auf fremdem Territorium über die Stränge schlagen! Sicher wird da ein Haufen Langweiler zusammenkommen, aber sie werden es schon schaffen, sie aus ihrem spießigen Alltagsmief zu erlösen. Und dann geht es los: kreischende Begrüßung mit großem Hallo, krachende Schmatzer links und rechts und die ausführliche Inspektion der Getränkevorräte.

Smalltalk? Aber ja! Allerdings nicht über Urlaubsreisen, Gartenkulturen oder neue Möbel – wie langweilig! –, sondern Skandale müssen her. Wer hat es mit wem getrieben, wer hat wen betrogen, übers Ohr gehauen, wer steckt in beruflichen Schwierigkeiten? Das müssen sie unbedingt wissen, um es sofort lauthals vor versammelter Mannschaft ausbreiten zu können. Der Macker von Karin hat sie wegen einer Jüngeren sitzen lassen? Ach je, wie traurig! Mensch, Karin, schau dich um, so viele nette Kerle hier. He, Jürgen komm mal rüber – schau dir mal unsere Karin an, wäre sie nicht was für dich? Na los, schaut nicht so verschüchtert drein, ihr seid doch wie geschaffen füreinander!

Erlebnisfreaks werfen gegen Mitternacht die Polonaise Blankenese auf den Plattenteller und lassen nicht locker, bis auch die letzte Eckensteherin die Hand auf die Schulter des Vordermannes legt und vom Wohnzimmer durch den Hausflur bis auf die Straße trottet. Sie treiben die angetrunkenen Gäste nachts um zwei zum Nacktbaden in den nahen Parkteich, reißen per Telefon früh halb drei alle Bekannten aus dem Schlaf und weisen um fünf jeden Versuch zurück, die Party endlich ausklingen zu lassen.

Nein sagen. Lassen Sie sich von der Energie und guten Laute der Stimmungskanonen inspirieren, aber nicht vorschreiben, wie Sie sich amüsieren sollen. Sie wehren sich auf die gleiche Weise wie gegen andere Okkupanten. Allerdings lassen Stimmungskanonen oft nicht locker, wenn Sie versuchen, ihren Aktivismus zu ignorieren. Schnell sind Sie als Stimmungsmuffel und

Spielverderber eingeordnet. In diesem Fall hilft nur ein konsequentes Nein mit einer kurzen Begründung – je abwegiger, desto besser. Wenn Sie bloß sagen, Sie hätten Kopfschmerzen oder ein schlimmes Knie, wird man Sie überreden wollen, es wenigstens mal zu versuchen: «Du wirst sehen, im Nu sind deine Kopfschmerzen weg.»

Sagen Sie stattdessen: «Bei der letzten Polonaise auf meinem Geburtstag haben die Nachbarn mich wegen Ruhestörung angezeigt. Meine sechsmonatige Bewährungsstrafe läuft noch.»

«Beim Tod meines Großvaters, der ein begnadeter Polonaisetänzer war, habe ich ein Gelübde abgelegt, mich nie wieder in eine Polonaise einzureihen.»

Bei jeder neuen Aufforderung wiederholen Sie Ihr Nein und Ihre Begründung. Eventuell fügen Sie hinzu: «Willst du wirklich, dass ich mich vor so vielen Zeugen strafbar mache (beziehungsweise: dass ich mein feierliches Gelübde breche)?» Stimmungskanonen haben keine Ader für leise Ironie. Argumente, die ihren Partyhorizont überschreiten, verunsichern sie und lassen sie auf Distanz gehen.

Die ewig Hungrigen

Für sie sind ein Empfang oder eine Party in erster Linie eine Gelegenheit, sich auf fremde Kosten den Magen voll zu schlagen. Die anderen Gäste und ihre Kommunikationsbedürfnisse sind bei weitem nicht so interessant wie die Lebensmittel- und Getränkevorräte der Gastgeber. Ihre erste Frage beim Betreten des Raumes lautet nicht «Wer sind die anderen?», sondern «Wann wird der Startschuss für das kalte Büfett gegeben?». Ihre kulinarischen Ansprüche zu erfüllen ist nicht schwer. Es darf durchaus schlichte Hausmannskost sein – Hauptsache, reichlich. Sie sind leicht zufrieden zu stellen: Bietet die Küche bis zum Schluss unerschöpflichen Nachschub, werden sie noch nach Wochen das Lob des Gastgebers singen.

Ist der Magen gefüllt, haben sie gegen einen gemütlichen Plausch über Reiseerfahrungen nichts einzuwenden: «Frankreich wäre nichts für uns – hundert Franc und dann solche Miniportionen! Aber Griechenland oder Portugal – Mann, so 'ne Riesenportion und alles unter zehn Mark. Keine Ahnung, was für ein Fisch das war, aber die Größe!»

Gerade wollen Sie zu Ihrem Lob des heutigen Büfetts ansetzen, da springt Ihr Gegenüber bereits los, um sich erneut den Teller voll zu häufeln.

Geraten Sie bei einem Rendezvous in einem Restaurant an einen Ausgehungerten, erkennen Sie ihn an dem Eifer und der Eile, mit der er das Essen in sich hineinschaufelt. Mit einer Gegeneinladung revanchieren Sie sich am besten bei sich zu Hause, das wird nicht so teuer. Statt vieler Gänge bereiten Sie ein konventionelles Hauptgericht mit der Gelegenheit, mehrmals Nachschlag zu nehmen.

Etwas unangenehmer können ewig hungrige Frauen für die Männer werden, die die Hungrigen zum Essen einladen – meist wird der Abend nicht billig, und ihre Zuneigung kühlt sich, kurz nachdem der Mann die Rechnung bezahlt hat, merklich ab. Da aber die meisten Frauen auf ihre Linie achten, kommen solche Reinfälle zum Glück nicht sehr häufig vor.

Lob und freundliche Toleranz. Als Gesprächspartner sind die Hungrigen nicht sehr ergiebig, aber als Büfettsäuberer unersetzlich. Sie wissen ja, es gibt immer einige Gerichte und Getränke, die im Nu verputzt sind. Anderes bleibt übrig, sobald die Gäste satt sind. Die Gastgeber denken schon mit Schrecken an die Mengen von Mülltüten, die sie am nächsten Tag zu füllen und die fünf Treppen hinunterzutragen haben – da springen die ewig Hungrigen auf und geben nicht eher Ruhe, bis auch die letzte Platte blank geputzt ist. Bei großen Empfängen mit Küchenpersonal sitzt ihnen die Angst im Nacken, dass die Angestellten irgendwann Feierabend machen und deshalb schon vor Mitternacht abräumen.

Bewundern Sie den gesunden Appetit, und man wird Sie lieben. Für jeden, der sich für Essensgewohnheiten, Rezepte und Diätpläne interessiert, sind die ewig Hungrigen dankbare Gesprächspartner.

Einladen, bei der Vorbereitung Ihrer nächsten Party zu helfen. Auf fremde Kosten all das einzukaufen, was sie am liebsten essen, ist für die ewig Hungrigen eine wahre Freude. Beim Anrichten der Salate, beim Grillen und Braten der Bouletten helfen sie gern. Erlaubt es ihnen doch, schon vor dem offiziellen Beginn von den Köstlichkeiten zu naschen. Als Gastgeber haben Sie einen Helfer an Ihrer Seite, der preisgünstiger einkauft als Sie und um Rezeptideen nicht verlegen ist. Sollten im Laufe des Abends das Bier oder die Würstchen vorfristig alle werden, sind die Ausgehungerten schnell bereit, Nachschub zu besorgen – auf Kosten des Gastgebers natürlich.

Grabscher

Vertrautheit muss sich zuerst im verbalen Austausch entwickeln, bevor wir auch bereit sind, körperliche Nähe zuzulassen. Während des Smalltalk ist der Körper eine Tabuzone. Leider verstehen viele eine sich entwickelnde zwanglose Atmosphäre als Einladung, alle Hemmungen fallen zu lassen und den neuen Bekanntschaften auf den Leib zu rücken.

Die Folgen eines Berührungs-Fauxpas sind kaum mehr zu reparieren. Sprachliche Fehlgriffe treffen nur unser bewusstes Denken, körperliche Grenzüberschreitungen setzen sich dagegen im Unbewussten fest. Antipathien gegen einen Grabscher bleiben erhalten, selbst wenn wir inzwischen erfahren sollten, dass der Betreffende im Alltag ein kompetenter, rücksichtsvoller Familienvater ist.

Die Opfer körperlicher Übergriffe wagen es meist nicht, den Übeltäter zur Ordnung zu rufen. Sie halten ihm einen erhöhten Alkoholpegel oder die fortgeschrittene Stunde zugute – obwohl sie wissen, dass dies von (männlichen und weiblichen) Casanovas als Ermunterung verstanden wird, diese Form der Annäherung weiterzutreiben.

Klarer Protest. Der Ton der Zurückweisung sollte dem Vergehen angemessen sein. Auf einen Schulterklaps mit «Nimm die Pfoten weg, du Chauvischwein!» zu reagieren zeugt von wenig Souveränität und erlaubt dem Täter, sich ungerecht behandelt zu fühlen. «Würden Sie das bitte in Zukunft unterlassen?» ist viel wirkungsvoller.

Bei einem Schlag auf den Hintern oder einer unerwarteten Umarmung eines wildfremden Mannes ist ein «Nehmen Sie sofort die Hände da weg!» durchaus angebracht. Sind Sie der Mann, der den Protest ausgelöst hat, gehen Sie um Himmels willen sofort auf Distanz und entschuldigen sich ohne Vorbehalte und unmissverständlich.

Für einige Minuten den Raum verlassen. Ist der Grabscher angetrunken und wollen Sie aus Rücksicht auf die Gastgeber keinen Eklat auslösen, gehen Sie einfach hinaus. Meist ist der Täter zu betrunken, um Ihnen zu folgen, und sucht sich nach einem kurzen Moment der Verwunderung eine neue Beschäftigung. Wenn Sie zurückkehren, entdecken Sie ihn vielleicht neben den Weinflaschen, wie er mit angestrengtem Blick versucht, die Etiketten zu entziffern.

Schweiger, Melancholiker und Sesselhocker

Sie haben es schon zu Hause befürchtet: Es ist einfach nicht Ihre Party. Die Gäste sind zu laut und zu unbekannt, die Musik eine Zumutung und die Spiele einfach kindisch. Und die Gastgeber kümmern sich zu viel um die anderen Gäste und zu wenig um einen selbst. Gern würde man mit der Freundin über Urlaubspläne und das neue Hobby tratschen, aber leider steckt sie ständig mit irgendwelchen Leuten zusammen, die unsereins nicht mal mit der Kneifzange anfassen würde. Und einem dann noch fröhlich zuzurufen «Amüsier dich, lern Leute kennen, das sind alles meine Freunde»!

Einen Schweiger in ein Gespräch zu ziehen kann eine Strapaze sein, an der selbst gestandene Kommunikationsexperten verzweifeln:

«Hallo, ich bin der Klaus. Und wer bist du?»

«Ina.»

«Hallo, Ina. Ein schickes Kleid hast du an. Dieses Blau steht dir gut.»

«Hm.»

«Woher kennst du den Jürgen?» (Jürgen ist der Gastgeber und hat heute Geburtstag.)

Sie murmelt etwas Unverständliches, das mit dem Wort «Schule» endet.

«Ihr seid zusammen zur Schule gegangen? Seit der ersten Klasse?»

«Hm.»

«Aber das ist ja irre! Dann kennt ihn keiner von uns so lange wie du. Wie war er denn so in der ersten Klasse? Hatte er schon damals so einen Schlag bei den Mädchen?»

Schulterzucken.

Und so weiter. Sich mit jemandem unterhalten wollen, dem man jedes Wort mühsam aus der Nase ziehen muss, kann eine äußerst deprimierende Erfahrung sein. Nach fünf oder sechs Sätzen fragen Sie sich: Bin ich zu aufdringlich oder habe ich Mundgeruch? Gleichzeitig setzt uns das Schweigen unter Druck, die häufigen Kunstpausen zu überbrücken. Krampfhaft suchen wir nach dem magischen Satz, der unser Gegenüber auftaut, natürlich ohne Ergebnis.

Alle Gegenstrategien verfolgen das Ziel, den Schweiger aus der Reserve zu locken.

Pausen aushalten. Wenn nach drei, vier Fragen das Eis noch nicht gebrochen ist, lassen Sie versuchsweise mal das Schweigen im Raum stehen. Halten Sie dabei Blickkontakt und warten Sie, bis Ihrem Gegenüber die Pause unnatürlich lang vorkommt. Erst wenn nach zehn Sekunden nicht wenigstens ein «Ist noch was?» gekommen ist, haben Sie es mit einem wirklich hoffnungslosen Fall zu tun. Bricht das stille Wesen Ihnen gegenüber endlich sein Schweigen, versuchen Sie erneut, das Gespräch mit einer Frage in Gang zu bringen.

Zum Erzählen auffordern. Fragen Sie so, dass der Angesprochene um eine ausführliche Antwort nicht umhinkommt:

«Da kennst du den Jürgen ja seit fast dreißig Jahren. Was ist das allererste gemeinsame Erlebnis, an das du dich erinnern kannst?»

«Du bist Einkaufsleiterin? Was sind denn da so deine Aufgaben? Erzähl doch mal.»

«Du warst im letzten Sommer in Irland? Erzähl mal, was du dort alles erlebt hast.»

Vorschlagen, gemeinsam etwas zu tun. Manchen Menschen fällt das Reden grundsätzlich schwer. Sie finden Freunde eher bei gemeinsamen Aktivitäten. Eine ganze Reihe Männer sind eher maulfaul – und treiben ihre Partnerinnen, die mit einer Person umso vertrauter werden, je länger sie mit ihnen telefonieren können, regelrecht zur Verzweiflung. In diesem Fall schlagen Sie vor, gemeinsam die nächste Spielrunde vorzubereiten oder die Gastgeber beim Auf- und Wegtragen der Speisen zu unterstützen. Sitzen Sie mit einem Schweiger allerdings allein beim Essen in einem Restaurant, ist guter Rat teuer. Bei frisch Verliebten kann die stumme Sprache der Blicke bekanntlich mehr sagen als tausend Worte. Handelt es sich um einen Kollegen oder Geschäftsfreund, kürzen Sie den Smalltalk ab und sprechen über Ihre Geschäfte. Auch extrem Maulfaule brechen ihr Schweigen, sobald ihre finanziellen Interessen ins Spiel kommen.

Heute Reden, morgen Schweigen –
Über Leute, Orte und Gelegenheiten

In den bisherigen Kapiteln wählte ich meist Beispiele von Party-
begegnungen, um die Regeln des Smalltalk zu erläutern, weil sie
die Gelegenheiten sind, die speziell für das Kennenlernen und
die leichte Konversation geschaffen wurden. Wer die Kunst der
kleinen Plauderei beherrscht, wird aber bald entdecken, dass
seine Fähigkeiten in vielen Situationen anwendbar sind – mit
gewissen Modifikationen. Um sie soll es in diesem Abschnitt gehen. Wie stellen wir uns in unserem Gesprächsverhalten auf unterschiedliche Orte, Sitten und auf Personen ein, die anders
sind als wir?

Frauen und Männer

Frauen und Männer reden aneinander vorbei, können einander nicht verstehen, sind natürliche Feinde und überhaupt to-
tal verschieden. Sie kommen faktisch von verschiedenen Plane-
ten: Frauen von der Venus und Männer vom Mars.

Solch populären Sätzen, die bei jedem auf fruchtbaren Boden fallen, der gerade eine schwere Liebesenttäuschung erlebte,
steht die an sich erstaunliche Tatsache entgegen, dass die meisten Menschen sich sofort verständigen und Meinungen austauschen können – auch Männer und Frauen –, selbst wenn sie
sich das erste Mal begegnen und nichts voneinander wissen.
Erste Gespräche können nur gelingen, weil wir die optimisti-

sche Erwartung hegen, dass die Gemeinsamkeiten sehr groß sind, auch wenn wir noch nicht genau wissen, worin sie bestehen. Sonst wäre der Versuch, sich zu verständigen, von vornherein zum Scheitern verurteilt.

Um die Gefahr von Missverständnissen zu verringern, lohnt es, auch die Unterschiede zu berücksichtigen. In den letzten fünfzehn Jahren sind die Gesprächsstile von Frauen und Männern genauer erforscht worden. Dabei zeigten sich typische Unterschiede. Die wichtigsten finden Sie in der folgenden Tabelle.

Darin unterscheiden sich:	Frauen	Männer
Innere Einstellung beim Gespräch	Suche nach Bestätigung, Unterstützung, Übereinstimmungen	Selbstbehauptung, Wettbewerb um Anerkennung und sozialen Status
Haltung zu den Gesprächsteilnehmern	Wunsch nach Kooperation, Wetteifern um Beliebtheit	Zweckbündnisse eingehen, Wetteifern um Aufstieg in der Hierarchie
Eigene Position zu Gleichrangigen	Gemeinschaft bilden, Solidarisierung	Freiheit und Unabhängigkeit bewahren
Kommunikationsziel	Meinungsbildung, Beziehungspflege	Informationen gewinnen, Entscheidungen treffen
Kriterium des Gesprächserfolgs	Besseres Verständnis erreichen, Beziehungen festigen	Effektivität, sachliche Lösungen finden

Darin unterscheiden sich:	Frauen	Männer
Stil der Selbstdarstellung	Neigung zum Bagatellisieren und Tiefstapeln (Understatement)	Neigung zu Prahlerei
Kommunikationsstil	Anteil nehmend erzählen	Sachlich berichten
Durchsetzungsverhalten	Indirekt: Schmeichelei, Andeutungen, wiederholtes «Es wäre schön, wenn ...»	Direkt: Befehle, Anordnungen
Bewertung von Kritikern	«Der mag mich nicht.»	«Der zweifelt an meiner Kompetenz.»
Verhalten bei eigenen Problemen	Um Hilfe bitten	Einzelkämpfermentalität
Reaktion auf Probleme anderer	Verständnis zeigen, von ähnlichen Erfahrungen erzählen	Ratschläge erteilen
Am liebsten reden	In der Familie und im privaten Kreis	In der Öffentlichkeit und im Beruf
Am liebsten schweigen	In der Öffentlichkeit und im Beruf	In der Familie und im privaten Kreis
Häufigste Gesprächsthemen	Menschen (Freunde, Kinder, Partner, Kollegen), Gesundheit, Diäten	Geschäfte, Sport, Hobbys

Einander verstehen lernen. Frauen haben im Gespräch mit Männern häufig den Eindruck, diese wollten sich vor ihnen produzieren. Sie dozieren und belehren, zeigen aber für menschliche Angelegenheiten wenig Interesse. Männer wiederum bemerken bei Frauen ein unbändiges Interesse an Klatsch und Tratsch und geringe Bereitschaft, ihre «vernünftigen» Ratschläge in Betracht zu ziehen. Beides sind Folgen der geschlechtstypischen Gesprächsstile.

Männer haben im Durchschnitt größere Probleme mit dem Smalltalk als Frauen. Der Unterschied ist möglicherweise angeboren. Weibliche Embryos sollen bereits im Mutterleib ihre Kiefer um 30 Prozent häufiger bewegen als männliche. Soziologen ermittelten, dass Frauen im Schnitt pro Tag 23 000 Wörter sagen, Männer aber nur 12 000.

Den meisten Männern behagt es nicht, Gespräche zu führen, die kein anderes Ziel haben als das Gespräch selbst. Sie finden leicht Kontakt, wenn der Fremde dasselbe Hobby hat oder in derselben Branche arbeitet. Dann können sie Informationen austauschen und gehen mit dem Gefühl auseinander, eine nützliche Bekanntschaft geschlossen zu haben. Einige Männer erweisen sich auch dann als amüsante Plauderer, wenn sie um die Aufmerksamkeit einer attraktiven Frau werben. In diesem Fall besteht die Nützlichkeit im Werben um Zuneigung.

Ist die Werbephase abgeschlossen, fallen sie allerdings in ihr privates Schweigen zurück. Dann klagen die Partnerinnen: «Mit mir redet er nie, aber wenn seine Geschäftsfreunde zu Besuch sind, ist er wie verwandelt.» Viele Männer können sich nur schwer vorstellen, dass man Vergnügen daran finden kann, ausführlich die tausend kleinen Erlebnisse des Alltags und Details des körperlichen und seelischen Wohlbefindens zu erörtern – und das jeden Tag von neuem.

Ich vertrete nicht die Auffassung, dass die Männer sich den weiblichen Stil aneignen sollten. Die Verschiedenheit hat ihren

Sinn und macht den Kern der gegenseitigen Anziehung aus. Allerdings sollten Sie sich so weit in den Stil des anderen Geschlechtes einfühlen können, dass das Gespräch mit einem/einer Unbekannten nicht an Missverständnissen scheitert.

Versuchen Sie als Mann, an den zwischenmenschlichen Aspekten von Beruf, Reisen oder Hobbys Ihrer Gesprächspartnerin Interesse zu gewinnen. Halten Sie sich mit Ratschlägen zurück, und zeigen Sie lieber Verständnis dafür, dass sie eine bestimmte Situation als unangenehm, traurig, überraschend oder großartig erlebte.

Fragen Sie als Frau männliche Gesprächspartner nach technischen Details ihres Berufs oder Hobbys, bei Reisen nach Sehenswürdigkeiten und bei der Familie nach Schulerfolgen der Kinder – und der verlegene Schweiger entpuppt sich schnell als redefreudiger Plauderer, der im Gegenzug bereit sein wird, Ihr Interesse an Personen, Beziehungen und kleinen Geheimnissen zu teilen.

Rentner und Kinder

Jeder weiß: Kinder reden gern über Computer, alte Leute über Krankheiten und ihre Jugend, in der sie es schwer hatten und trotzdem alles irgendwie besser war.

Vor hundert Jahren galten die Senioren noch als Hort der Weisheit. Der mexikanische Schriftsteller Carlos Fuentes schrieb: «Vor 1914 strebte man danach, so früh wie möglich erwachsen zu werden; wir ließen uns einen Vollbart stehen, setzten uns Kneifer auf und trugen Melone, schwarze Anzüge, hohe Stiefel, steife Kragen und gestärkte Hemden. Und wer, außer Arbeitern und Bettlern, ging ohne Spazierstock und Gamaschen aus?» Erst als Mutter und Verwalterin eines Haushaltes wurde aus dem Fräulein eine geachtete Frau. Erst als Familienvorstand wurde aus dem Jüngling ein reifer und damit geachteter Mann.

Der Jugendkult und seine Folgen. Heute streben wir danach, die Jugend mit Fitness, Diäten und Schönheitsoperationen bis ins Alter zu verlängern – eine Folge rasanter Veränderungen in der Gegenwart. Nicht langjährige Erfahrung, sondern Flexibilität und schnelle Anpassung an neue Anforderungen sichern einen hohen sozialen Status. Damit besteht die Gefahr, dass die Generationen auseinander driften und die Jungen von den Alten nichts mehr wissen wollen.

Zu Unrecht. Denn manches, was uns neu und einmalig erscheint, hat es in ähnlicher Form früher schon gegeben. Moden und Einstellungen folgen einem Pendelrhythmus. Eine Tendenz wird durch die entgegengesetzte Tendenz abgelöst – mit der Folge, dass das Pendel nach einiger Zeit in die ursprüngliche Richtung zurückschwingt. Kurze Röcke wurden nicht erst in den achtziger Jahren erfunden, auch nicht Mitte der sechziger Jahre, sondern bereits in den Zwanzigern. Fitness, freizügige Sexualität und ökologisches Denken waren auch unseren Großeltern vertraut, wenn auch in anderer Form.

Erfahrungen erfragen. Smalltalk zwischen den Generationen gelingt, wenn sie sich für Einzelheiten ihrer Lebenswelten interessieren. Ein unbestimmtes «Erzähl doch mal von früher, Opa» wird kaum eine Brücke des Verständnisses schlagen. Wohl aber jede Frage, die, von eigenen, konkreten Erlebnissen ausgehend, sich nach vergleichbaren Erfahrungen aus anderen Epochen erkundigt, zum Beispiel:

«Wo hast du den Opa kennen gelernt, Oma?»

«Was haben deine Eltern zu eurer Bekanntschaft gesagt? Hat Opa euch zu Hause besucht?»

«Als du in die Lehre kamst – wie war die Ausbildung, gab es Lehrlingsgeld, wie waren die Arbeitsbedingungen? Hattet ihr eine Art Berufsschule?»

«Als Oma geboren wurde – ging man da schon ins Krankenhaus oder kam eine Hebamme ins Haus?»

Kinder ernst nehmen. Das Interesse am Detail macht Verständigung möglich. Den Gesprächspartner ernst nehmen erleichtert auch die Unterhaltung mit Kindern. Es ist erstaunlich, wie schnell manche Erwachsene einen Kontakt zu fremden Kindern finden, während andere sich hilflos fühlen, obwohl sie selbst Eltern sind. Ihre Verlegenheit zeigt sich in Sprüchen, die zwar häufig gebraucht werden, bei den Kids aber gar nicht beliebt sind, wie:

- «Nein, was bist du aber groß geworden!»
- «Was für ein hübsches Mädchen (hübscher Junge) du geworden bist!»
- «Wie kommst du denn so in der Schule mit? Bist du ein braver Schüler?»

Was ebenfalls nicht gut ankommt:

- In Anwesenheit der Kinder über sie in der dritten Person reden: «Euer Kevin ist aber gewachsen!»
- Sie mit verniedlichenden Kosenamen anreden: «Na, ist das nicht unser kleines Bienchen?»
- Sie abknutschen, herzen, hochheben, umarmen und so weiter. Spätestens als Schulkind schätzen sie solche Zärtlichkeitsausbrüche überhaupt nicht mehr.
- Den Eltern ein Gastgeschenk mitbringen, ihnen aber nichts. Ein Überraschungsei oder der neueste Sticker – je nach Alter – sind als Geste ausreichend.
- Durch Gebrauch ihrer Sprache Kumpelhaftigkeit demonstrieren. «Hi, Kevin, das ist aber ein voll geiles Mega-Action-Game!» Der Satz ist okay, wenn er vom gleichaltrigen

Ronny kommt, nicht aber von dessen Vater. Kinder erwarten, dass Erwachsene in einem anderen Stil sprechen als sie selbst – «wie die Großen eben halt so reden».

Was bei Kindern gut ankommt:

- direkt mit ihnen reden ohne Vermittlung durch die Eltern
- sich nach ihren Erfolgen beim Sport, in der Hobbygruppe oder beim Erwerb neuer Fähigkeiten erkundigen
- sich das neueste Spielzeug oder Hobby vorführen lassen
- mit ihnen gemeinsam ein neues Spiel ausprobieren.

Seien Sie wachsam, worüber Sie mit den Erwachsenen reden, wenn Kinder anwesend sind. Die meisten Kinder haben auch für Dinge, die sie nicht verstehen, ein ausgezeichnetes Gedächtnis. Eben haben Sie noch Ihrer besten Freundin zugeflüstert: «Pass auf Kurt auf, ich glaube, er hat ein kleines Alkoholproblem», und während Sie noch überlegen, wie Sie Kurt unauffällig von der Bar weglocken können, zupft der sechsjährige Kevin den Mann mit der Kognakflasche am Jackett und fragt: «Onkel Kurt, was ist ein Al-kol-Problem?»

Kinder sind arglos und fühlen sich noch nicht in die Psyche anderer ein. Warnungen wie «Sag ja Onkel Kurt nichts davon, versprichst du mir das?» nützen nichts. Je jünger ein Kind, desto leichter überdecken neue Eindrücke alte Versprechungen. Ihre Neugier und ihr Mitteilungsbedürfnis sind stärker als der innere Zensor.

Ausländer

Egal, ob Sie auf Ausländer treffen oder selbst Ausländer sind – als Fremder hier leben oder sich selbst in einem fremden Land aufhalten –, das Aufeinandertreffen zweier Kulturen birgt Chancen und Risiken zugleich. Der Vorteil: Sie haben sofort Gesprächsstoff. Sie beginnen mit der Frage, wo der andere herkommt, und erzählen im Gegenzug von Ihrer Heimat. Sie fragen nach dem Besuchsgrund und unterhalten sich über Ihre Eindrücke von der anderen Kultur. Sie vergleichen die Sitten, die Sprachen, die Arbeitsbedingungen – selbst Themen, die sonst Tabu sind, wie Politik und Geld, können im interkulturellen Vergleich ihren Reiz gewinnen. Lediglich mit Religion, Weltanschauung und Kritik am fremden Lebensstil sollten Sie doppelt vorsichtig sein. Die Franzosen beispielsweise ziehen mit Lust über ihre Landsleute und ihre Politiker her. Aber sie mögen es überhaupt nicht, wenn ein Fremder in ihre Klagen einstimmt. Dann erwacht sofort ihr Patriotismus.

Der Nachteil: Die Gefahr von Missverständnissen vervielfacht sich. Es beginnt schon beim Händedruck. In England und Ländern englischer Prägung begrüßt man sich nur beim Kennenlernen mit kräftigem Händeschütteln, später nicht mehr. In manchen Gegenden Asiens und Afrikas ist der Gesprächspartner sichtlich irritiert, wenn Sie ihm die Hand hinhalten. Allerdings hat sich die europäische Sitte inzwischen bei vielen Afrikanern, Japanern, Chinesen und Polynesiern ausgebreitet. Mehr und mehr Hindus beginnen die Begrüßung mit ihrer traditionellen Verneigung («anjali»), treten dann aber näher und reichen Ihnen ganz europäisch die Hand. Sie sind sich bewusst, dass sie so ihre Weltoffenheit demonstrieren.

Interkulturelle Unterschiede. Es gibt Differenzen im Blickkontakt und in der Gestik beim Sprechen. Zum Beispiel sind kontaktfreudige Völker wie die Italiener freigebiger mit Blicken und Gesten als die Nordeuropäer. Da außerdem meist einer der Partner nur über begrenzte Sprachkenntnisse verfügt, sind Missverständnisse durch das Verwechseln ähnlicher Ausdrücke möglich. Harmlos ist das folgende Beispiel: Ich ging mit einem ungarischen Freund, der sehr gut Deutsch sprach, über die Margaretheninsel in Budapest und sagte angesichts der vielen

Touristen: «Es ist sehr viel Betrieb hier.» Er antwortete: «Betriebe? Kein einziger!»

Heikler wird es, wenn ein Missverständnis kulturelle Tabus berührt. Eine hübsche Geschichte erzählte die amerikanische Autorin Jeanne Martinet: Ein befreundeter Arzt trat eine Stelle in einem Krankenhaus auf Samoa an. Er hatte gelesen, dass die Einheimischen oft Geistheiler aufsuchen, und fragte seinen ersten Patienten, ob er vorher schon bei einem «fu-fu» war. Der Patient wurde hochrot und schaute mit verlegenem Kopfschütteln zu Boden. Die Krankenschwester informierte den Arzt, dass Geistheiler «fo-fo» ausgesprochen wird, «fu-fu» bedeutet masturbieren.

Da vor allem Angehörige fernöstlicher Kulturen nicht zeigen, wenn man sie beleidigt oder bloßgestellt hat, kann es passieren, dass Sie schwere Fehlgriffe gar nicht bemerken. Sollten Sie als Tourist dort unterwegs sein, könnten Sie in der Landessprache einen Satz erlernen, mit dem Sie für eventuelles Fehlverhalten um Entschuldigung bitten und vorschlagen, Sie zu korrigieren. Je fremder eine Kultur, desto stärker ist der Weg zu ihr mit Fettnäpfchen verstellt. Sich vor der Begegnung intensiv mit Sprache und Sitten zu befassen und sich im Land zurückhaltend und vorsichtig zu bewegen ist sicher ein guter Tipp. Noch besser und weniger aufwendig ist es, sich als unwissend und lernbegierig zu zeigen und um Belehrung zu bitten. Kaum jemand lässt sich die Gelegenheit entgehen, einem Fremden gegenüber für seine Heimat zu werben.

Wartezeiten an öffentlichen Plätzen

Ob an Haltestellen, bei der Zugfahrt oder in der U-Bahn, beim Anstehen vor Kassen, Behörden und Ausstellungen, in Wartezimmern von Ärzten und Ämtern – jeder von uns vertut rund fünf Jahre seines Lebens mit Warten. Amerikanische Wissenschaftler haben kürzlich nachgewiesen, dass sich bei unerwarteten Verzögerungen Aggressionen anstauen, die das Leben verkürzen. Auslöser sind die Langeweile, der Kontrollverlust und in manchen Fällen die Unsicherheit, wann es weitergeht. Die einen reagieren mit schicksalsergebener Lethargie, den anderen steht der wachsende Ärger auf das Gesicht geschrieben.

Wartende sind Einsame in einer Menge von Einsamen und in aller Regel dankbar für ein Gespräch, das ihnen die Leerzeiten verkürzt. Die wenigsten haben in diesen Momenten die innere (und äußere) Ruhe, um zu lesen oder ihren nächsten Tag zu planen. Eine leichte Unterhaltung ist dagegen immer möglich. Dass es so selten dazu kommt, liegt an der Hürde des ersten Satzes. Der Nebenmann ist fremd und hat wahrscheinlich ebenso wie wir im Moment nicht die beste Laune. Ist jedoch der richtige Gesprächsaufhänger gefunden, läuft die weitere Unterhaltung von allein. Ihr Vorder-, Hinter- oder Nebenmann (beziehungsweise -frau) wird seinen Beitrag leisten, damit der Wortwechsel nicht gleich wieder zum Erliegen kommt.

Der beste Einstieg ist eine gemeinsame Beobachtung. Müssen Sie heute länger warten als üblich, haben Sie bereits Ihren Gesprächsköder gefunden: «Das dauert aber ungewöhnlich lange heute, oder?» Nach dem beifälligen Nicken der angesprochenen Person fragen Sie, ob sie öfter hier ist, erzählen von Ihren früheren Besuchen dieses Ortes und sprechen über den Grund, warum Sie gerade jetzt, zu dieser publikumsintensiven Zeit, hier sind.

Wenn Sie in Zukunft jedes Warten nutzen, um einen Gesprächsversuch zu starten, erwerben Sie in wenigen Wochen die notwendige Übung und Geschmeidigkeit, um auch in heiklen Situationen, in denen für Sie beruflich oder privat Entscheidendes auf dem Spiel steht, einen gekonnten Smalltalk hinzulegen. Hier einige bewährte Gesprächsanfänge für typische Wartesituationen:

Flughäfen, Bahnhöfe, Häfen, in Zügen, Flugzeugen, auf Schiffen:
«Ich bin ganz aufgeregt. Ich fahre (fliege) zum ersten Mal nach ... Darf ich fragen: Wohin fahren (fliegen) Sie?»

«Fahren Sie in den Urlaub, zu Besuch oder geschäftlich?»

Informationsfragen: «Wissen Sie zufällig, was es an Bord zu essen gibt (wie viele Wagen das Zugrestaurant entfernt ist)? Fahren (fliegen) wir durch (über) Bielefeld? Gibt es auf dieser Route manchmal Verspätungen? Wissen Sie, ob es hinter der Zollabfertigung ein Restaurant gibt? Wissen Sie Genaueres, wie die neuen Duty-Free-Bestimmungen lauten? Wie viele Zigaretten darf man jetzt noch an Bord kaufen?» (Natürlich stellen Sie nicht alle Fragen auf einmal.)

Dienstleistungen anbieten: «Ich hole mir einen Kaffee. Soll ich Ihnen etwas mitbringen?»

Viele Freundschaften werden geschlossen, wenn sich der übliche Ablauf plötzlich ändert. Verspätungen, unerwartete Fahrplanänderungen und das Auftreten irgendwelcher Hindernisse machen Sie und die anderen Reisenden zu Leidensgefährten:

«Ich habe die Ankündigung nicht genau verstanden? Was ist passiert?»

«Auch das noch! Wissen Sie, ob das hier öfter vorkommt?»

«Was meinen Sie, wie lange kann das dauern?»

«Ich muss in ... umsteigen. Was meinen Sie, ob ich meinen Anschluss noch erreichen werde?»

Wartezimmer: Selbst beim Arzt sollten Sie Krankheiten weiterhin als Tabuthema betrachten. Die Leute sind auch so schon ängstlich genug, als dass man ihre Befürchtungen noch mit Beschreibungen von Ödemen, knirschenden Kniegelenken oder dem stechenden Schmerz im linken unteren Weisheitszahn anheizen muss. Beginnen Sie grundsätzlich mit positiven oder ablenkenden Äußerungen: wie geduldig der Arzt ist, wie gut es Ihnen nach der letzten Behandlung ging, dass die Sprechzeiten prima in Ihren Tagesablauf passen, dass Sie bei dem schönen Wetter lieber baden fahren würden, dass Sie bei dem schlechten Wetter sowieso nichts Besseres anfangen könnten. Im Weiteren halten Sie sich an steigende Preise, das gestrige Fernsehprogramm und ähnliche Themen.

Gute Einstiegssätze, beim Arzt ebenso wie bei Behörden:

«Wann haben Sie Ihren Termin?» (Oder: «Welche Nummer haben Sie?»)

«Ich habe mir extra frei nehmen müssen, um zu dieser Stunde herzukommen. Sie auch?»

«Möchten Sie einen Blick in meine Zeitschrift werfen? Ehrlich gesagt, hier kann ich mich nicht konzentrieren. Aber vielleicht geht es Ihnen auch so?»

«Ich habe in diesem Jahr schon meinen vierten Termin hier. Ich möchte wirklich mal wissen, wie viel Lebenszeit wir mit Warten vertun. Was schätzen Sie?»

Warteschlangen im Supermarkt, im Kaufhaus, vor Konzertkassen usw.:

«Was meinen Sie, wie lange das dauert, bis wir dran sind? Ich habe Tiefkühlkost im Wagen (muss um sieben in der Volkshochschule sein, möchte den Bus um zehn nach zwölf noch erreichen, habe nur eine halbe Stunde Mittagspause ...).»

«Verzeihung, ich sehe, Sie haben ... gekauft. Ich hatte das vorhin auch in der Hand, habe aber gezögert. Schmeckt das? (oder: Können Sie das empfehlen? Bei Kleidung: Was meinen Sie, ich bin unsicher, ob mir das steht.)»

«Kann man hier mit EC-Karte bezahlen?»

Fragen nach einem Geschäft, wo Sie Ihre übrigen Einkäufe

erledigen möchten: «Ist hier in der Nähe ein Postamt? Ich brauche noch Briefmarken.» Oder: «Ich brauche noch Zigaretten. Wo bekommt man die hier?» Wenn die angesprochene Person antworten kann, fragen Sie weiter, ob sie in der Nähe wohnt. Wenn nicht, fragen Sie, ob sie auch nur zufällig in der Gegend ist.

An Haltestellen, in U-Bahn, S-Bahn oder Bus: Auch die Fahrt in einem öffentlichen Verkehrsmittel ist eine Wartezeit. Sie verbringen dort leere Zeit in Erwartung Ihres Fahrziels. An der Haltestelle fragen Sie:

«Hier fährt doch die 146?» Und, wenn Sie ein «Ja» zur Antwort erhalten: «Sie fahren diese Strecke wohl regelmäßig?»

«Wie oft fahren die Bahnen hier um diese Zeit?»

«Können die Automaten im Bus einen Fünfzigmarkschein wechseln?»

«Ich fahre nach ... Kann es sein, dass ich Sie auf dieser Strecke schon öfter gesehen habe?»

Die letzte Frage können Sie auch im Bus oder in der Bahn stellen. Eine gute Gelegenheit zum Gespräch ergibt sich dort, wenn der unbekannte Fahrgast ein Buch oder eine Zeitung liest.

«Ich will morgen verreisen und suche noch ein Buch für unterwegs. Können Sie das empfehlen, das Sie lesen?»

«Verzeihen Sie, ich überlege die ganze Zeit, ob ich das Buch kenne, das Sie gerade lesen. Kommt da ein passionierter Bergwanderer vor, der seine Frau in einen Abgrund stürzen will?»

«Ich hatte heute Morgen keine Zeit, eine Zeitung zu kaufen. Schreiben sie etwas über den gestrigen Amoklauf?»

Nutzen Sie auch hier jedes ungewöhnliche Vorkommnis für Unterhaltungen. Ich habe mal ein Mädchen auf einem S-Bahnsteig kennen gelernt, weil bei einem Zugausfall Mitte Dezember ein junger Mann in voller Weihnachtsmannmontur nervös den Bahnsteig auf und ab lief. «Was meinen Sie», fragte ich, «ob er sich Sorgen macht, wie er es bis Heiligabend noch schafft ...?»

«Das wäre unangenehm», antwortete sie. «Ich muss um sechs zur Musikstunde.»

Ich fragte sie, welches Instrument sie spiele, ob sie vorhabe, die Musik später professionell zu betreiben, und schon waren wir in eine kurzweilige Unterhaltung vertieft, sodass wir es beinahe bedauerten, als nach einer Viertelstunde unsere Bahn doch noch kam.

90 Prozent dieser Unterhaltungen finden keine Fortsetzung. Man trifft sich, wechselt einige Sätze und geht wieder auseinander auf Nimmerwiedersehen. Dennoch sind sie mehr als ein Zeitvertreib. Sie helfen uns in einer Zeit zunehmender Vereinzelung, die Verbindung zu unseren Mitmenschen nicht gänzlich zu verlieren. Gelegentlich lernen Sie interessante Persönlichkeiten kennen und erhalten einen Einblick in spannende Lebenswelten.

Flirten

Ein Flirt ist in erster Linie ein Spiel mit Blicken. Entscheidend ist dabei der 3-Sekunden-Takt. Flüchtige Blicke (weniger als eine Sekunde) wirken ängstlich oder uninteressiert. Blicke von ein bis drei Sekunden sind neutral: Wahrnehmungspsychologen haben festgestellt, dass wir annähernd drei Sekunden brauchen, um ein Objekt oder eine Person im Bewusstsein zu registrieren. Lassen wir den Blick länger andauern, zeigt er Interesse und Wohlgefallen an. Obwohl wir die Person schon gesehen haben, schauen wir weiter hin, weil uns irgendetwas an ihr fasziniert. Wenden wir auch nach vier bis fünf Sekunden die Augen nicht ab, wandelt sich der positive Eindruck von Interesse in das unangenehme Gefühl, angestarrt zu werden. Der Blick bekommt etwas Drohendes.

Stummes Kontaktspiel. Beim Flirt ist daher der Rhythmus des Blickwechsels entscheidend. Nach den Untersuchungen von Verhaltensforschern gibt meist die Frau den Startschuss. Durch einen Blick von etwas mehr als drei Sekunden, verbunden mit einem leichten Lächeln, signalisiert sie positives Interesse. Sobald der Mann den Blick bemerkt hat, schaut sie zur Seite. Nun schaut er zu ihr – und wieder weg. Sie schaut erneut hin, dann er. Beim dritten oder vierten Mal werden sich ihre Blicke kreuzen: eine nonverbale Aufforderung, von Blicken zu Worten überzugehen. In aller Regel ist es der Mann, der dann die Frau anspricht – vorausgesetzt, er findet den Mut dazu.

Die meisten Flirts im Alltag beginnen und enden mit dem Blickwechsel. Sie sind ein Spiel im Vorübergehen, ohne Folgen. Entschließen Sie sich, die oder den sympathische(n) Fremde(n) anzusprechen, liegt es an Ihren Smalltalk-Fähigkeiten, ob mehr daraus wird. Der erste Satz kann trotz der eindeutigen Blicke, die Sie gerade getauscht haben, etwas ganz Alltägliches sein. Wie die ersten Sätze in Wartesituationen, die ich im vorigen Abschnitt aufzählte. Dann wird auch das Gespräch banal wirken und sich um Lieblingsbücher oder Verspätungen drehen. Lediglich die Blicke, die Sie tauschen, und die Begeisterung, die Sie in Ihre Stimme legen, verrät, dass mehr dahinter steht als ein Überbrücken von Wartezeiten. Und Sie werden nach fünf bis zehn Minuten nicht auseinander gehen, ohne wenigstens die Telefonnummern ausgetauscht zu haben.

Etwas mutiger und zielbewusster ist der Mann, der nach dem Blickwechsel direkt zur Sache kommt: «Hallo, ich bin der Jens. Ich finde dein Lächeln so sympathisch und möchte dich gern kennen lernen. Darf ich dich zu einer Tasse Kaffee einladen?» Der Smalltalk, der auf diese Einleitung folgt, stellt die unbekannte Schöne in den Mittelpunkt des Gesprächs. Er wird also fragen, was sie macht, ob sie eine eigene Wohnung hat, welche Interessen und Hobbys sie verfolgt oder wohin sie im nächsten Urlaub fahren möchte. Im Gegenzug erzählt er von sich. Fragen nach früheren oder gar noch bestehenden Partnerschaften sind so lange tabu, bis sie selbst davon berichtet. Zum Schluss werden die beiden sich entweder erneut verabreden – oder ehrlich «lieber nicht» sagen, wenn sie es bei dem einmaligen Kontakt belassen möchten.

Attraktive Männer und Frauen werden des Öfteren Blicke auf sich ziehen. Was aber, wenn Sie klein, unauffällig und auch sonst nicht gerade eine Schönheit sind? Keine Sorge, Flirten ist auch ohne vorhergehenden Blickwechsel möglich. In diesem Fall sprechen Sie die oder den Fremde(n) zuerst an und verschieben die interessierten Blicke auf später. Auch Worte können einen Flirt einleiten. Die mutige Variante («Ich möchte Sie gern kennen lernen») hat allerdings nur geringe Chancen, wenn Ihr Gegenüber Sie bis dahin noch gar nicht gesehen hat. Sie brauchen einen Vorwand, fragen also nach dem Buch in der Hand, nach Fahr- oder Wartezeiten und Ähnlichem.

Das Flirtgespräch. Wie signalisieren Sie jetzt, dass Sie nicht einfach eine unverbindliche Unterhaltung mit einer beliebigen Person führen wollen, sondern einen Flirt anstreben? Bringen Sie das Gespräch auf Details der äußeren Erscheinung Ihres Gesprächspartners bzw. Ihrer Gesprächspartnerin, die Ihnen positiv aufgefallen sind. Jede solche Bemerkung wirkt wie ein indirektes Kompliment und zeigt Ihr Interesse.

«Ihre Jacke gefällt mir. Ich finde, die Farbe passt gut zu Ihren Augen. Wo haben Sie das schöne Stück gekauft?»

«Ihre Krawatte ist originell. Das Muster erinnert mich an den Stil eines bekannten Malers. Ich komme nur nicht auf seinen Namen ...»

«Ihre Uhr ... ist das ein Designerstück?»

Wenn Ihre neue Bekanntschaft eher einsilbig reagiert und schnell das Thema wechselt, ist sie an dem Flirt nicht (eventuell: noch nicht) interessiert. Zeigt sie sich hingegen erfreut über Ihr Interesse und Ihre Komplimente, stehen die Zeichen nicht schlecht, dass mehr daraus wird.

Im Restaurant

Ob Sie mit Ihrem neuen Flirt oder einem Geschäftspartner, den Sie bisher nur flüchtig kennen, essen gehen – ob Ihre Beziehung eine Zukunft hat, hängt weniger von der Qualität des Essens als vielmehr von Ihren kommunikativen Fähigkeiten ab. Die Regel, einen Smalltalk nicht über zehn Minuten auszudehnen, ist im Restaurant nicht anwendbar. Der technische Ablauf vom Entgegennehmen der Speisekarte bis zum Bezahlen der Rechnung erzwingt eine Unterhaltung von rund einer Stunde Länge. Wie erreichen Sie, dass Ihnen zwischendurch der Gesprächsstoff nicht ausgeht?

In aller Regel verabreden Sie den Restaurantbesuch einige Zeit vorher. Es bleibt also genügend Zeit, sich über die Unterhaltung Gedanken zu machen. Bereiten Sie ausreichend Gesprächsstoff vor. Rechnen Sie mit drei Phasen des Gesprächs:

Einstimmung. Diese Phase reicht bis zum Aufgeben der Bestellung. In diesen ersten Minuten sagen Sie, wie froh Sie über das gemeinsame Essen sind, danken für das Kommen, tauschen ein paar Bemerkungen über das Ambiente aus und verraten, weshalb Sie gerade dieses Restaurant auswählten. Das Studieren der Speisekarte nutzen Sie für eine kleine Plauderei über Vorlieben und Erinnerungen, die mit dem Essen zusammenhängen. Dabei gewinnen Sie einen ersten Eindruck, wie weit Ihr Gegenüber in Bezug auf Genussfreude und Kaloriendisziplin mit Ihnen übereinstimmt. Dauer: zehn bis fünfzehn Minuten.

Thematische Unterhaltung. Beim Warten auf das Essen und während des Essens benötigen Sie einen Gesprächsstoff, der nicht zu intim ist, den Sie aber trotzdem mindestens eine halbe Stunde vertiefen können. Natürlich könnten Sie versuchen, die kommende Stunde zu überbrücken, indem Sie nacheinander alle empfohlenen Smalltalk-Themen anschneiden. Die Erfahrung zeigt jedoch, dass die Partner lieber bei einem oder zwei Themen bleiben. Je tiefer Sie ein Thema erörtern, umso größer die Gefahr, dass Sie nach anfänglichen, oberflächlichen Übereinstimmungen auf Differenzen und damit auf grundlegende Meinungsverschiedenheiten stoßen. Wenn das passiert, werden beide hoffentlich höflich genug sein, keinen Streit anzufangen, sondern lieber das Thema zu wechseln. Um einen solchen Zwischenfall zu vermeiden, schneiden Sie zunächst das Smalltalk-Thema an, bei dem Sie sich am ehesten einen Draht zum Partner erhoffen. Achten Sie während der folgenden fünf Minuten auf gemeinsame Ansichten und Interessen. Sobald Sie zwei oder drei solche Punkte gefunden haben, verlassen Sie die Ebene des Smalltalks und gehen in die Tiefe.

«Tiefe» bedeutet: Sie erzählen Erlebnisse und offenbaren Ansichten, die Sie nur mit einem Seelenverwandten besprechen können. Bei einem Geschäftsessen können das Karriere-erwartungen, Motive Ihrer Berufswahl oder Arbeitsinhalte sein. Aber auch (ebenso wie bei privaten Gesprächen) Lebenshaltungen oder Hobbys. Wenn Sie beispielsweise passionierte Reiterin sind, können Sie erzählen, warum Knabstrupper und Mérens-Ponys Sie faszinieren, weshalb Sie Pferdewetten für eine Entgleisung des guten Geschmacks halten und eine Reittour durch die Sierra Nevada jedem Sonnenurlaub auf Ibiza vorziehen, trotz des fünfmal höheren Preises. Dinge, die Böswillige später gegen Sie verwenden könnten, werden Sie jedoch für sich behalten. Sie sprechen also nicht über Ihren One-Night-Stand vom letzten Wochenende auf einem Reiterhof in der Lüneburger Heide oder darüber, mit welchem Trick Sie die Kosten Ihrer Reitstunden als Sonderausgaben von der Steuer absetzen. Sie haben die richtige, mittlere Ebene zwischen Oberflächlichkeit und Intimität gefunden, wenn alle Beteiligten am Ende bedauern, dass die Zeit schon um ist, und neugierig sind auf mehr. Dauer: eine halbe bis zwei Stunden.

Ausklang. Die dritte Phase beginnt, sobald einer von Ihnen die Rechnung verlangt, und endet mit dem Verlassen des Restaurants. Sie ziehen eine Art Resümee – nicht über den Inhalt des Gesprächs, sondern über Ihre Beziehung: Wo haben Sie übereinstimmende Ansichten entdeckt und wie möchten Sie die Beziehung fortsetzen? Außerdem verabreden Sie Pläne für die nächste Zukunft: Telefonate, Briefwechsel, ein neues Treffen. Dauer: zehn bis fünfzehn Minuten.

Im Krankenhaus

Der Geruch von Desinfektionsmitteln, das sterile Ambiente und die Anhäufung menschlichen Elends auf engem Raum können auch gestandenen Optimisten die Laune verdüstern. Dennoch erwarten die Kranken, die Sie besuchen, zu Recht, dass Sie ein bisschen Lebensfreude von draußen mitbringen. Die Gesprächsgebote und -tabus sind ungefähr die gleichen wie in ärztlichen Wartezimmern (siehe Abschnitt «Wartezeiten an öffentlichen Plätzen»).

Das Befinden. Sie sind gekommen, um zu erfahren, wie es dem Kranken geht. Damit beginnt die Unterhaltung. Kein allgemeines «Wie geht's?», sondern konkrete Fragen, die zeigen, dass Sie versuchen, sich einzufühlen. Diese Fragen sollten sich immer auf das subjektive Wohlbefinden, nie auf anatomische Details beziehen. Mehr als in jeder anderen Situation sind positive, Hoffnung signalisierende Formulierungen angesagt.

«Wie fühlst du dich nach deiner Operation?»

«Ist es besser geworden mit deinen Schmerzen?»

«Was sagt dein Arzt, wie es weitergeht?»

«Wann werden Sie dich nach Hause lassen?»

Wie viel Prozent der Prostata, des Magens, der Brust oder des Darms herausgeschnitten wurden, fragen Sie lieber nicht. Der Hang mancher Kranker, durch plastische Schilderungen ihrer Geschwüre und Ausscheidungen im eigenen Leiden zu schwelgen, trägt weniger zu einer schnellen Gesundung bei als Zuversicht und Zukunftspläne.

Wie weit Kranke über eine ernste Diagnose informiert werden sollen, ist immer noch umstritten, obwohl die Fraktion derer, die dafür plädieren, Betroffenen reinen Wein einzuschenken, wächst. Wenn der Kranke weiß, dass er Lungenkrebs und weniger als 30 Prozent Chancen hat, in fünf Jahren noch zu leben, werden Sie nicht mit Berichten von Wunderheilungen oder einem generellen Misstrauen gegen ärztliche Diagnosen falsche Hoffnungen schüren. Dennoch dürfen Sie betonen, dass auch eine kleine Hoffnung eine Hoffnung ist und dass es lohnt, zu kämpfen.

Alltag und Ablenkung. Besser scheint mir, das Gespräch auf die nahe Zukunft zu lenken. Sprechen Sie von der Einschulung Ihrer Tochter im kommenden Herbst, von den Heiratsplänen gemeinsamer Freunde oder der zu erwartenden reichlichen Apfelernte im Garten des Kranken. Empfehlen Sie ein interessantes Buch, das Sie gerade gelesen haben. Alles, was dem Kranken das Gefühl gibt, wenigstens indirekt am Leben außerhalb der Klinik teilzunehmen, eignet sich hervorragend als Gesprächsstoff. Am besten, Sie überlegen sich schon vorher einige Anekdoten und eigene witzige Erlebnisse der letzten Tage. Andere gute Aufhänger liefern Zeitungsberichte aus Ihrer Region. Das Wichtigste ist aber die Fähigkeit, geduldig zuzuhören, wenn der Kranke von seinen Sorgen und dem Alltag im Hospital erzählt.

Trauerfälle

Einer meiner Bekannten fing vor einigen Jahren an, bei nicht kirchlichen Begräbnissen als Trauerredner einzuspringen – mit solchem Erfolg, dass er heute damit einen Großteil seines Einkommens verdient. Ich fühle mich eher unwohl, wenn ich Trauernden gegenübertreten soll. Keine der klugen Erklärungen, dass wir zunehmend die Sterblichkeit in Randbezirke der Gesellschaft verbannen, an einem Todestabu leiden und das natürliche Verhältnis zum Sterben eingebüßt haben, kann das Gefühl der Hilflosigkeit vermindern.

Fünf Phasen der Trauer. Benimmbücher liefern uns nichts anderes als Standardformulierungen und einige Rituale, die das Begräbnis zu einer emotional äußerst belastenden Veranstaltung machen. Hilfreicher ist es, zu wissen, welche seelischen Veränderungen ein Trauernder durchmacht. Psychologen haben festgestellt, dass der Verlust in fünf Schritten bewältigt wird.

1. Nicht-wahr-haben-Wollen. Wenn anfangs der Betroffene angesichts der Nachricht vom Tod eines nahen Angehörigen wie schockiert ist, das Telegramm oder der Anruf wie ein böser Traum erscheint, löst sich dieser Zustand nach wenigen Stunden oder Tagen, wenn er mit dem Toten selbst konfrontiert wird, ihn aufgebahrt sieht und Kontakt mit anderen Trauernden oder dem Begräbnisunternehmen bekommt. Am Anfang stehen laute Klagen, die erst nach der unmittelbaren Konfrontation mit der Wirklichkeit einem stillen Schmerz weichen.

In dieser Zeit sind längere Gespräche überflüssig. Ein Händedruck oder das leise Eingeständnis «Ich fühle mich so hilflos» genügen als Zeichen, dass Sie sich um Anteilnahme bemühen.

2. Gefühlschaos. Sobald der Betroffene die veränderte Wirklichkeit begriffen hat, brechen sehr verschiedenartige, widersprüchliche Gefühle hervor. Der Schmerz über den Verlust paart sich mit der Wut darüber, dass man ausgerechnet jetzt im Stich gelassen wurde. Angst, Ärger, aber auch Schuldgefühle brechen hervor. Gleichzeitig kann Freude und Erleichterung aufkommen, dass endlich ein neuer Lebensabschnitt beginnen kann. Da unsere Gesellschaft in dieser Situation allein Trauer und seelischen Schmerz als «anständige» Gefühle akzeptiert, kann es schnell passieren, dass der Betroffene sich zugleich wegen seiner Wut und seiner Freude schuldig fühlt. Daher leiden Trauernde in dieser Phase oft unter Schlaflosigkeit und haben das Gefühl, sich zusammennehmen zu müssen.

In dieser Zeit helfen Gespräche, die es Trauernden ermöglichen, ihre Gefühle auszudrücken. Wichtig ist, dass sie merken, dass auch ihre Wut und ihre Freude auf Verständnis stoßen. Sagen Sie dem Betroffenen, dass er das Recht hat, die widersprüchlichen Gefühle zur gleichen Zeit zu empfinden, und sich ihrer nicht schämen muss.

3. Beherrschung. Der Trauernde beginnt den Verlust als unwiederbringlich zu empfinden. Er hört auf, seine Gefühle nach außen zu tragen, empfindet stattdessen Selbstmitleid, sehnt sich nach der verlorenen Bezugsperson, sieht sich unter Umständen als Mensch mit gebrochenem Herzen. Gleichgültigkeit und übertriebene Empfindlichkeit wechseln einander ab. Sätze wie «Was habe ich noch vom Leben», «In mir ist alles wie tot» oder «Am besten, der Tod holt auch mich» sind typisch.

Die beste Hilfe besteht darin, den Trauernden nicht allein zu lassen und ihn mit alltäglichen Verrichtungen zu beschäftigen, um ihn von Selbstanklagen und depressiven Stimmungen abzulenken. Warten Sie ab, bis der Betroffene das Bedürfnis zeigt, über den Verstorbenen zu sprechen. Das ist ein Zeichen, dass die vierte Phase des Trauerprozesses erreicht ist.

4. **Neuorientierung.** Der Trauernde kann an nichts anderes mehr denken als an den Toten. Es beginnt die innere Auseinandersetzung mit dem Verstorbenen. In der Erinnerung werden schöne und schlimme Stunden noch einmal durchlebt, offene Rechnungen werden präsentiert. Als Angehöriger oder Freund können Sie durch vorsichtiges Nachfragen und durch Gespräche über Gefühle diesen inneren Dialog unterstützen. Wichtig ist, dass sich der Trauernde klar wird, was der Verstorbene in sein Leben an Positivem wie Negativem hineingebracht hat – und was dieser von ihm genommen hat. Menschen, die sich über diese Fragen klar werden, finden sich leichter und schneller mit dem Verlust ab. In gewisser Weise zieht der Trauernde Bilanz und bereitet sich darauf vor, sich von der seelischen Allgegenwart des Verstorbenen frei zu machen. Trauernde gehen in dieser Zeit nicht selten zu dem Grab, um mit dem Toten zu sprechen.

In dem Maße, wie es dem Trauernden gelingt, seinen Frieden mit dem Verstorbenen zu machen, benötigt er Zeit, in der er sich von seiner Umgebung zurückzieht, für niemanden zu sprechen ist. Er empfindet die Pflege von Kontakten mit Nichttrauernden als Belastung. Obwohl der Rückzug von sozialen Bezugspersonen oft ein Alarmzeichen für seelische Probleme ist, dürfen Sie in dieser Phase des Trauerns den Wunsch nach Alleinsein respektieren. Sobald er sich mit dem Verlust arrangiert hat, sucht der Trauernde wieder die Verbindung zu seiner Umgebung.

5. Zustimmung. Es gelingt, den Verlust zu akzeptieren und sich wieder der Welt zuzuwenden. Der Trauernde gewinnt genügend Distanz zum Toten, um sich auf eigene Ziele und Wünsche zu besinnen. Das heißt aber nicht, dass der Mensch wieder das ist, was er vorher einmal war. Jeder ernste Verlust hinterlässt Narben auf der Seele.

Hilfreiche Gespräche richten sich in dieser Zeit auf die Zukunft und das neu gewonnene Selbstverständnis.

Wenn Sie nicht genau wissen, wie dem Trauernden gerade zumute ist, äußern Sie Ihre Anteilnahme in einer Form, die dem anderen erlaubt, frei zu entscheiden, wie weit er Ihre emotionale Unterstützung in Anspruch nimmt:

«Du machst schwere Stunden durch. Wenn ich dir helfen kann ...»

«Ruf mich jederzeit an, wenn du mit jemandem sprechen möchtest.»

«Es tut mir Leid, dass du ... verloren hast.»

Wenn der Trauernde nicht weiter darüber sprechen will, drängen Sie ihn nicht. Wenn ja, sind gemeinsame Erinnerungen an schöne Erlebnisse mit dem Verstorbenen ein dankbares Thema. Äußerungen, die sich auf jeden Fall verbieten, sind:

Bagatellisieren. Das sind alle Sätze, die empfehlen, den Verlust nicht so tragisch zu nehmen, wie

«In einem Jahr sieht alles anders aus. Du bist in den besten Jahren, wirst dich neu verlieben ...»

«Wenigstens bist du durch euer Haus und die Ersparnisse materiell gut versorgt.»

«Bei seinem Zigarettenkonsum hat er doch ein ganz schönes Alter erreicht.»

Kommentieren der Todesumstände. Dazu gehören Wertungen der Qualität des Begräbnisses oder Sätze wie

«Unter lauter Fremden in einer Klinik zu sterben – hoffentlich bleibt uns das mal erspart.»

«Ein Tod ist immer traurig, aber stell dir vor, du hättest ihn mit dieser Krankheit zwanzig Jahre lang pflegen müssen.»

Am Telefon

Die fernmündliche Kommunikation zeichnet sich durch zwei Besonderheiten aus:

Sie empfangen und senden nur das gesprochene Wort, also Stimmklang und Text. Mimik, Gestik und alle übrigen Signale der Körpersprache, anhand deren wir normalerweise auf die Laune und die Vertrauenswürdigkeit des Partners schließen, entfallen.

Sie wissen nicht, ob Sie den Partner nicht gerade aus einer wichtigen Beschäftigung oder einem anderen Gespräch herausklingeln. Das Telefon besitzt ungerechtfertigte Priorität. Wir wenden uns von Leuten ab, die uns von Angesicht zu Angesicht gegenübersitzen, um erst einmal den Anruf entgegenzunehmen. Ein bekannter Fernsehsketch schildert dieses Paradox. Ein Patient, der nicht dazu kommt, seine Beschwerden zu schildern, weil der Arzt dauernd Anrufe entgegennimmt, geht schließlich fort, um den Doktor von der nächsten Telefonzelle aus anzurufen.

Wer per Telefon einen guten Eindruck machen will, dem geben Kommunikationsexperten folgende Tipps:

Bringen Sie sich in gute Stimmung, bevor Sie den Hörer abnehmen. Ihre Laune überträgt sich per Tonfall auf den Partner am anderen Ende der Leitung. Oft genügt es, ein kleines Lächeln aufzusetzen und während der ersten Minuten des Gesprächs aufzustehen, damit Ihre Stimme lockerer und positiver klingt.

Sagen Sie am Telefon zunächst «Guten Tag» und dann erst Ihren Namen. Der Zuhörer braucht einige Sekunden, um sich auf Ihre Stimme einzustellen. Die ersten zwei, drei Wörter werden daher oft nicht verstanden.

Wenn Sie beruflich telefonieren, überlegen Sie sich statt des üblichen «Was kann ich für Sie tun?» eine andere, individuelle Formulierung, an der Sie in Zukunft jeder erkennt.

Wenn Sie mit einer Institution sprechen, notieren Sie den Namen Ihres unbekannten Gesprächspartners sofort auf einem bereitliegenden Zettel. Auch während des weiteren Gesprächs sagen Sie gelegentlich «Moment, das möchte ich mir aufschreiben.» Das weist Sie als interessierten Zuhörer aus.

Haben Sie ein dringendes Anliegen, nennen Sie es sofort nach der Begrüßung. In allen anderen Fällen sagen Sie, weshalb Sie anrufen, und vergewissern sich zugleich, ob Sie den Partner nicht in einer wichtigen Beschäftigung unterbrechen. Er wird nur mit halbem Ohr und wenig Entgegenkommen zuhören, wenn er mit seinen Gedanken bei anderen, dringlichen Geschäften weilt. Fragen Sie nicht «Störe ich?», sondern lieber «Hast du fünf Minuten Zeit für mich?». Das ist eine positive Formulierung, die den Partner darüber hinaus informiert, wie lange Sie brauchen, um Ihr Anliegen zu besprechen.

Da der Sprecher nicht die Möglichkeit hat, an Ihrer Mimik zu beobachten, wie seine Worte ankommen, streuen Sie beim Zuhören Kurzreaktionen ein wie «Das ist interessant», «Tatsächlich?», «Aha», «Ich verstehe» oder «Wirklich merkwürdig». Wenn Sie erzählen, sprechen Sie etwas langsamer als üblich und nicht zu laut. Ersetzen Sie die fehlende Körpersprache durch einen deutlichen Wechsel von betonten und unbetonten Äußerungen.

Auch am Telefon ist Smalltalk eine vertrauensbildende Gesprächsform. Aber anders als bei der persönlichen Begegnung steht die kleine Plauderei nicht gleich am Anfang, sondern eher in der Mitte oder gar am Ende der Unterhaltung – außer Sie rufen eine gute Freundin an, die bereits im ersten Satz zu erkennen gibt, wie sehr sie sich über Ihren Anruf freut. Ansonsten klären Sie erst Ihr Anliegen und nutzen anschließend den Smalltalk, um das Übereinkommen auf der Sachebene durch Verständigung auf der Beziehungsebene zu bekräftigen.

Im Beruf

Einige Menschen – Friseure, Taxifahrer, Barmixer – verdienen ihre Trinkgelder mit ihrer Fähigkeit, zu plaudern. Was für uns eine Erholung darstellt, kann für die Profis eine nervenraubende Strapaze werden. Stellen Sie sich vor, Sie müssten täglich zwanzig Kunden, die mit einer ordentlichen Portion Anspruchsdenken zu Ihnen kommen, nicht nur gut versorgen, sondern auch noch clever unterhalten. Leute, von denen Sie nichts wissen, die alle ihre empfindlichen Punkte, ihre individuellen Lieblingsmarotten haben und in sehr unterschiedlichem Maße gesprächig sind! Eine nahezu unlösbare Aufgabe, wenn sie jedes Mal ihre Menschenkenntnis und ihre Phantasie aktivieren müssten. In der Wirklichkeit spart wie in anderen Berufen die Routine viel Kraft. Dies sind einige wichtige Tricks der Smalltalk-Profis (weitere im letzten Kapitel):

Ausgehen von Standardsituationen. Ein Taxifahrer startet die Unterhaltung mit Bemerkungen über die Fahrtroute und das Verkehrsaufkommen. Je nachdem, ob der Fahrgast seine Fragen, was er gerade unternommen hat, bevor er ins Taxi stieg, bereitwillig beantwortet oder nicht, lässt er seinen Kunden über sich reden oder – wenn er das nicht möchte – lenkt das Gespräch auf steigende Preise, Fußballergebnisse oder lokale Ereignisse.

Ein Friseur wird zunächst über das Haar seiner Kunden sprechen und ein Barmixer darüber, wie viel zu welcher Zeit in seinem Lokal los ist.

An Äußerlichkeiten anknüpfen. Steigt der Fahrgast mit viel Gepäck am Flughafen ein, fragt der Taxifahrer nach dem gerade erlebten Urlaub. Bei vielen Tüten im Stadtzentrum fragt er, wer in der Familie Geburtstag hat. Wenig Gepäck am Flughafen ist Anlass zu einer Frage, ob die Geschäftsreise erfolgreich war. Wenn die Vermutung nicht stimmt, werden die meisten die Tatsachen richtig stellen und bereitwillig von sich erzählen.

Regionale Ereignisse. In früheren Jahren ersetzte der Friseur die Regionalzeitung. Warum der Gemüsehändler an der Ecke nach einem halben Jahr aufgegeben hat, welche Behörde in den Neubau am Stadtpark einziehen soll, warum die Teenager aus der Nebenstraße mit Messern aufeinander losgegangen sind – er weiß, was andere Kunden darüber erzählten, und erzählt es weiter. Alle Veränderungen, die spürbare Auswirkungen auf den Alltag der Beteiligten haben, reizen, im Gegensatz zu der großen Politik im abgeschirmten Regierungsviertel, die Neugier. Jeder hat dazu (mindestens) eine Meinung und ist bereit, sie ausführlich zu erörtern. Professionelle Plauderer merken sich jede Information, die sie über Regionales erhalten, und verbreiten sie in Windeseile.

Serviceorientierte Gesprächsführung. Wer im Lauf seiner beruflichen Karriere mit Tausenden von Kunden geplaudert hat, weiß: Rechthaberei lässt Gespräche versiegen und schmälert die Trinkgelder. Außerdem hat er die unterschiedlichsten Meinungen gehört und festgestellt, dass die meisten ihre Ansichten von ihrem persönlichen Standpunkt aus gut begründen können. Also werden sie nicht widersprechen, sondern bestenfalls sagen: «Da ist etwas dran», oder «Immerhin ein überlegenswerter Gesichtspunkt.» Sie wissen, niemand wird seine Ansichten nur deshalb ändern, weil sie ihm sagen, dass sie anders darüber denken oder seinen Standpunkt für verwerflich halten.

Integrität wahren. Dennoch wird sich ein Profi nicht anbiedern. Er lässt dem Kunden seinen Standpunkt und bewahrt seinen eigenen. Er lässt sich nicht provozieren oder demütigen. Fühlt er sich persönlich angegriffen, wird er zunächst höflich auf Distanz gehen und, wenn das nicht genügt, den Kunden auffordern, seinen Arbeitsplatz zu verlassen. Ein Berliner Taxifahrer, der einen neuen Mercedes fuhr, wurde Anfang der neunziger Jahre von seinem Fahrgast gefragt, ob er aus dem Ost- oder Westteil der wieder vereinten Stadt komme. Er stamme aus dem Osten, aus Marzahn, lautete die Antwort. – «Dürfen Sie da überhaupt schon so ein Auto fahren?», spöttelte der Fahrgast. Der Taxifahrer bremste scharf und forderte ihn auf, sofort sein Fahrzeug zu verlassen.

Achtung! Anti-Smalltalk-Zone!

Damit der Plausch über die kleinen Dinge des Alltags angenehm entspannt und nicht als Anhäufung nichts sagender Worthülsen enttäuscht, empfiehlt es sich in folgenden Situationen, auf andere Gesprächsformen zurückzugreifen:

Wenn das Gespräch schon über eine Viertelstunde andauert. In den ersten Minuten einer Bekanntschaft ermöglicht es der harmlose Schwatz über das Wetter und die wichtigsten biographischen Daten, abzuklären, wie weit und auf welchen Gebieten ein tieferer Kontakt möglich ist. Für diese Entscheidung benötigen wir etwa fünf Minuten. Die nächsten fünf bis zehn

Minuten führen wir den Smalltalk fort, um den gewonnenen Eindruck zu festigen und eventuell zu prüfen, ob unsere Einschätzung auch standhält, wenn wir andere Gesprächsthemen anschneiden. Bis wir entweder die Unterhaltung unterbrechen, um uns jemand anderem zuzuwenden, oder in den Äußerungen des Partners ein Thema gefunden haben, das uns genügend interessiert, um es eine halbe Stunde oder länger zu vertiefen.

Diese Vertiefung hat nicht nur einen Sachaspekt (den thematischen Inhalt), sondern auch einen Beziehungsaspekt. Wir nehmen nicht nur sachliche Informationen über das Angeln, Geldanlagen oder Blumenzucht auf, sondern auch über die Gründlichkeit, die Zuverlässigkeit und die persönliche Motivation des Partners.

Versucht unser Gegenüber über die erste Viertelstunde hinaus, beim Smalltalk zu bleiben, schließen wir entweder auf einen oberflächlichen Charakter oder den Versuch, seelisch auf Distanz zu bleiben und dies hinter nichts sagendem Gerede zu verbergen. In beiden Fällen wendet sich der erste angenehme Eindruck vom anderen ins Negative. Wer innerhalb von zehn bis fünfzehn Minuten keinen gemeinsam zu vertiefenden Gesprächsstoff gefunden hat, sollte deshalb die Unterhaltung erst einmal beenden und vielleicht später einen neuen Versuch starten.

Streit und Konflikte. Der kleine Schwatz am Rande sucht auf einer nicht intimen Ebene nach Gemeinsamkeiten. Sobald sich – aus welchen Gründen auch immer – ernsthafte Meinungsverschiedenheiten auftun, ist es mit der harmlosen Plauderei zu Ende. Eine grundlegende Kommunikationsregel lautet: Störungen haben den Vorrang. Wenn sich ein Konflikt zeigt, muss daher zuerst über den Konflikt gesprochen werden, und dafür bedarf es der Kunst des konstruktiven Streitens (siehe dazu mein Taschenbuch «Miteinander streiten», rororo Sachbuch 19 795). Den Versuch, den Streitpunkt einfach zu ignorieren und munter weiterzuplaudern, würde der Partner zu Recht als Ausweichmanöver und Konfliktscheu interpretieren. Die Unbefangenheit wäre dahin.

Über die Meinungsverschiedenheit reden heißt nicht, dass geklärt werden muss, wer Recht hat. Das wird nur im Ausnahmefall möglich sein. Meist haben beide Kontrahenten für ihre Auffassungen gute Gründe mit einer langen Vorgeschichte. Konstruktiv streiten heißt in diesem Fall:

- die gegensätzliche Meinung und ihre Begründung in Ruhe anhören,
- im strittigen Thema die übereinstimmenden Punkte heraussuchen,
- sich einigen, wie man in Zukunft mit der Verschiedenheit umgehen will: einen Kompromiss finden, das strittige Thema künftig ausklammern, sich dem Schiedsspruch eines Dritten unterwerfen usw.,
- zu einem Thema, in dem beide zur Gänze übereinstimmen, zurückkehren.

Seelische Krisen. Bei den Wort Smalltalk denken wir zuerst an Partys, Urlaub, Freizeit, weniger an den Ernst des Lebens. Das ist kein Zufall. Die leichte Konversation ist ein kommunikativer Luxus, den wir uns leisten, wenn die dringlichen Aufgaben des Alltags erledigt sind oder wenn wir uns zwischendurch eine kleine Pause gönnen. Daher ist es nicht verwunderlich, dass die Lust am Smalltalk bei jedem in Abneigung umschlägt, der in eine seelische Krise gerät. Darunter versteht die Psychologie eine akute Überforderung des Systems der gewohnten Verhaltensweisen durch belastende Ereignisse. In Zeiten seelischer Not erlischt die Fähigkeit zur leichten Plauderei, die dann nichtig und schal erscheint.

Wer in Not ist, benötigt Gelegenheit, über seine Ängste und

Bedrängnisse zu sprechen. In manchen Fällen ist ein Partner angenehm, der durch sein Geplauder den eigenen Schmerz vorübergehend lindert, etwa nach dem Verlust eines geliebten Menschen (siehe Abschnitt «Trauerfälle»). Ein solcher Smalltalk verläuft jedoch ziemlich einseitig. Der Trauernde reagiert eher einsilbig, weil seine Gedanken zu sehr mit dem Verlust beschäftigt sind.

Besser ist in solchen Situationen ein einfühlsamer Gesprächsstil, der die Gefühle des Betroffenen thematisiert.

Intime Nähe. Schmilzt der körperliche Abstand zweier Personen auf weniger als fünfzig Zentimeter, erlischt die Bereitschaft zum Smalltalk mit einem Schlag. Die Gründe sind vielfältig.

In einer überfüllten U-Bahn oder einem Fahrstuhl ist die Nähe durch den Massenandrang in der Rushhour erzwungen. Jeder versucht, so viel Distanz wie möglich zu retten. Ist es nicht möglich, wegzurücken, wird die Distanz auf andere Weise markiert. Man dreht sich zur Seite, schiebt Taschen zwischen sich und den Nachbarn, «über-sieht» die Nahestehenden, indem man den Blick über die Leute hinweg einen Punkt in der Ferne fixiert. Mimik und Gestik sind auf ein Minimum reduziert und – die Gesprächsbereitschaft erstirbt. Wer dennoch in einer solchen Lage eine Unterhaltung anfängt, wird als Erstes darauf achten, dass er zum Gesprächspartner eine wenigstens minimale Distanz gewinnt. Denn intime Distanz verlangt auch intime Gespräche. Beobachten Sie einmal Leute, die sich in öffentlichen Verkehrsmitteln unterhalten. Wenn sie nicht bis auf einen knappen Meter voneinander abrücken können, meiden sie beim Reden weitgehend den Blickkontakt und sprechen zur Seite statt die Oberkörper einander zuzuwenden – selbst um den Preis, dass die Umstehenden sie besser verstehen als der Gesprächspartner.

Ist dagegen die intime Nähe erwünscht, weil Liebe oder wenigstens erotische Anziehung im Spiel ist, geht das vertrauliche Gespräch der körperlichen Nähe voran. Wer einander vertrauliche Mitteilungen macht, seine Gefühle offenbart und riskiert, sich verletzlich zu zeigen, lässt Vertrauen und Intimität zu. Verführung mit Worten bereitet körperliche Annäherung vor. Festhalten am Smalltalk würde den Partner in freundschaftlicher Distanz halten.

Fachkongresse, Dienstberatungen und andere offizielle Besprechungen. Plaudern ist eine Freizeitbeschäftigung. Es hat informellen Charakter, auch wenn Sie mit einem Berufskollegen sprechen. Alle Gesprächsrunden, die aus dienstlichen Gründen organisiert werden, schließen daher den Smalltalk aus. Es gibt eine Tagesordnung und präzise Vorstellungen davon, was am Ende der Besprechung herauskommen soll.

Reale Dienstberatungen erfüllen dieses Ideal der Effektivität oft nur teilweise. Bei einer gefürchteten monatlichen Dienstberatung, an der ich vor Jahren teilzunehmen hatte, nahm sich der Chef das Recht, zu Beginn rund eine Stunde über seine eigene Befindlichkeit zu dozieren. Diese Befindlichkeit war meistens schlecht und bestand in Klagen über Geldgeber, Behörden und seine (anwesenden und abwesenden) Mitarbeiter, die ihm das Leben schwer machten. Kurz, am Anfang stand eine Stunde negativer Smalltalk in Monologform.

Bei allen professionellen Zusammenkünften, die nicht der Kontaktanbahnung dienen, ist Smalltalk fehl am Platz. Er gehört in die Pausen und auf abendliche Empfänge, die oft am Rande von Kongressen organisiert werden, um Kontaktbedürfnisse zu befriedigen.

Fachleute und Amateure unter sich. Wenn zwei Leute sich kennen lernen, wissen sie noch nicht, ob der jeweils andere mit ihnen ein Hobby oder ein berufliches Interesse teilt. Meist genügen aber wenige Minuten, um die Übereinstimmung festzustellen. Oft werden schon bei der Vorstellung durch Dritte die Fronten geklärt. Die Gastgeberin führt Herrn Schulz zu einem Gast und sagt zu ihm: «Übrigens, Herr Meyer züchtet auch Orchideen.»

Es wäre Unsinn, wenn die beiden aus übergroßer Vorsicht erst einmal über das Wetter reden würden oder darüber, woher sie die Gastgeberin kennen. Im Gegenteil, Herr Meyer wird ohne Umschweife fragen: «Auf welche Sorten haben Sie sich spezialisiert?» Oder: «Haben Sie ein eigenes Gewächshaus?»

Auch Berufskollegen, die einander auf einer Messe oder einer Tagung begegnen, werden sofort über ihre Arbeitsgebiete sprechen. Dennoch werden sie, falls die Bekanntschaft auf einem Empfang oder einer Party zustande kam, wie beim normalen Smalltalk nach rund fünfzehn Minuten das Gespräch vorläufig beenden, um sich anderen Gästen zuzuwenden.

Wenn Schweigen Gold ist. «Kommunikation» ist das Modewort unserer Epoche. Nicht nur im technischen Sinne, wenn es um Satelliten oder das Internet geht, sondern auch im zwischenmenschlichen Bereich, in Wirtschaft und privater Partnerschaft, hat der Informationsaustausch Hochkonjunktur. Gerät eine Ehe in eine Krise, werden die Probleme in langen Diskussionen aufgearbeitet. Wenn es nicht anders geht, mit Hilfe eines Therapeuten. Dadurch gerät leicht in Vergessenheit, dass in manchen Fällen Reden nur Silber, Schweigen aber Gold ist.

Manchmal sind nämlich alle Probleme samt allen denkbaren Lösungen längst bekannt. Nur wer glaubt, dass Menschen immer vernünftig handeln, sobald sie wissen, was vernünftig ist, wird annehmen, dass eine Aussprache immer zu Verständigung und Harmonie führt. Was aber, wenn jemand sich nicht verständigen will? Aus Stolz, Trägheit, Rachsucht, wegen verlorener Hoffnung oder aus bloßer Sturheit? Das noch bestehende Band zwischen zwei Menschen kann auch zerredet werden, indem dasselbe Problem immer wieder auf die Tagesordnung gesetzt wird. In diesem Fall lohnt es, sich darauf zu einigen, dass man sich über das Problem nicht einigen kann. Manchmal ist ein Miteinander in der Verschiedenheit möglich, manchmal bleibt nur die Trennung.

Auch in typischen Smalltalk-Situationen ist nicht immer Reden das Mittel der Wahl. Mit manchen Menschen findet man auf der verbalen Ebene keinen rechten Kontakt, kann aber sehr gut gemeinsam etwas tun (siehe Abschnitt «Schweiger, Melancholiker und Sesselhocker»). Andere ziehen nur in bestimmten Situationen Schweigen vor. Im Wartezimmer des Arztes sind einige für ablenkendes Geplauder dankbar, andere mögen die Stille, um sich auf das Gespräch mit dem Doktor einzustimmen. Ihre Gesprächsangebote werden daher nicht immer auf Gegenliebe stoßen. Meist liegt der Grund dann nicht bei Ihnen, sondern beim Partner.

Plaudern als Kunstform –
Smalltalk für Fortgeschrittene und Profis

Die Arzthelferin einer kleinen Praxis, freie Journalisten, Fernsehmoderatoren und Manager großer Firmen haben eines gemeinsam: Sie nehmen während ihres Berufslebens zu Tausenden von Kunden Kontakt auf und bemühen sich, im Gespräch ihre Sympathien zu gewinnen. Der Freizeitpartygänger hat, wenn seine Gespräche misslingen, nichts weiter verloren als einen freien Abend. Bei den Profis steht unter Umständen die berufliche Zukunft auf dem Spiel. Eine Arzthelferin kann noch so tüchtig sein – wenn sie die Patienten mit einsilbigem Gemurmel und missmutigem Gesicht abfertigt, wird sich ihr Chef bald nach einer neuen Kraft umschauen.

Die folgenden Tipps wenden sich an alle, die aus beruflichen oder privaten Gründen nicht nur von Zeit zu Zeit, sondern regelmäßig Gespräche mit Unbekannten führen und für die der Smalltalk mehr als einen Zeitvertreib darstellt. Wer plaudert, um wichtige Kontakte zu etablieren, sollte nicht nur die Kommunikationsregeln der bisherigen Kapitel beherrschen, sondern seiner äußeren Erscheinung und seinem Hintergrundwissen zusätzliche Aufmerksamkeit widmen. Das erhöht seine Erfolgschancen wesentlich.

Der persönliche Stil

Am Anfang jeder Begegnung steht eine grobe Einschätzung, die sich in solch vagen Kategorien ausdrückt wie: ordentlich – unordentlich, gepflegt – ungepflegt, akzeptabel – wie sieht denn der / die aus?! Auch die Nähe beziehungsweise Ferne zur Durchschnittsnorm wird eingeschätzt: übertrieben – normal – unauffällig, interessant – langweilig. In der ersten Viertelsekunde einer Begegnung spielen Details keine Rolle, mit Ausnahme von zwei, drei auffälligen Besonderheiten vielleicht. Neben der Gepflegtheit ist die Kleidung für diesen ersten Eindruck entscheidend; allerdings nicht die Kleidung an sich, sondern die Art und Weise, wie sie die Persönlichkeit unterstreicht – oder sie im Gegenteil verfälscht oder zu ihr im Widerspruch steht. Im letztgenannten Fall entsteht ein verwirrender Gesamteindruck, der eher Misstrauen hervorruft als Sympathie und Neugier.

Gekonnte Selbstdarstellung. Stil hat, wer mit Kleidung, Frisur und Kosmetik nicht auf diese Kleidung, Frisur und Kosmetik aufmerksam macht, sondern auf sich selbst. Leute, die Sie neu kennen lernen, sollen sich später nicht an Ihren schicken Blazer erinnern, sondern an Sie. Das Styling, das Ihren Typ unterstreicht, darf in der späteren Erinnerung ruhig in den Hintergrund treten. Dieses Ziel wurde verfehlt, wenn die Leute nach der Heimkehr von der Party sagen: «Weißt du noch, die Frau in Schwarz, die immer an ihrer Zigarettenspitze kaute?» Oder: «Erinnerst du dich an den Kerl mit Cowboyhut und -stiefeln? Wie hieß der bloß?»

Die meisten, die ein auffälliges Outfit tragen, führen wie in den beiden Beispielen nicht sich selbst vor, sondern einen Typ – ein Karnevalseffekt. Ihre Kleidung gewinnt den Charakter einer Uniform, bei deren Anblick der Betrachter den Träger sofort gedanklich in eine Schublade einsortiert.

Das Äußere – egal, ob zufällig gewählt oder bewusst gestaltet
– regt Betrachter an, mindestens folgende drei Charakteristika
Ihrer Persönlichkeit einzuschätzen:

- Ihre soziale Position,
- Ihren Lebensstil,
- Ihre Individualität (ob es etwas Einzigartiges an Ihnen gibt
  und worin es besteht).

Was ist Attraktivität? Wie finden Sie das richtige, attraktive
Maß, das Ihre Persönlichkeit positiv unterstreicht? Verhaltensforscher führten zu dieser Frage ein aufschlussreiches Experiment durch. Sie wollten herausfinden, was menschliche Attraktivität ausmacht. Sie nahmen Passbilder von zwanzig
Frauen und stellten mittels Computer durch Übereinanderle-
gen der Fotos und Ermitteln der Mittelwerte ein Durch-
schnittsfoto her. Nun legte man diese Fotos einer genügend
großen Zahl von Männern vor mit der Aufforderung, sie in der
Rangfolge ihrer Schönheit zu ordnen. Ergebnis: Das am Computer erzeugte Mittelwertsgesicht wurde eindeutig als das
schönste eingeschätzt. Schönheit ist Durchschnitt.

Aber die Forscher kamen noch auf ein weiteres aufschlussreiches Resultat: Das schönste Gesicht ist auch dasjenige, das
am schnellsten vergessen wird. Das glatte Ebenmaß wirkt leb-
los, maskenhaft und langweilig. Schon Thomas Mann sprach
von der «Ödigkeit vollkommener Schönheit». Was nützt es,
makellos zu sein, wenn man nicht im Gedächtnis der Menschen haften bleibt?

Durchschnitt plus Einzigartigkeit. Deswegen empfehlen Experten, sich nur in der Grundgarderobe der Norm, die die soziale
Position und die Firma vorgeben, anzupassen. In den Accessoires wählen Sie zwei, drei besondere Details, in denen Sie Ihre
Individualität hervorheben. Das ist das Erfolgsgeheimnis aller

bekannten Models und Fernsehstars. Sie haben trotz der Durchschnittsmaße, die dem branchenüblichen Ideal entsprechen, wenigstens ein Charakteristikum aufzuweisen, das sie vorteilhaft von ihren Konkurrenten unterscheidet. Cindy Crawford, mit einem Jahreseinkommen von zwölf Millionen Dollar Gagenkönigin unter Amerikas Supermodels, überlegte am Anfang ihrer Laufbahn, ihr kleines Muttermal links über der Oberlippe entfernen zu lassen. Heute ist sie froh über ihr Zögern. Das kleine Mal ist ein wichtiges Element ihres Images geworden.

Zu viele Besonderheiten würden den Betrachter verunsichern. Er wüsste nicht, welcher sozialen Gruppe er Sie zuordnen soll, und würde Ihnen mit Vorsicht begegnen. Deshalb keine krampfhafte Originalitätssucht! Jeder von uns unterscheidet sich ja nicht nur von anderen Menschen, sondern besitzt auch eine Reihe von Übereinstimmungen mit ihnen. Jedermann ist froh, wenn er entdeckt, dass er mit anderen auf einer Wellenlänge liegt. Die richtige Mischung aus Durchschnitt und Einzigartigkeit macht es.

An welchen Punkten sollte die eigene Individualität klar zum Ausdruck gebracht werden, und wie wählt man die Details so, dass sie nicht aufgesetzt wirken? Da beginnen die eigentlichen Schwierigkeiten. Ist es wirklich die eigene Persönlichkeit, die da gezeigt wird? Oder ist es ein Ideal, das man gern verkörpern würde, gar die schlechte Kopie eines berühmten Originals? Oder lediglich die Person, die man nach Meinung der anderen sein sollte? Nur wem diese Selbstfindung gelingt, wirkt attraktiv.

Wenn Sie die Aufmerksamkeit anderer Menschen gewinnen wollen: Überlegen Sie zuerst, welcher Menschen. Wie setzt sich Ihre Zielgruppe zusammen? Allen gefallen ist eine Kunst, die auch Medienstars wie Claudia Schiffer oder Harald Schmidt nicht beherrschen. Ihr Stil hängt von dieser Entscheidung ab.

Unter jungen Künstlern wird Ihr Styling bunter sein als unter Börsenspekulanten. Die Menschen, an deren Stil Sie sich anlehnen, werden Sie als einen der Ihren erkennen – die unabdingbare Voraussetzung für jeden weiteren Kontakt. In einer Umgebung, die Sie genau kennen, fällt die Entscheidung leicht. Sie bilden aus dem Kleidungsstil aller anderen Anwesenden den Durchschnitt. Sie selbst ziehen sich ein klein bisschen besser an als dieser Durchschnitt.

Selbsteinschätzung und ihre Umsetzung. Nun machen Sie sich Gedanken, mit welchen Details Sie im Rahmen des gewählten Stils Ihre Einzigartigkeit unterstreichen, und zwar so, dass die Leute Ihrer Umgebung neugierig werden, Sie kennen zu lernen. Dafür benötigen Sie eine realistische Selbsteinschätzung und Phantasie für die Umsetzung.

Halten Sie sich für kooperativ, erfahren, dominant, jugendlich, freundlich, weltgewandt, liebenswürdig, cool, professionell, kompetent, gebildet, dynamisch, effizient, erfolgreich, diszipliniert, mächtig, verlässlich, kreativ, ehrgeizig, arbeitsam, gut organisiert, charmant? Wählen Sie drei derartige Eigenschaftswörter aus, die Sie am besten charakterisieren – nicht mehr. Und nehmen Sie solche, die wirklich auf Sie zutreffen, nicht solche, mit denen Sie sich gern schmücken möchten. Bedenken Sie auch, dass einige einander ausschließen. Wenn Sie sich etwa als kooperativ und zugleich dominant charakterisiert haben, sollten Sie noch einmal gründlich nachdenken. Und gute Freunde fragen, ob sie Ihrer Selbsteinschätzung zustimmen. Stellen Sie sich vor, Sie treffen an einem Urlaubsort einen Fremden und unterhalten sich zwei Minuten mit ihm. Würde er Sie mit genau den drei von Ihnen gewählten Worten beschreiben?

Überlegen Sie nun, wie ein Mensch gekleidet sein müsste, damit man diese drei Eigenschaften, die Sie charakterisieren, sofort an ihm erkennt. Fragen Sie auch andere um Rat. Diese drei Eigenschaften sollten als Ihre Stärken erkennbar werden. Wenn Ihnen das gelingt, besitzen Sie ein stimmiges Image, das Vertrauen schafft.

Hier ein paar Beispiele, wie man innere Werte äußerlich darstellt:

- **autoritär**: strenge, klassische Schnitte und intensive Farbkontraste (hell – dunkel)
- **elegant**: Anzug oder Kostüm (auch als Kombination) aus weichen Stoffen, edle Accessoires, Tücher
- **erfolgsorientiert**: Designer-Kleidung und -Accessoires, dabei Mut zu lebendigen Farben
- **konservativ**: klassisch-zeitloser Anzug oder Kostüm (keine Kombination), betont dezent, aber Tuch oder Krawatte mit ungewöhnlichem Design, Mantel, Männer mit Uhrkette
- **kreativ**: Mischung von Stilen, also Freizeithemd mit Krawatte (Männer), Jeans mit Bluse und High Heels (Frauen); dazu Tücher, auffällige Frisur und ein originelles Schmuckstück
- **sportlich-athletisch**: Betonung von Schulter und Taille, Längsstreifen

Falls Sie jedoch mehr auf Ihr Wunsch-Ich als Ihr reales Sein gehört haben, werden Sie Schwierigkeiten bekommen, andere von sich zu überzeugen. Ein falsches Image bricht schnell zusammen. Ein echtes Image hat dagegen positive Auswirkungen auf Sie selbst: Andere Leute akzeptieren Sie, wie Sie wirklich sind. Das liefert Ihnen die Selbstbestätigung, die Sie benötigen, um selbstsicher aufzutreten und Vertrauen zu finden.

Hintergrundwissen

In den letzten Jahren werden immer wieder Klagen laut, dass die Qualität der Allgemeinbildung mächtig nachgelassen hat. Nur eine Minderheit weiß noch, wann Deutschland eine Republik wurde. Oder in welchem Jahrhundert Shakespeare das Licht der Welt erblickte. Abiturienten hätten ihm alles zwischen dem 12. und 19. Jahrhundert angeboten, klagte ein Universitätsprofessor. 1999 veröffentlichten mehrere große Zeitschriften wie *Stern* und *Focus* Fragebögen, mit denen der Leser sein Wissen testen konnte. Dietrich Schwanitz, Literaturprofessor aus Hamburg, der sich durch seinen Roman «Der Campus» auch außerhalb der Fachwissenschaften einen Namen machte, veröffentlichte einen Kanon notwendigen Wissens, über das seiner Meinung nach jeder von uns verfügen sollte. Ohne ein minimales gemeinschaftliches Wissen gehe die Einheit unserer Kultur verloren und sei der Einzelne nicht in der Lage, durchschnittliche Zeitungsartikel zu verstehen.

Ob sich die Experten je Gedanken darüber gemacht haben, dass die meisten Deutschen überhaupt keine Zeitung mit Bildungswert lesen und deswegen die fehlende Allgemeinbildung auch nicht vermissen? Immerhin ergab eine Umfrage Anfang 2000, dass jede(r) sechste Deutsche glaubt, dass sich die Sonne um die Erde dreht. Haben Kopernikus, Giordano Bruno und Galilei umsonst gelitten?

Der beste Beweis dafür, dass eine einheitliche Bildungsgrundlage nicht mehr existiert, ist die anhaltende Uneinigkeit der Experten darüber, was jeder wissen müsse und was nicht.

Gleiche Bildung für alle? Einen verbindlichen Bildungskanon verbindlich vorzuschreiben, ist wahrscheinlich eine typisch deutsche Idee. Das Bildungsbürger-Ideal des 19. Jahrhunderts schimmert durch. Beim heutigen Stand der Spezialisierung, der Arbeitsteilung und der Etablierung von Subkulturen ist es völlig überholt. Nicht zu vergessen das Tempo des technologischen und sozialen Wandels, das die Experten zwingen würde, ihre Sammlung an notwendigen Bildungsinhalten ständig zu überarbeiten.

Im Internetzeitalter gilt meiner Meinung nach: Nicht die Menge des Wissens ist entscheidend, sondern die Fähigkeit, in kurzer Zeit bei Bedarf größere Bildungslücken zu schließen. Wenn Sie sich als Bankangestellte in Ihrer Freizeit hauptsächlich unter Finanzexperten bewegen, wird es möglicherweise ausreichen, wenn Sie wissen, dass Shakespeare vor Jahrhunderten Theaterstücke geschrieben hat. Erhalten Sie plötzlich den Auftrag, über die Finanzierung einer Neuverfilmung von «Othello» mitzuentscheiden und deswegen mit Produzenten und den Künstlern zu verhandeln, werden Sie sich einige Tage Zeit nehmen, um sich mit den wichtigsten Dramen Shakespeares und ihrer Wirkungsgeschichte vertraut zu machen.

Welches die für Sie notwendige Allgemeinbildung ist, können nur Sie selbst wissen. Dennoch ist die Forderung nach einer breiten Allgemeinbildung berechtigt. Menschen, die nur selten über den Tellerrand ihres Fachgebietes und ihres Haushaltes hinausblicken, haben es viel schwerer als andere, mit Bekannten und Fremden über so simple Themen wie das Wetter zu reden, selbst wenn diese denselben engen Horizont haben wie sie. Über je weniger Hintergrundwissen sie verfügen, desto schwerer wird es ihnen fallen, vom Regen, der gerade herniederprasselt, Brücken zu anderen Themen zu schlagen.

Die Bildung muss zum Umfeld passen. Bewegen Sie sich meist unter Leuten, die an Mode, neuen Büchern und Filmen, Fitnesstrends und Gesundheitstipps interessiert sind? Dann sollten Sie über diese Themen ein bisschen mehr wissen als die anderen. Bewegen Sie sich eher unter Sportfans oder Computerfreaks?

Dann gehören für Sie die Mannschaften der Bundesliga und das neueste Update Ihres Internet-Browsers zur Allgemeinbildung. Wenn Sie und Ihre Freunde keine Ersparnisse haben und auch in den nächsten Jahren kein Geld anlegen wollen, müssen Sie nicht unbedingt wissen, was ein Lombardsatz ist und wie sich eine Erhöhung der Leitzinsen auf Aktienkurse und Inflationsrate auswirkt. Wenn Sie in Wertpapiere und Investmentfonds investieren, sollten Sie dagegen Bescheid wissen.

Ein solides Hintergrundwissen ist Ihre Garantie dafür, dass Sie im Smalltalk

- keine peinlichen Bildungslücken offenbaren. In einem (mit Peter Ustinov verfilmten) Agatha-Christie-Krimi wurde sogar die (von Faye Dunaway gespielte) Täterin dadurch überführt, dass sie den Paris aus der Troja-Sage mit der französischen Hauptstadt verwechselte.

- nie einen Mangel an Gesprächsstoff erleben. Ihre Kenntnisse erlauben Ihnen, Verbindungen zu ähnlichen Themen zu finden und mit Leichtigkeit von einer banalen Unterhaltung zu Problemen überzuleiten, die Sie ernsthaft interessieren.

- schnell und sicher den geistigen Horizont und das Problembewusstsein Ihres Gegenübers einschätzen können. Nur wenn Sie selbst gut Bescheid wissen, können Sie beurteilen, ob Ihre neue Bekanntschaft tatsächlich gut informiert oder nur ein Blender ist.

- von anderen als kompetent eingeschätzt werden. Das gilt vor allem dann, wenn Sie darauf verzichten, mit Ihren Kenntnissen zu prunken, aber jedes Mal, wenn man Ihnen eine Frage stellt, andeuten können, dass Sie noch eine Reihe weiterer Informationen zum Thema parat haben.

Das Hintergrundwissen laufend auffrischen. Wie beim Sport gilt für die Allgemeinbildung: Mäßig, aber regelmäßig bringt mehr als ein einmaliger Marathon.

Entscheiden Sie zuerst, über welche Themen Sie gut, ein bisschen oder gar nicht Bescheid wissen wollen. Die Entscheidung hängt von Ihren eigenen Interessen und Begabungen sowie von den Leuten ab, mit denen Sie zu tun haben.

Lesen Sie zu Ihren Schwerpunktthemen wenigstens ein gutes Sachbuch, in dem Ihnen die grundlegenden Zusammenhänge erklärt werden. Es ist ein typisches Kennzeichen heutiger Halbbildung, dass viele Leute eine Menge spannender Fakten nennen, sie aber nicht einordnen können. Ein Beispiel: Nehmen wir an, am Tag vorher habe ein Amokläufer in einer Stadt in Ihrer Nähe sieben Menschen erschossen. Kein Wunder, dass das Ereignis Tagesgespräch wird. Ihre Kollegen und Freunde erinnern sich an zwei ähnliche Fälle, schimpfen über die leichte Verfügbarkeit von Waffen und stellen die unvermeidliche Frage: Was verleitet nur einen Menschen dazu, so etwas zu tun? Ein ratloses Kopfschütteln ist die Antwort. Mit dem richtigen Hintergrundwissen können Sie jetzt erklären, dass Waffen und Gewaltfilme Amokläufe zwar begünstigen, aber nicht auslösen, was schon dadurch bewiesen wird, dass das Wort «Amok» für diese Raserei aus dem Malaiischen kommt und zu einer Zeit entstand, als dort an Filme und Schusswaffen noch nicht zu denken war. Sie ziehen Parallelen zu früheren Amokläufen und zeigen die Zusammenhänge zwischen sozialer Isolierung, Ausweglosigkeit und individuellen Gewaltausbrüchen auf. Sofern Sie Ihre Kenntnisse ohne Wichtigtuerei ausbreiten, werden Sie erleben, dass Ihre Umgebung Sie von diesem Tag an mit größerem Respekt behandelt.

Sammeln Sie über Wochen und Monate kontinuierlich Informationen, Beispiele und Anekdoten zu Ihren Themen. Schneiden Sie interessante Zeitungsmeldungen aus und notieren Sie alles, was Sie spannend und merkenswert finden – am besten legen Sie dafür eine Computerdatei an. Denn da können Sie bei Bedarf eine wichtige Information, an die Sie sich nur noch nebelhaft erinnern, weil Sie sie vor einem halben Jahr aufgeschrieben haben, mit der Suchfunktion durch Eingabe eines Stichworts innerhalb von wenigen Sekunden wieder finden.

Je länger Sie sammeln und je umfangreicher Ihre Informationssammlung wird, desto größeren Nutzen werden Sie aus ihr ziehen. Als ich Anfang der neunziger Jahre mein erstes Buch schrieb, brauchte ich zum Recherchieren noch länger als für das Schreiben. Seitdem sinkt mein Rechercheaufwand kontinuierlich, weil ich inzwischen auch bei neuen Themen zum größten Teil auf meine Sammlung zurückgreifen kann. Denn viele Informationen sind mehrfach verwendbar. Um auf obiges Beispiel zurückzukommen: Was Sie über die Ursachen von Gewalt gesammelt haben, verwenden Sie nicht nur bei Gesprächen über Amokläufe, sondern auch bei solchen über Zustände in der Schule, Erziehung, Kriminalität allgemein, Krimis, Computerspiele, Aggression, Kriege, Ausländerfeindlichkeit und vielen anderen.

Um mitreden zu können, genügen oft Informationen aus zweiter Hand. Sie müssen nicht den neuesten Roman eines viel diskutierten Autors gelesen, nicht selbst den Mount Everest erklommen haben oder Augenzeuge eines wichtigen Lokalereignisses gewesen sein. Hauptsache, Sie können sachkundig fragen und Parallelen ziehen. Sie können Unterhaltungen in der Öffentlichkeit durchaus nutzen, vorhandene Wissenslücken von Experten aus erster Hand schließen zu lassen. Ein Beispiel: Sie geraten auf einem Betriebsfest in eine Gruppe, die angeregt über Konjunkturaussichten debattiert. Irgendwer erwähnt eine zu erwartende Erhöhung des Diskontsatzes. Wenn Sie die Gelegenheit nutzen, sich erklären zu lassen, was das ist, sollten Sie zumindest so viel von Kreditgeschäften wissen, dass Sie die Erklärung begreifen und notfalls nach Einzelheiten zu fragen in der Lage sind. Die Antwort des Experten könnte lauten: «Der Diskont ist der Betrag, der beim Ankauf einer Forderung, meist eines Wechsels, vor dem Fälligkeitstermin zum Ausgleich von Zinsverlusten abgezogen wird. Mit dem Festsetzen ihres Diskontsatzes beeinflusst die europäische Zentralbank, wie teuer Kredite sind, und wirkt so auf den Konjunkturverlauf ein.»

Bitte überlegen Sie: Welche Teile der Erklärung haben Sie nicht verstanden, und wie würden Sie Ihre Frage formulieren, um sich die fehlende Information geben zu lassen?

Es kann Ihnen übrigens genauso gut passieren, dass keiner der vermeintlichen Experten Ihnen den Diskontsatz erklären kann – obwohl alle mit Finanzbegriffen um sich geworfen haben, als wären sie an der Wallstreet zu Hause. Dann erkennen Sie, dass die Gruppe nur mit aufgeschnappten Zitaten aus aktuellen Börsenberichten prunkte. Wenn Sie in diesem Moment die einzige Person sind, die sich in einem Sachbuch über die grundlegenden Zusammenhänge informiert hat, werden Sie im Nu den Rang eines Experten erobern, gemäß dem Sprichwort, dass unter Blinden der Einäugige König ist.

Geschichten erzählen

Als Anfänger auf dem gesellschaftlichen Parkett können Sie eine Unterhaltung sehr gut bestehen, indem Sie interessierte Fragen stellen und die Rolle des Erzählers den erfahrenen Gästen überlassen. Aber irgendwann werden Sie erfahrener Stammgast sein, und man erwartet von Ihnen, dass Sie ebenfalls ein paar Geschichten aus Ihrem Leben beisteuern.

Können Sie so spannend erzählen, dass die Leute an Ihren Lippen hängen und alle anderen Gespräche um Sie herum verstummen? Menschen mit Charisma beherrschen diese Kunst. Es liegt keineswegs daran, dass sie mehr und Außergewöhnlicheres erlebt haben als Otto Normalbürger. Sie haben lediglich die Fähigkeit, Alltägliches so darzustellen, dass es die Aufmerksamkeit fesselt. Die Erzählung, die die Zuhörer in ihren Bann zieht, muss die Neugier wecken und im Banalen das Besondere entdecken.

Wie so häufig in der Kommunikation kommt es mehr auf das *Wie* an als auf das *Was*. Wie präsentieren Sie ein Alltagserlebnis so, dass die Umstehenden sich Ihnen zuwenden und niemand Sie zu unterbrechen wagt?

Überprüfen Sie zunächst, ob Ihr Erlebnis zu Ihrer Zielgruppe passt. Ein Bericht über einen außergewöhnlichen Riesenbarsch, den Sie letzten Sonntag fingen, wird bei Nichtanglern kaum die Beachtung finden, die er verdient, während die Erzählung von der Einschulung Ihrer Tochter vielleicht auf neugierige Ohren stößt, obwohl sie sich nicht von tausend anderen Einschulungen unterschied.

Wenn Sie sich für eine passende Geschichte entschieden haben: **Überlegen Sie sich**, bevor Sie anfangen, **zuerst das Ende der Geschichte**. Wie geht sie aus, und welche Erkenntnis, welches Fazit wollen Sie mit ihr übermitteln? Sie alle kennen den peinlichen Moment, wenn jemand einen Witz erzählt und mittendrin merkt, dass er sich an die Pointe nicht mehr erinnern kann.

Das ist aber nicht der einzige Grund, warum das Ende für Sie als Erzähler der Anfang ist. Wenn Sie die Zuhörer bei der Stange halten wollen, müssen Sie Spannung aufbauen. Zu diesem Zweck werden Sie am Anfang ein Geheimnis, ein Rätsel oder eine andere Überraschung ankündigen, die sich am Schluss Ihrer Geschichte erfüllt. Das können Sie nur, wenn Sie von vornherein wissen, wie die Auflösung lautet. Auch die meisten Roman- und Drehbuchautoren fangen erst an zu schreiben, wenn sie sich klar geworden sind, wie ihr Werk enden soll.

Mit Ihrem ersten Satz wecken Sie die Neugier. Die einfachste Variante zeigt das folgende Beispiel: Sie haben sich gerade auf einer Party in einer Gruppe angeregt über irgendein Thema unterhalten, sagen wir über Klassentreffen. Nur Sie können gar nichts beisteuern, weil Ihre frühere Schulklasse offenbar die einzige ist, die sich in alle Winde zerstreut hat. Da sagen Sie: «Apropos Klassentreffen. Mir ist da neulich etwas ganz Unglaubliches passiert. Ihr könnt euch vielleicht vorstellen, dass jemand nach Jahren bei einem zufälligen Wiedersehen eine Klassenkameradin nicht wieder erkennt. Aber würdet ihr auch den genau gegenteiligen Fall für möglich halten? Genau das ist mir vorige Wochen passiert.»

Nun? Neugierig geworden? Die Motivierung der Zuhörer schließt drei Schritte ein:

1. Überleiten vom Gesprächsthema zu Ihrer Geschichte. In unserem Beispiel sagte der Erzähler nur «Apropos Klassentreffen» – die sparsamste Variante. Er hätte auch sagen können: «Ihr habt es gut! Könnt ihr euch vorstellen, was für komische Verwechslungen möglich sind, wenn man seine Klassenkameraden zwanzig Jahre lang nicht gesehen hat?»

2. Etwas Außergewöhnliches versprechen. Alles, was aus dem Rahmen des Normalen fällt, was bizarr, über- oder unterdurchschnittlich, seltsam oder rätselhaft ist, motiviert zum Zuhören. In unserem Beispiel lautete das Versprechen: «Mir ist da neulich etwas ganz Unglaubliches passiert.» Natürlich müssen Sie Ihr Versprechen am Ende auch halten, sonst sind Ihre Zuhörer enttäuscht, nicht nur von Ihrer Erzählung, sondern von Ihrer Person. Wenn Sie in der Tat ein tolles Erlebnis anzubieten haben, werden Sie die Erwartungen ohne Probleme erfüllen. Wenn nicht, müssen Sie Ihr Erlebnis in außergewöhnlicher Weise erzählen, also alle folgenden Tipps genau befolgen und gut umsetzen.

3. Eine Spannungsfrage stellen. Sie nennt ein Rätsel, das im

Verlauf der Erzählung gelöst werden soll. In unserem Beispiel besteht sie aus zwei Teilen. Im ersten Satz («Ihr könnt euch vielleicht vorstellen, dass jemand nach Jahren bei einem zufälligen Wiedersehen eine Klassenkameradin nicht wieder erkennt») knüpft der Erzähler an eine plausible Alltagserfahrung an. Im zweiten Teil («Aber würdet ihr auch den genau gegenteiligen Fall für möglich halten?») kündigt er eine Widerlegung dieser Alltagserwartung an. Jeder fragt sich unwillkürlich: Wie kann das sein? Um das zu erfahren, muss er das Ende der Geschichte abwarten. Der Erzähler kann die Spannungsfrage natürlich nur stellen, weil er das Ende, die Lösung, schon kennt. Aber statt sie sofort zu beantworten, zögert er die Enthüllung hinaus und erzählt stattdessen eine Geschichte, die das Geheimnis nur Schritt für Schritt preisgibt.

Stellen Sie eine Person mit einer charakteristischen Eigenschaft in den Mittelpunkt Ihrer Erzählung. In unserem Fall ist es der Erzähler selbst. Seine Eigenschaft (siehe weiter unten): Ängstlichkeit, deswegen Wunsch nach Ablenkung. Der Erzähler könnte aber genauso gut über seinen besten Freund oder einen Prominenten berichten. Wichtig ist, dass die Person Individualität besitzt. Für eine kurze, anekdotenhafte Geschichte im Rahmen einer abendlichen Unterhaltung genügt meist eine typische Charaktereigenschaft wie Naivität, Entschlossenheit, Unsicherheit, Sparsamkeit, Verschwendungssucht oder Ähnliches. Dadurch kann sich der Zuhörer mit dem Helden Ihrer Erzählung identifizieren. Er kann vergleichen und sich fragen: Würde ich an seiner Stelle genauso reagieren?

In einem literarischen Werk würde der Autor den Charakter komplizierter gestalten, mit inneren Widersprüchen behaftet.

Führen Sie Hindernisse, Komplikationen oder Konflikte in Ihre Geschichte ein. «Romeo und Julia» wäre langweilig, wenn die beiden sich nur verlieben und dann kriegen würden. Die Spannung entsteht dadurch, dass beide verfeindeten Familien angehören. Bis zum Schluss fiebert der Zuschauer mit: Was ist stärker – die Liebe oder die Feindschaft der Montagues und Capulets? Nur eine Geschichte, wo es anders kommt, als die Hauptperson anfangs dachte, ist erzählenswert. Nur wenn der Held überrascht wird, überraschen Sie auch Ihre Zuhörer.

Erzählen Sie nur, was für das Ende Ihrer Geschichte wirklich notwendig ist. Abschweifungen sind Gift für die Aufmerksamkeit. So interessant es sein mag, dass Ihr Onkel zum Thema Ihrer Geschichte mal etwas Tolles gesagt hat – wenn es den Erzählfluss aufhält, lassen Sie es weg. Sie können darüber ja hinterher eine zweite Geschichte erzählen.

Füllen Sie den Erzählstrang mit Details. Das weckt die Vorstellungskraft der Zuhörer und lässt sie innerlich mitbeben. Details sind die Würze, die aus banalen Erlebnissen eine hörenswerte Geschichte machen. Unser Erzähler würde viel verschenken, wenn er unmittelbar nach seiner Spannungsfrage sofort zum Kern kommen würde: «Gestern betrat ich die neue Buchhandlung am Markt und sah eine Verkäuferin, in der ich trotz der inzwischen vergangenen Jahre nach kurzem Nachdenken meine frühere Klassenkameradin Renate zu erkennen glaubte.»

Stattdessen sollte er so erzählen, wie er die Begegnung selbst erlebte:

«Gestern früh war ich auf dem Weg zum Zahnarzt, und hatte noch fünf Minuten Zeit. Ich sollte eine Stunde in seinen Stuhl, er wollte mir den Eckzahn für eine Krone abschleifen. Wie Sie sich denken können, war mit jede Gelegenheit recht, den Moment noch etwas hinauszuzögern. Da fiel mein Blick in das Schaufenster unserer neuen Buchhandlung am Markt. Ich suchte nichts Bestimmtes, meine Regale quellen sowieso schon über, und so kam es, wie es kommen musste. Ich trat durch die Tür, die Glocke schlug an und eine Verkäuferin in meinem Alter trat auf mich zu und sagte den üblichen, lästigen Satz: ‹Kann ich Ihnen helfen?›

Ich schüttelte den Kopf und schaute ihr erst dann ins Gesicht. Moment, dachte ich, diese Augen und der schräge Haaransatz, die kleine, etwas zur Seite gekrümmte Nase, das leicht vorstehende Kinn und der Mund mit den schmalen Lippen – es waren zwanzig Jahre vergangen, aber ich erkannte meine frühere Klassenkameradin Renate sofort. Sie hatte sich für dasselbe Studienfach entschieden wie ich, nur an einer anderen Universität. Wir hatten uns vorgenommen, in Verbindung zu bleiben, unsere Erfahrungen auszutauschen, aber wie das Leben so spielt, nach zwei oder drei Briefen schlief der Kontakt ein und wir hörten nie wieder etwas voneinander. ‹Renate!›, rief ich. ‹Ich bin es, Michael. Nach so vielen Jahren … Aber wieso arbeitest du in dieser Buchhandlung? Was ist aus deinem Lehramtstudium geworden? Du wolltest doch Biologie und Erdkunde unterrichten, wie ich!›»

Setzen Sie vor das Ende eine unerwartete Wendung. Erzählen Sie so, dass die Hörer nicht das Ende erwarten, das Sie vorbereitet haben, sondern sein Gegenteil. In unserem Beispiel rechnet der Hörer damit, dass Sie nach zwanzig Jahren eine Klassenkameradin an einem unerwarteten Ort wieder fanden. Wie erstaunt wird er sein, zu hören, dass – wie in der Spannungsfrage angedeutet – genau diese Erwartung nicht eintraf:

«Die Frau vor mir starrte mich zwei Sekunden ungläubig an, dann brach sie in Lachen aus. ‹Wissen Sie, das ist mir schon lange nicht mehr passiert, dass man mich mit ihr verwechselt. Renate ist meine Cousine. Sie arbeitet als Lehrerin, da haben

Sie ganz Recht. Schon als Kinder hat man uns nur schwer auseinander halten können. Wir ähneln beide mehr unseren Vätern als unseren Müttern. Und die waren Zwillingsbrüder.›»

Wenn Sie also auf Nummer sicher gehen wollen: Bereiten Sie vor der nächsten Party einige spannende Geschichten zu Hause vor. Dann geraten Sie nicht in Verlegenheit, wenn die Reihe an Ihnen ist, etwas zur Unterhaltung beizutragen. Aus dem Stegreif erzählen Sie erst dann, wenn Sie schon einige Male Gelegenheit hatten, die Reaktion der Zuhörer auf Ihre vorbereiteten Anekdoten zu testen, und aus Erfahrung wissen, was die Neugier reizt und was nicht.

Beziehungspflege und Netzwerke

Sie haben eine interessante Bekanntschaft gemacht, Telefonnummern oder Visitenkarten ausgetauscht und sich mit festem Vorsatz versprochen, auf jeden Fall in Kontakt zu bleiben. Und dann? Nach ein paar Tagen wandert die Visitenkarte in die Ablage, wo Sie bis zum nächsten Umzug das Dasein einer Vergessenen fristet. Neue Eindrücke und dringliche Angelegenheiten haben die angenehme Erinnerung an den Partyabend überlagert und schließlich in den Hintergrund gedrängt.

Lebenserfolg ist keine Einmannshow. Wer ein viel gefragter Kollege, Freund oder Partner ist, verdankt diese Beliebtheit nicht allein seinem netten Charakter oder seiner überragenden Begabung, sondern seinen vielen Kollegen, Freunden und Partnern, zu denen er einen stabilen Kontakt aufgebaut hat.

Ohne Vitamin B – die richtigen Beziehungen an den entscheidenden Schaltstellen – gehen selbst die größten Talente unter. Da in fast allen Geschäftsbereichen ein Überangebot an tüchtigen Leuten herrscht, hören die meisten Personalchefs auf Tipps von guten Bekannten ihrer Branche, statt sich bei sehr ähnlichen Bewerbungsunterlagen für einen Fremden zu entscheiden. Bei Mangel an Fachkräften (zum Beispiel in der Computerbranche) kann ein gutes Beziehungsnetz für das Überleben der Firma entscheidend sein, um damit einen der wenigen Spezialisten für sich zu gewinnen. Nach Schätzungen von Kennern werden in Deutschland 70 Prozent der Führungspositionen über das persönliche Beziehungsgeflecht vergeben. Die offizielle Stellenausschreibung ist dann nur noch eine Formsache, nachdem hinter den Kulissen längst eine Vorentscheidung gefallen ist. Umgekehrt werden gute Freunde im Falle von Personalabbau zuletzt entlassen.

Doch auch privat ist eine große Anzahl von Bekannten von Nutzen. Wer Freunde in Ämtern und unter wichtigen Handwerkern hat, kann viel Geld sparen, wird seltener übers Ohr gehauen und findet schnelle Hilfe in Notfällen. Selbst die Suche nach dem Partner fürs Leben fällt denen leichter, die über ein großes Beziehungsnetz verfügen. Laut einer Emnid-Befragung lernten sich 13,1 Prozent der Pärchen per Zufall kennen: auf der Straße, im Café oder in einer Kneipe. Aber 29,8 Prozent, also fast jede(r) Dritte, fand die große Liebe im privaten Bekanntenkreis. Und in dieser Zahl sind noch nicht diejenigen enthalten, die sich vom Arbeitsplatz her oder aus der Ausbildung kennen.

Gewinn bringende Beziehungspflege – sei es, um tolle, verlässliche Freunde um sich zu scharen oder um Geschäftskontakte auszubauen – ist eine Frage vorausschauender Systematik. Viele Menschen erinnern sich ihrer alten Freunde erst dann, wenn sie einen von ihnen dringend brauchen. Kontaktfreudige Leute pflegen ihre Bekanntschaften um ihrer selbst willen und finden deshalb im Ernstfall auf Anhieb ein halbes Dutzend Freunde, die ihnen Hilfe anbieten.

Hier sind die entscheidenden Schritte, die von Gelegenheitskontakten zu einer systematischen Beziehungspflege führen:

Wählen Sie Partys und andere Veranstaltungen unter dem Gesichtspunkt potenziell interessanter Kontakte aus. Reden Sie mit Leuten, die Sie sowieso schon kennen, nur kurz. Halten Sie lieber Ausschau nach neuen interessanten Personen. Stellen Sie sich vor oder lassen Sie sich vorstellen. Unterhalten Sie sich. Wenn sich nur der geringste Verdacht ergibt, diese Bekanntschaft könnte für Sie nützlich sein, schlagen Sie vor, Visitenkarten oder Telefonnummern auszutauschen. Nützlich sind Bekanntschaften auf jeden Fall, wenn

- Sie übereinstimmende Ansichten und Interessen entdecken. Da könnte sich eine wunderbare Freundschaft anbahnen.
- die Person in erotischer Hinsicht über das gewisse Etwas verfügt. Selbst wenn sie gebunden ist – ein prickelnde Freundschaft ist auch etwas wert, und wer weiß, bei dem heutigen Trennungstempo können sich die Bindungsverhältnisse rasch ändern.
- die Person über nützliche Fähigkeiten oder Dienstleistungen verfügt. Ihr Gegenüber redet nur über Computer, protzt mit seinen Kenntnissen, und Sie finden das öde? Vielleicht sind Sie nach Ihrem nächsten Systemabsturz froh, die Visitenkarte gerade dieses Menschen aufgehoben zu haben.
- die Person selbst völlig uninteressant für Sie ist, aber über hervorragende Kontakte verfügt. Laden Sie sie zu Ihrer nächsten Party ein und sorgen Sie dafür, dass sie sich gut unterhält. Wetten, dass sie sich mit einer Gegeneinladung revanchiert und Sie auf ihrer Party all die Leute treffen werden, die Sie schon immer mal treffen wollten?

Halten Sie die Umstände Ihrer Bekanntschaft schriftlich fest. Predigen Sie ruhig Wein, aber trinken Sie lieber Wasser statt größerer Mengen Alkohol. Das kann Ihrer Gesprächsfähigkeit nur gut tun, und Sie wissen am nächsten Tag noch genau, wen Sie trafen und dass Sie gegen Ende nicht aus der Rolle fielen. Spätestens am nächsten Tag holen Sie die neuen Visitenkarten heraus und notieren alle Begleitumstände Ihrer Bekanntschaft. Wie der- oder diejenige aussah, worüber Sie sprachen, individuelle Eigenheiten und andere auffällige Details. Was meinen Sie wohl, wie Ihr neuer Bekannter staunt, wenn Sie anrufen und dabei ein, zwei Nebensächlichkeiten erwähnen, die jeder andere garantiert übersehen oder zumindest wieder vergessen hätte?

Bei der **Wiederaufnahme des Kontakts** werden Sie den ersten Schritt tun müssen. Nur wenn Sie einen außergewöhnlich starken Eindruck hinterließen oder es mit einem Kontaktprofi zu tun haben, werden Sie angerufen. In allen anderen Fällen melden Sie sich, sagen, wie toll Ihnen das Gespräch gefiel, erinnern an ein paar Einzelheiten und schlagen vor, sich zu treffen.

Schaffen Sie sich Ihr persönliches Netzwerk. Sammeln Sie nicht wahllos, was Ihnen per Zufall an Freundschaften und Geschäftsleuten begegnet. Der Begriff «Netzwerk» stammt aus den USA. Darunter versteht man ein gezielt aufgebautes Beziehungsgeflecht, dessen zentraler Knoten Sie sind. Ein solches Netz verbindet Leute verschiedenster Couleur. Die einen tragen Ihnen Informationen zu, an die kein anderer herankommt. Andere öffnen Ihnen Türen, die Ihnen früher verschlossen blieben. Zu der einen Freundin gehen Sie, um sich auszusprechen, wenn Ihnen etwas auf der Seele brennt, die andere ist Ihr perfektes Medium für Klatsch und Tratsch. Nicht zu vergessen Bekannte für gemeinsame Unternehmungen, Babysitter, Schulfreunde, Kumpel mit speziellen praktischen Begabungen und lockere Geschäftskontakte. Überlegen Sie also zunächst, was für Leute Sie kennen lernen wollen und wo Sie sie aller Voraussicht nach treffen können. Dann gehen Sie dorthin. Wie Sie mit ihnen ins Gespräch kommen, haben Sie inzwischen gelesen.

Schnell können Sie dabei auf zwei, drei Dutzend Kontakte kommen. Wie sollen Sie die alle pflegen? Wenn Sie sich mit jedem nur einmal im Monat treffen wollten, wäre Ihre Freizeit dahin. Ganz zu schweigen, was da an Kosten für Restaurantbesuche auf Sie zukommen könnte. Zum Glück lässt sich das Problem mit ein wenig Organisationstalent beherrschen.

Rufen Sie täglich drei Leute aus Ihrem Adressbuch an oder – falls Sie und Ihre Bekannten Internetanschluss haben – schicken Sie eine E-Mail. Sagen Sie bei der Gelegenheit, Sie wollten sich mal wieder melden, Sie hätten aus einem bestimmten Anlass an Ihren neuen Bekannten gedacht (zum Beispiel, weil Sie sich mit dem Hobby befassten, über das Sie beide auf der Party redeten), und fragen nach Neuigkeiten. Scheuen Sie sich nicht, anzurufen oder zu schreiben, bloß weil Sie keinen konkreten Grund haben! Fast jeder freut sich über unerwartete Anrufe und Briefe, die zeigen, dass ein flüchtiger Bekannter ihn nicht vergessen hat. Wenn Sie Neuigkeiten erfahren – der eine ist befördert, der andere zum dritten Mal Vater geworden –, formulieren Sie einen Glückwunsch. Solche kleinen Gesten rücken Sie mit der Zeit in der Werteskala Ihrer Bekannten nach oben. Ein Tipp: Versuchen Sie die Geburtstage aller Personen in Ihrem Netzwerk in Erfahrung zu bringen, um dann überraschend zu gratulieren. Meist kennen gemeinsame Bekannte das Datum.

Bei diesem Vorgehen werden Sie jeden aus Ihrem Bekanntenkreis wenigstens einmal im Monat kontaktieren. Für die meisten eher flüchtigen Bekanntschaften reicht es aus, wenn Sie die Leute einmal im Jahr wieder sehen. Oft genügt es, einfach zum nächsten Geburtstag der gemeinsamen Freundin zu gehen, bei der man sich kennen lernte. Persönliche Treffen unter vier Augen reservieren Sie für wirklich wichtige Kunden und Freunde. Das sind auch bei Kommunikationsprofis selten mehr als zwanzig Personen. Wenn Sie dann noch einmal im Jahr selbst eine große Party schmeißen, zu der Sie Ihr gesamtes Netzwerk einladen, können Sie die Erfolge Ihrer Beziehungspflege genießen. Bei den Gegeneinladungen lernen Sie wiederum die Netzwerke all Ihrer Kontaktpersonen kennen und haben die Chance, Ihr eigenes Beziehungsgeflecht um ausgewählte Leute zu erweitern.

Literatur

Bach, George R./ Wyden, Peter: Streiten verbindet. Spielregeln für Liebe und Ehe. Frankfurt a. M. 1983, Fischer Taschenbuch Verlag

Benedek, István: Pariser Salons. Berlin 1974, Verlag Volk und Welt

Bölsche, Jochen/ Matussek, Mathias u. a.: Mann + Frau = Krise. SPIEGEL-Spezial, Heft 5/1998

Bourdieu, Pierre: Die feinen Unterschiede. Kritik der gesellschaftlichen Urteilskraft. Frankfurt a. M. 1982, Suhrkamp Verlag

Carnegie, Dale: Wie man Freunde gewinnt. Die Kunst, beliebt und einflussreich zu werden. Bern, München, Wien 1995, Scherz Verlag

Goffman, Erving: Interaktionsrituale. Frankfurt a. M. 1971, Suhrkamp Verlag

Goleman, Daniel: Emotionale Intelligenz. München, Wien 1996, Hanser Verlag

Gross, Stefan F.: Beziehungsintelligenz. Talent und Brillanz im Umgang mit Menschen. Landsberg am Lech 1997, Verlag Moderne Industrie

Harmsen, Claus: Partner gesucht. Die besten Tips und Strategien fürs Kennenlernen. Niedernhausen/ Ts. 1994, Falken Verlag

Hars, Wolfgang: Ich bin gut. Eigenwerbung wie ein Profi – Imagekampagne für das Ich. Zürich 1995, Oesch Verlag

Jung, Norbert/ Haas, Monika: Welche Signale sendet der an-

dere? Die Körpersprache wahrnehmen und verstehen.
München 1993, Südwest Verlag

Kalekin-Fishman, Devorah: Constructing Mundane Culture:
«Plain Talk». In: Journal of Mundane Behavior, Heft 1 / 2000

Koch, René / Naumann, Frank: Mann, bist du schön! Was uns
attraktiv, erfolgreich und begehrenswert macht. Berlin 1998,
Verlag Gesundheit

Knigge, Adolph Freiherr von: Über den Umgang mit Menschen. Leipzig 1980, Reclam Verlag

Leymann, Heinz: Mobbing. Psychoterror am Arbeitsplatz und
wie man sich dagegen wehren kann. Reinbek 1993, Rowohlt
Taschenbuch Verlag

Maaß, Frank-Uwe / Naumann, Frank: Was Träume uns raten.
Botschaften des Unbewussten entschlüsseln und nutzen.
Berlin 1999, Verlag Gesundheit

Mackay, Harvey: Suche dir Freunde, bevor du sie brauchst. Das
Buch über die Kunst, Beziehungen aufzubauen und zu nutzen. Düsseldorf, München 1998, ECON Verlag

Märtin, Doris / Boeck, Karin: Smalltalk. Die hohe Kunst des
kleinen Gesprächs. München 1999, Wilhelm Heyne Verlag

Martinet, Jeanne: Das Fauxpas-Handbuch. Wie Sie sich am
eigenen Schopf aus dem Fettnapf ziehen. Frankfurt a. M.
1998, Wolfgang Krüger Verlag

Naumann, Frank: Miteinander streiten. Die Kunst der fairen
Auseinandersetzung. Reinbek 1995, Rowohlt Taschenbuch
Verlag

Naumann, Frank: Erste Hilfe für die Seele. Beistand in Not-
situationen, Lebenskrisen und Konflikten. Berlin 1996, Verlag Gesundheit

Naumann, Frank: Mut zur Krankheit oder Die Lust am Un-
wohlsein. Berlin 1998, Verlag Gesundheit

Naumann, Frank: Rauchen und gesund bleiben. Fitness, Ernäh-
rung und Kosmetik. Niedernhausen / Ts. 2000, Falken Verlag

Naumann, Frank: Wohlfühl-Intelligenz. Testen Sie Ihren Wellness-Quotienten. Berlin 2000, Verlag Gesundheit

Rohnstock, Katrin (Hg.): Lust und Frust der Verführung. Berlin 1996, Elefanten Press Verlag

Schott, Barbara / Birker, Klaus: Schüchternheit überwinden. Reinbek 1995, Rowohlt Taschenbuch Verlag

Schulz von Thun, Friedemann: Miteinander reden. 3 Bände. Reinbek 1981, 1989 und 1998, Rowohlt Taschenbuch Verlag

Schwanitz, Dietrich: Bildung. Alles, was man wissen muss. Frankfurt a. M. 1999, Eichborn Verlag

Tannen, Deborah: Du kannst mich einfach nicht verstehen. Warum Männer und Frauen aneinander vorbeireden. Hamburg 1991, Ernst Kabel Verlag

Tannen, Deborah: Job-Talk. Wie Frauen und Männer am Arbeitsplatz miteinander reden. Hamburg 1995, Ernst Kabel Verlag

Tautz-Wiessner, Gisela: LebensArt. Erfolgreich und beliebt durch gute Umgangsformen. Frankfurt a. M., Berlin 1993, Ullstein Verlag

Wachtel, Joachim: Gutes Benehmen – kein Problem! München 1981, Humboldt Taschenbuch Verlag

Wessel, Karl-Friedrich / Naumann, Frank (Hg.): Kommunikation und Humanontogenese. Bielefeld 1994, Kleine Verlag

Zimbardo, Philip G.: Nicht so schüchtern! So helfen Sie sich aus der Verlegenheit. Landsberg am Lech 1986, Moderne Verlagsgesellschaft